中青文库

本书得到中国青年政治学院出版基金资助

媒介社区中的聚众传播

一种传播形态的新范式

罗自文 著

中国社会科学出版社

图书在版编目（CIP）数据

媒介社区中的聚众传播：一种传播形态的新范式／罗自文著．—北京：
中国社会科学出版社，2013.7
　ISBN 978 - 7 - 5161 - 2974 - 6

　Ⅰ.①媒…　Ⅱ.①罗…　Ⅲ.①大众传播—研究　Ⅳ.①G206.3

中国版本图书馆 CIP 数据核字（2013）第 155840 号

出 版 人	赵剑英
责任编辑	李炳青
责任校对	韩天炜
责任印制	张汉林

出　　版	中国社会科学出版社
社　　址	北京鼓楼西大街甲 158 号（邮编 100720）
网　　址	http://www.csspw.cn
	中文域名：中国社科网　　　010 - 64070619
发 行 部	010 - 84083685
门 市 部	010 - 84029450
经　　销	新华书店及其他书店

印　　刷	北京市大兴区新魏印刷厂
装　　订	廊坊市广阳区广增装订厂
版　　次	2013 年 7 月第 1 版
印　　次	2013 年 7 月第 1 次印刷

开　　本	710×1000　1/16
印　　张	15.25
插　　页	2
字　　数	249 千字
定　　价	46.00 元

《中青文库》编辑说明

中国青年政治学院是共青团中央直属的一所普通高等学校。它于1985年12月在中央团校的基础上成立，经过二十多年的发展，目前已形成了包括本科教育、研究生教育、留学生教育、继续教育和团干部培训等在内的多形式、多层次的教育格局。与其他已有百年历史的高校相比，中国青年政治学院进入国民教育序列的历史还显得比较短。因此在高等教育跨越式发展的浪潮中，尽快提高学校的教育教学与学术水平就成为学校建设与发展的关键。2002年，学校制定了教师学术著作出版基金资助条例，旨在鼓励教师的个性化研究与著述，更期之以兼具人文精神与思想智慧的精品的涌现。出版基金创设之初，有学术丛书和学术译丛两个系列，意在开掘本校资源与迻译域外菁华。随着年轻教师的剧增和学校科研支持力度的加大，2007年又增设了博士论文文库系列，用以鼓励新人，成就学术。三个系列共同构成了对教师学术研究成果的多层次支持体系。

十几年来，学校共资助教师出版学术著作近百部，内容涉及哲学、政治学、法学、社会学、经济学、文学艺术、历史学、管理学、新闻与传播等十多个学科。学校资助出版的初具规模，激励了教师，活跃了校内的学术气氛，也获得了很好的社会影响。在特色化办学愈益成为当下各高校发展之路的共识中，2010年，校学术委员会将遴选出的一批学术著作，辑为《中青文库》，予以资助出版，用以对本校教师学术成果的集中展示，第一批共十六本出版后，有力地激励了本校教师的科研热情，也在学术界和社会上产生了很好的反响。本辑共推出六本著作，并希冀通过这项工作的陆续展开来不断突出学校特色，形成自身的学术风格与学术品牌。

在《中青文库》的编辑、审校过程中，中国社会科学出版社的编辑人员认真负责，用力颇勤，在此一并予以感谢！

中国青年政治学院科研处

前　言

20 世纪 90 年代以来，人类进入了网络信息时代，随着社区阶层的"碎片化"，大众传播已经悄然让位于分众传播。在分众传播模式下，传统的大众媒介纷纷将自己的传播内容主题化、传播对象类型化，其结果是专业化媒介的大量涌现。然而，从信息传播的效果来看，专业化媒介的分众传播并未取得传者所期望的显著效果，受众的满意度也并没有因此得到提升。在传播技术进步带来的媒介繁荣表象下，传播实践实际上面临着巨大的模式困境，只有改变传播范式，才能从根本上解决问题。

传播和社会息息相关，传播与社会是一体两面，传播的发展推动了社会的发展，社会的发展带动了传播的进步。社区是"精神共同体"，是构成社会的基本单位。一定文明程度的社会总有与之相适应的媒介形态和社区结构形式。在农耕时代，对应的是"身体媒介"和"礼俗社区"；在工业时代，对应的是"复制媒介"和"法理社区"。在信息时代，对应的是"自媒介"和"媒介社区"。随着社会的不断发展，人类的传播渠道和范围却经历了一个人际—大众—分众—聚众传播的过程，体现了"分久必合、合久必分"的社会发展规律。

本书试图综合运用文献研究、体验观察等研究方法，探讨在新的政治、经济、社会、技术环境下，社区、媒介、传播类型和传播方式的演变，试图建立一种新的传播形态：媒介社区中的聚众传播。这里的社区不是传统意义上的地理社区，而是指在大众媒介的作用下，通过自媒体系统的传播聚合作用，逐步形成的具有全方位互动关系和共同文化维系力的人类信息生活共同体及其活动区域。聚众传播是指人们在其社会化过程中，基于自媒介体系建立的，融合多种传播类型和传播方式，以建立社会文化认同为目的的一种群体传播形态。聚众传播在本质上是一种社会结构方式。随着传播技术的发展与演变，社区媒介终端将成为人的感觉器官、人的社会角色的有机延伸，社区媒介或者社区媒介群将成为社区成员感知外界的一个窗口、一种框架，社区外的媒介将需要通过特定渠道与社区内的媒介进行链接，前者的信息需要通过一定的解码或译码才能被社区成员所认知。

从具体内容上看，本书在分析当前传播困境的基础上，以传播范式为切入点，探讨在新的传播环境下，传播类型和传播方式可能的演变方向，最终构建媒介社区中的聚众传播范式。全书围绕"网络信息时代需要什么样的传播形态"这一中心研究发问展开，通过四个部分论证了"聚众传播兼具信息传递的精准性和人的情感社会需求，满足了人作为个体人和社会人的双重需要，是网络信息时代的传播发展的必然趋势"这一核心观点。

第一部分，从社区的概念入手，通过对社会发展演变的分析，探讨了社区发展与媒介和传播的关系。在此基础上分析了社区的本质，认为现实地理社区的情感疏远导致了媒介社区的兴起与繁荣。从不同媒介社区的实例出发，通过解析归结出了媒介社区的本质特征，建立了这一核心概念与其他类似概念的理论分野。

第二部分，运用类型学和结构学的有关理论，对媒介社区的结构元素进行了深入解析，并从形成媒介、沟通媒介、互动模式和功能模式等方面对媒介社区进行了分类，进一步丰富了对媒介社区的本体论认识。

第三部分，在传播过程的基础上，对比大众传播和分众传播，从传播主体、传播媒介、传播信息和传播控制等方面对聚众传播的范式进行了详细的分析，在此基础上归结出聚众传播的本质特征，对聚众传播这一概念给出了明晰的定义。

第四部分，从范式变革的角度，分析了媒介社区和聚众传播对传播实践、传播理论研究以及整个社会发展所带来的深入影响，对未来的媒介生态和社会结构的变迁做出了一定的预测，并结合已有的研究成果对传播范式变革带来的挑战提出了初步的对策建议。

聚众传播是网络信息社会发展的内在需求，将带来媒介社区的深入发展，从而影响当下的媒介生态和社会结构。媒介社区成为网络信息社会的一种基本结构单元，媒介社区的横向和纵向发展将形成一个巨大媒介社区"星系"，在这一过程中，现实社区和现实社会将不断地被吸纳或重组，其分化和重组的结果将成为媒介社区和巨型媒介社区"星系"的一部分。正如曼纽尔·卡斯特所言："从最坏的到最好的，从最精英到最流行的事物，在这个将沟通心灵的过去、现在与未来展现全都链接在巨大的非历史性超文本的数码式宇宙里，所有的文化表现都汇集在一起。如此一来，它们便构造出一个新象征环境；让我们的现实成为虚拟。"

对传播困境和社会发展趋势的考量，是进行本研究的内在动力，但是研究结果的现实呈现却与理想境界相差尚远。出现此种情况，首先源于自身素养不足，学力有限，对于涉及传播学、社会学、心理学、哲学、物理学等跨学科领域较难驾驭；其次，就现有的学科资源现状而言，本书在理论运用和方法把握上还显得有些稚嫩。本书对"媒介社区"和"聚众传播"进行了新的界定，聚众传播论的构建也略具雏形，这在很大程度上依赖于个人的演绎推理，能否得到方家的认可，尚待时日检验。后续研究如果能够获得社会学比较完善的理论框架，辅之以比较系统和全面的实证数据，则聚众传播论可望逐步成形。期间的路还很长，敬请方家不吝批评指正。

目　　录

图表索引

第一章　绪论

　　人类社会不仅是一部生产发展史，也是一部传播发展史。诺伯特·维纳（Norbert Wiener）把社会看做是一个传播和控制的系统。"任何组织之所以能够保持自身的内稳性，是由于它具有取得、使用、保持和传递信息的方法。"① 在他看来，信息是系统的组织程度和有序程度。信息和传播作为一种组织化机制，它不仅存在于每个个体之中，而且是任何团体组织赖以存在的纽带。由此我们也可以得出结论，人与人之间的信息传播是社会形成的基础，人的传播素质的提升是社会良性运行和协调发展的前提。随着人类社会的发展，传播与人类社会的关系日益密切，传播不仅影响生产、生活，而且将其触角延伸到越来越广阔的社会领域，大到国家的政治、经济、文化体制和社会结构，小到不同个体的生活体验、情感状态以及话语表达。人类传播技术和传播形态的每一次创新，都会引起社会结构乃至社会形态的深刻变革；反之，人类社会发展到不同历史时期，总会有自己特定的主流传播媒介和强势传播形态，比如，农业社会的"身体媒介"与"人际传播"，工业社会的"复制媒介"与"大众传播"，否则传播就会遇到困境，从而阻碍社会的发展。当今社会已经进入网络信息时代，网络媒介已经成为社会的主要媒介，但是与之前的大众媒介相比，它并不是一种全新的媒介，而只是所谓传统媒介的数字化、网络化，那么适合网络信息时代的新媒介形态到底是什么？对应的传播模式又是什么？

---

① ［美］诺伯特·维纳：《控制论》，郝李仁译，科学出版社 1962 年版，第 160 页。

第一节　研究的缘起

自 20 世纪 60 年代以来，世界各国相继进入信息时代，信息的增长速度前所未有。1991 年 8 月 6 日，蒂姆·伯纳斯·李（Tim Berners-Lee）公布了万维网的思想和相关程序，人类社会开始迈进网络时代。从此，"媒介是人体的延伸"吹响了网络时代的号角，"互联网启蒙"教会了我们"数字化生存"，随着互联网访问速度的不断提高和计算机应用的日益普及，网络已经逐渐走进千家万户。我们利用网络搜索信息、实时交流、参与讨论或娱乐自己，因特网已经成为我们日常生活中不可或缺的组成部分，所有这一切宣告着我们已经进入一个全新的时代——网络信息时代。

新的时代，不仅意味着信息传输技术的变化，更意味着从根本上实现了信息传递形态由单向到互动的革命性转变。这种转变极大地改变了我们的物质生活形态，同时在这一过程中也不知不觉且无法抗拒地改变了我们的精神生活状态。当我们习惯性地思考"把什么内容传递给受众"时，也开始思考受众会向我们反馈什么内容？他们将如何参与内容的制作？我们需要时刻提醒自己"在从过去的大众媒体向交互的新媒体转移这个过程中，受众的权力是递增的"。这种权力的递增对于媒体的影响，不仅在于传递内容的变化，而且包括传播技术、媒体组织以及管理、媒体经营等在内全方位的革命性变化——这便是我们无法回避且必须认真研究的实际。正如尼葛洛庞蒂所说，"未来的数字化生活将会是'随选信息'的天下"。这种新的传播环境，必然要给传者、受众以及传播研究者一个很长的适应过程，其间的失落、困惑和迷茫将不可避免。

一　传者的失落

美国著名商人约翰·华纳梅克有一句名言："我知道我的广告费有一半是浪费的，问题是我不知道浪费掉的是哪一半。"如何使信息准确传播，使受众能够很自然地从媒体认知过渡到情感迁移，进而产生传者所期望的行为，是每一个传播者希冀的目标。在大众传播时代，由于媒介的稀缺，受众在很大程度上处于一种信息饥渴状态，媒介的传播效果比较明显，这一时期的"枪弹论"、"皮下注射论"就反映了这样一种社会现实。

在网络信息时代，由于社会政治、经济、文化的急速发展，社会发生了前所未有的阶层分化现象，也就是所谓的社会阶层"碎片化"。"碎片化"的英文为 Fragmentation，原意为完整的东西破成零片或零块。社会领域的"碎片化"，首先是阶层的"碎片化"，在社会阶层分化的同时，各个分化的阶层内部也在不断分化成社会地位和利益要求各不相同的群体。在消费领域同样也存在这样的"碎片化"趋势。消费者"碎片化"是在大众市场基础上，由不同分众市场板块不断撞击而形成。这种"碎片化"的影响体现在消费者的消费行为、品牌选择、媒介接触和生活方式等方面，展现出的是一个个立体、生动、高度同质化的消费者集合体。如果说物质消费形态的"碎片化"主要体现在消费者的产品消费方面，那么精神消费形态的"碎片化"则主要体现在受众的媒介接触方面。面对"破碎"的受众，人口统计特征的区隔力越来越弱，拥有相似生活形态的受众逐渐聚集，形成分众群体。[①]

社会阶层分化，相似的社会阶层群体在媒介接触方面更趋向于新媒体和专业化媒体，从而促进了这些分众化媒体的发展。而分众化媒体的发展又加速了"分众化"趋势。也即是说社会阶层的"多元化"促进了媒介的多元化。这里的社会阶层"多元化"是一个多重概念，"多元化"不仅是指阶层类型的多样化，而且指价值体系和生活方式的多样化。媒介是社会的媒介，也是社会阶层的媒介，社会阶层的"多元化"必然导致媒介所有制的多元化、内容制作的多元化、经营方式的多元化、传播形态的多元化、呈现方式的多元化。

正是出于对这些变化的认识以及对传播发展趋势的了解，自 20 世纪 90 年代末开始，国内的媒体特别是传统媒体纷纷进行改版，对传播内容和传播方式进行调整。以电视为例，无论是中央电视台，还是各省市电视台，都纷纷进行电视频道的专业化改造，一时间涌现出一大批专业电视频道，电视频道专业化好像成了解救电视媒介困境的不二法门。

---

① 黄升民、杨雪睿：《碎片化：品牌传播与大众传媒新趋势》，《现代传播》2005 年第 6 期。

然而，电视频道专业化经过了十年的实践，却并没有取得人们预期的拓展市场容量、提高频道品牌含金量和受众忠诚度等方面的显著效果，反而相当一部分电视台由于盲目扩充电视频道的数量，使得增加的成本与获得的收益增量不成正比，媒体整体效益下降。以现在的数字化电视为例，在实行数字化整体转换之前，一般的城市有线电视网络可以收看 50 个左右的电视频道，在实行数字化改造之后，一般城市有线数字网络至少可以传输 150 个左右的电视频道，其中新增加的电视频道大多数是所谓的专业化频道。然而随着频道的增多，频道定位的更加专业化，人们收看电视的满意度并没有随之增加。所不同的是，原来用遥控器把所有的台搜索一遍可能只需要两分钟，现在可能需要六分钟，仅此而已。面对投入与产出严重不匹配的结果，电视传播者陷入深深的迷茫之中。也许大众传播、小众传播这种仅仅考虑传播对象规模的行为，本身就是一个错误的路径选择。在社会阶层"碎片化"的今天，受众到底需要什么样的媒介？什么类型的信息？面对新的传播环境，是否还有其他的、目前不为我们所知的传播新形态？

二 受众的迷失

人类区别于其他一切生物的重要标志之一，是能够进行信息生产。人类信息生产的历史可以追溯到人类的原始时期，仅有文字记载的信息生产史就长达 5000 年之久。人类信息生产的长河流淌到今天已进入一个崭新的领域：信息生产已成为第四种产业，信息生产的意义已超过物质生产。据统计，全球信息量正以平均每 12—18 个月翻一番的速度增长。近 30 年来，人类生产的信息已超过过去五千年的信息生产总和。人类社会正在发生一场前所未有的"信息爆炸"。

最先提出"信息爆炸"这一概念的是 *Financial Times*（《金融时代》）的主编 Richard Tomkins。他在一篇名为 *Old father time becomes a terror*（《时间老人成了可怕的人》）的文章中提到，"几个世纪前，人类积累的几乎所有的知识都可以装进几个哲学家的大脑中。而现在这些大脑休想容纳下一天中所产生的信息中的小小的一部分"。这种现象的专业性描述即是"information explosion"，翻译成中文就是"信息爆炸"①。

---

① 樊凡：《信息爆炸对大众传媒的影响》，《现代视听》2005 年第 10 期。

人的精力和大脑记忆的容量都是有限的，对于每一位个体人而言，他所需要的信息是具体的、有限的。问题的关键在于，如何在信息的海洋中搜索到自己恰好需要的信息。简单地看，解决问题有两种途径。一种是提高信息检索方式的速度和准确度，另一种就是生产高度个性化的信息内容。然而由于多方面的原因，这两种方式都没有得到很好的解决。人们浸淫在信息的海洋中，犹如一艘孤立无援的船独自航行在茫茫大海中，方向不定，前途未卜，人们对于信息的选择"或然率"显著下降。如何帮助受众建立自己的媒介网络，使他们不再迷失在信息的海洋中，是传媒界和研究者都应该认真思考的问题。

三 传播研究的停滞与迷茫

（一）传播类型研究的停滞

类型原是比较文学中的一个概念，是指在不同国家出现的具有共同特征的一群作家、一组作品或其因素（尤指主题、题材、体裁和人物形象）。而类型学就是研究不同类型的类似点、同中之异和发展变化以及这些现象出现的原因和隐含的意义。广义的类型法或称分类研究法，是指根据调研目的及所调查事物的属性或特征的共同点和差异点，按照一定的标志将调查总体内所有的个体（资料）划为一些性质相同或相近的类别，分别归入某一层或某一组内，使之条理化、系统化，以便于对总体进行分门别类研究的方法。

一般来说，可以从两种角度对传播学作总体上的把握和建构。一种角度是从传播过程出发，以过程中的各环节和各要素为研究对象，每一环节和每一要素都可以成为传播学中的一个研究领域，而这各个环节和各个要素组合起来，又可以形成不同的传播模式，把这些研究领域和传播模式整合起来就可以构成一个体系。另一种角度就是从传播行为出发，把人类社会的传播行为分为几类，然后分别对这些不同的传播类型进行探讨，从而达到从整体上把握传播学的目的。

传播学上对传播的分类有所谓的二分法和四分法：前者把传播分为人际传播和大众传播；后者则包括自我传播、人际传播、组织传播和大众传播。更为详细的还有五分法：人内传播、人际传播、群体传播、组织传播和大众传播。在这些分类中，所谓自我传播是个体对信息的加工过程，即个体自我进行的思维活动。思考、内心冲突、自言自语以及发泄、陶醉等均是自我传播。这种分类把人的心理活动纳入自我传播的范围，不符合传播的本质，不应将其作为传播学的研究范围，而应将其隶属于心理学和思维学的研究领域。所谓的组织传播是指组织内部及内部与外部的信息交流。其内部的传播是为了协调关系，提高内部运行的效率；其外部的信息交流是为了适应环境，满足社会对其的需要，实现组织的目的。这种把组织传播分为内外信息交流的观点容易显示出传播的机械性，也与实际的传播过程不相符合。自施拉姆之后，人们几乎把"四分法"作为划分传播类型的唯一标准，影响了对传播类型研究的深入。另一方面，与比较文学、电影学中的对应概念相比，传播类型在传播学中还是一个相对混沌的概念。目前，在现有的传播理论研究中，还没能研究对"传播类型"作一个严格的界定。郭庆光认为，根据传播的形态、结构和功能特点，可以将人类传播这个综合系统划分为不同的几个子系统，这些子系统就是传播类型。[①] 这实际上是对一种分类标准的描述，并不具有严格的概念界定意义。

在新的数字化网络传播时代，传播技术和传播环境发生了很大的变化，原有的四大传播类型在研究当下的传播行为时，已经遇到了一些困难。比如，BBS、"博客"分别属于什么传播类型？另外，从媒介技术发展的角度，人类传播的进步可以归结为五次革命：语言传播、书写传播、印刷传播、电子传播、网络传播。[②] 每一次传播革命都对社会进步具有重大的推动作用，将人类带进一个新的境界、新的时代。五次传播革命对应的时代依次是口语传播时代、文字传播时代、印刷传播时代、电子传播时代和网络传播时代。

如果说，在口语传播和文字传播时代，和人不可分离的语言、使用人力刻画和抄写出的文字，分别对应于人际传播、群体传播和组织传播，印刷传播时代和电子传播时代的报刊和广播电视对应于大众传播，那么在网络传播时代的网络媒介对应于什么传播类型？目前，有研究认为，网络媒介传播中集合了目前的五种传播类型，是一种传播的高度融合。[③] 然而，在传播实践中，上述五种传播类型的划分只能起简单分类

---

① 郭庆光：《传播学教程》，中国人民大学出版社 1999 年版，第 73 页。

② 邵培仁：《论人类传播史上的五次革命》，《中国广播电视学刊》1996 年第 7 期。

③ 黄帅：《网络电视与传统媒体整合势在必行》，《网络传播》2005 年第 7 期。

的作用，对实际的网络传播实践缺乏明显的指导作用。在新的传播环境下，我们需要对传播类型作出新的界定。

（二）传播方式研究的困惑

所谓传播方式，是指人类传递信息所采用的方法和形式。在远古时代，人类传递信息的手段十分简单，通常采用结绳记事、火光、鼓声、音乐、舞蹈等形式，后来产生了语言和文字，这一创造使人类传播得以跨越时空的限制，从而扩大了传播的深度和广度。近代印刷术的发明、现代电子传播媒介的出现以及同步通信卫星、光导纤维通信、因特网络等先进的传播技术把人类的传播活动推向了极为发达的程度。

从宏观层面进行研究，传播方式主要指媒介类型。洪杰文和宋强认为，除了传统的纸媒体传播方式以外，还有广播、电视、电子出版物、网络传播等传播方式。分析和比较不同传播方式的特点，将有助于提高人们对不同传播方式的认识，从而把握其今后发展的规律。① 当然，随着科技的发展，出现了许多新的媒介或者亚媒介，比如手机短信、手机报、手机电视、手机广播、网络报刊、网络电台、网络电视、博客、播客等，这些新媒介或亚媒介对应着新的传播方式。莫湛和吴伟就曾专门撰文，论证手机短信是一种新的传播方式。②

一些学者认为，传播方式不仅仅指媒介、也不仅仅指传统意义上的传播类型，而可以泛指信息扩散的途径、方式、特点等。田智辉认为，群众报道也是一种新的新闻传播方式。③ 吴颜芳通过对当前国内节目的调研，并参考国外传统媒体牵手互联网的新动向，提出了广播电视传播方式变迁的几个方向：广播、电视听（观）众通过互联网参与节目，建立网上广播、电视，网上音（视）频点播，有线电视计次付费节目，个人频道和个人化的主持人。④

张国良在《传播学原理》中，对各种不同的传播类型进行比较分析，总结了影响传播方式的八个因素，依次是手段与媒介、规模、空

---

① 洪杰文、宋强：《现代传播方式的比较》，《印刷世界》2005 年第 12 期。
② 莫湛、吴伟：《手机短信：新的传播方式》，《当代传播》2003 年第 5 期。
③ 田智辉：《群众报道：一种新的新闻传播方式在伦敦爆炸案中悄然兴起》，《现代传播》2005 年第 5 期。
④ 吴颜芳：《从传播观念看广播电视传播方式的变革》，《中国新闻科技》2000 年第 11 期。

间、周期、角色、反馈、信息表达、社会控制。① 其中每一个因素的变化，将导致传播方式的变化，八个因素的组合变化，将导致传播方式的多种多样。

传播方式研究混杂，使得人们一方面对于传播方式的本质缺乏深刻的认识，另一方面也不利于区别传播方式与传播类型、传播媒介等相关概念的边界。在目前数字化网络信息时代，对于传播方式的研究总体上还停留在 20 世纪七八十年代的水平。缺少有创新的、系统的研究成果，这些都不可避免地会影响网络信息时代的传播实践。

（三）传播发展趋势的混杂

所谓传播发展趋势，即是指传播媒介和传播产业发展的动向与态势。分析、了解传播的发展趋势，有利于充分把握传播的发展规律和未来发展路径，对传播和传媒的发展态势提前作出预测，从而指导当下的媒介实践。目前，已经有不少关于传播发展趋势的研究，这些研究出于对当前传播现状的分析，结合传播理论和传播发展规律，并对未来媒介的发展趋势做出了一定的预测。其中，最主要的有以下几种观点：

传播媒介将从单媒介形式向多媒体形式发展，媒体向产业化、集团化、多元化发展，出现媒介的融合和媒体的整合。"传统媒介充分利用新的传播技术和传播方式，或主动或被动地谋求多媒体化经营，以求实现自身与依托于网络的各类新媒介之间的整合。整合后的传播媒体具有极强的互动性和参与性，以网络作为载体平台和发行平台，最终通过各类不同的多媒体终端设备呈现出来"②。在数字化网络信息时代，大众传播已发展成为高技术、高投入、高消耗的产业，需要引进大工业生产的社会化、专业化生产方式，以实现资源的优化配置、有效利用和深度开发，最终形成规模效应。同时，随着经济全球化与一体化趋势的不断增强，作为产业的大众传播也已越来越需要借助于规模大型化而参与竞争，因为产业的技术优势、人才优势及市场份额的争夺优势等竞争优势，都必须以规模大型化为前提条件。因此，组建集团化公司便成为媒体发展的必然趋势。

传播方式将从线性单向向非线性互动发展。麦克卢汉曾经说："媒

① 张国良：《传播学原理》，复旦大学出版社 1995 年版，第 56 页。
② 任桐：《知识经济社会——大众传播的发展趋势》，《新闻传播》1998 年第 6 期。

介是人的延伸"①。那么理想的媒介就应该与人融为一体，但是这显然在近期还不可能实现。退而求其次，理想的媒介起码应该是可以与人实现双向互动的，因此高度的双向互动是未来媒介发展的一个趋势。在数字化网络信息时代，随着通信技术、网络技术的进一步普及运用，特别是网络传播、数字化技术的发展，使传播、接受信息的方式和渠道发生革命性的变化，传播由单向性变为交互性，受众也可成为传者。传播媒体利用网上传播，使得远距离信息传递得以实现，受众既可在网上随时查阅信息，也可随时发布信息，并可进行网上对话。"电视媒体依靠数字技术，使其可与观众在电视机屏幕上进行面对面（实时视频）的直接对话，观众也可以随时点播自己想看的节目，还可在电视台安排的特定频道上直播或点播抓拍的现场新闻报道。广播实现数字化和进行网上实时广播，将根本改变传统广播的地域性、时限性和单向性的限制，使其具有全球性、实时性和交互性的特点。"②

媒体终端将从非智能向智能化发展。将先进的个人代理应用于以电脑为媒介的传播技术可以帮助个人从信息的海洋中准确获取自己需要的那一小部分信息。这种想法很快成为媒介技术研究公司和媒介受众孜孜以求的现实追求。例如美国的 CPointcast（点播公司）采用"推入投递"（Push）技术，让用户根据个人的需要，选择不同的大众传媒、不同的信息种类和内容，24 小时不间断地自动把信息传送到用户的电脑桌面。随着社会信息化程度和人们生活水平的不断提高，未来智能电视将更加个性化、人性化，并且为人们创造更加方便、高效的现代生活方式。从某种意义上，具有调谐存储记忆单元的电视机就有了一定的智能；随着数字化技术的发展，无论是数字电视接收机，还是电视电脑、电视手机，相对于早期的模拟电视机而言，其智能化程度就更高了。但是，你是否有这样的梦想，有一天，电视就像你的一个伙伴，它可以在一定程度上与你"沟通"？比如：当你某天加班，想看的电视看不成了，虽然在走之前并没有记得设置录像，但是电视会根据你经常的观看习惯自动录制这个时候的电视；电视能够记忆你"最近这个时段"看

---

① ［加］马歇尔·麦克卢汉：《理解媒介——论人的延伸》，何道宽译，商务印书馆 2000年版，第 23 页。

② 罗治平：《知识经济时代新闻传播的发展趋势与特征》，《当代传播》2000 年第 5 期。

的电视频道，按遥控器的菜单键可以快速调转和预览这些电视频道；如果你喜欢某一个节目但是又不喜欢中间插播的广告，换频道又怕漏掉了情节，具有广告拦截功能的电视，会在广告即将结束时给你自动提示；如果你看电视睡着了，忘记关电视，电视会在屏幕底部出现一个文字提示"咳，你睡着了吗？没有睡就按下按键"，两分钟后如果没有任何人按下，电视声音就会慢慢减小，屏幕也会慢慢变暗，然后关机；电视甚至能根据你的一个眼神、一个口令实现你的收看意愿……

传播范围将从大众向小众发展。在数字化网络信息时代，面对浩如烟海的信息，受众一方面希望有更多的传播渠道供其选择，另一方面对信息内容的要求越来越高，受众的需求直接影响着传播者对传播方式的选择和对传播内容的取舍，并加剧了媒体之间的竞争。各媒体为了争得相对稳定的受众群体，不得不调整自己的服务重点和服务策略，其中重要的一个方面就是实行分众划类的服务方式，即根据媒体自身的特点和优势，细分出自己的受众群体，使其趋向于小众化、个性化，然后再根据目标受众的特点及需求状况确定相应的版面或栏目，精心进行策划，为其提供服务。如报纸不断扩展的各种专版以及各类专门化报纸的开办、广播电台各种专业台系列台的不断涌现、电视节目栏目化及各种专业频道的开播，以及有线电视及卫星电视如火如荼的发展等，均体现了新闻传媒从满足大众需求向满足部分人、满足某方面需求的转变，它们以其传播内容更加专门化，服务方式更显个性化，受众可享有更为主动、充分选择余地的特点和风格，吸引着有特定需求的受众群，从而使其服务对象从广泛的"整体大众"逐步分化为各具特殊兴趣和利益的"个体小众"。受众群体小众化，并不代表受众人数一定比以往少，受众范围一定比以往窄，"小"与"大"只是相对的。"小众化"的出现，正是"大众化"在具体操作上更趋于多样的表现，而众多"小众"则会在更高层次上组合成新的"大众化"。所以，"小众化"传播模式的兴起，不应视之为大众传播模式的消解与过时，而是传统的大众传播模式在新的条件下的改革、变异与发展。①

除此以外，还有传播主体全能化、传播内容多元化、传播性质产业化、传播业务多元化等，如此多的传播发展趋势，令当下的媒体无从适

---

① 黄旦：《新闻传播学》，杭州大学出版社 1995 年版，第 31—32 页。

应。在未来数字网络信息时代，是否存在传播发展的根本趋势或者本质趋势？是否可以在一定程度上简化或者统领未来的传播趋势，从而决定传播范式的更替？

第二节 问题的提出与研究的聚焦

一 问题的提出

（一）研究问题的形成过程

传播面临的困境如果不加以解决，不仅影响媒体的发展、受众对于信息的需求，而且会影响社会的和谐、稳定与发展。因此，寻求传播困境的突破不仅是媒体和受众应该思考的问题，同时也是我们这些媒介研究者义不容辞的责任。带着这些问题和责任，我开始了深深的思索。

纵观人类传播和社会的发展史，我们不难发现，传播与社会是一体两面，传播的发展推动了社会的发展，社会的发展带动了传播的进步。一定文明程度的社会总有与之相适应的传播形态，拥有并普及先进传播形态的社会一定是一个高文明程度的社会。在农耕文明时代，对应的是口头传播、文字传播；在工业文明时代，对应的是印刷传播和电子传播；在信息时代，对应的是网络传播。随着社会的不断发展，人类的传播渠道和范围经历了一个人际传播到大众传播、再从大众传播到分众、小众传播的过程，体现出了一个"分久必合、合久必分"的社会发展规律。

考察人类和社会的发展史，我们不难得出结论：社会的形成和发展离不开传播，在社会发展的不同历史时期，需要不同的传播方式和传播形态。当今的传播困境主要是因为社会处在一个巨大的转型期，社会的政治、经济、文化和科学技术发生了巨大变革，这些变化带来了传播环境的巨大变化，从而进一步要求传播方式和传播形态进行调整和变革。那么，网络信息时代我们需要什么样的传播形态？

于是，"网络信息时代需要什么样的传播形态"就构成了本书的研究发问。在这一核心问题的统领下，本书还将试图回答：什么样的社区需要什么样的传播？什么样的传播方式适合特定的社区？本书所界定的媒介社区和聚众传播概念分别是特定的社区和特定传播方式，它们将是未来社区和传播发展的方向。那么，它们各自的内涵是什么？它们之间的关系是什么？它们对当前社区和传播的影响是什么？对国家和社会的整体影响又是什么？各级管理主体应该如何应对？

（二）研究的逻辑起点

任何一种成熟的理论体系都必须有自己的逻辑起点。逻辑起点又称初始性范畴或理论基石、逻辑基石，它"是一定立场、观点和方法的集中体现，因而它是一种理论体系区别于其他理论体系的标记"。[①] 选择科学合理的逻辑起点，也是构建科学理论体系的重要方法和原则。事实上，任何一门学科都是基于某一逻辑起点，并依据科学的方法展开思维而形成的组合有序的符合逻辑推理的概念和原理的体系。"学科的科学理论体系，一般认为首先应当确认它的逻辑起点，从逻辑起点出发，借助逻辑手段，按照学科的内在规律，层层推导，逐步展开，构成严谨的逻辑系统。"[②] 由此可见，任何研究的逻辑起点，就是该研究所在学科知识产生的源头，它既是整个学科体系形成和发展的关键，又是准确反映该研究赖以存在和发展的核心要素。因此，具体确定和精确把握逻辑起点是我们掌握学科理论的精髓，也是拓展其理论体系并用于指导实践研究的重要前提。

本书的逻辑起点是：人是个体人，也是社会人，既有个性化的信息需求，也有群体归属的情感需求。唯物辩证法认为，"共性"即普遍性，"个性"即特殊性，两者密切联系，不可分割，是辩证统一的关系。一方面，共性寓于个性之中，并通过个性表现出来，没有个性就没有共性；另一方面，个性也离不开共性。世界上的事物无论如何特殊，它总是和同类事物中的其他事物有共同之处，总要服从于这类事物的一般规律，不包含普遍性的特殊性是没有的，即特殊性也离不开普遍性。马克思主义哲学无不体现共性与个性、一般与个别的辩证统一。如哲学与具体科学、物质与物质的具体形态、普遍联系与具体联系、运动与具体事物的运动、辩证矛盾与具体矛盾、矛盾的普遍性与矛盾的特殊性、哲学上的价值与具体事物价值的关系等，都是共性与个性、一般与个别的关系。

对于人而言，人也是具有共性和个性的，也就是兼有个体性和社会

---

① 张文显：《法哲学范畴研究》，中国政法大学出版社 2001 年版，第 335 页。

② 瞿葆奎、喻立森：《教育学逻辑起点的历史考察》，《教育研究》1986 年第 11 期。

性。所谓社会性，就是指生物作为集体活动的个体，或作为社会的一员而活动时所表现出的有利于集体和社会发展的特性；所谓个性，即"人格"，则是指个人的特性和嗜好，指一个人的性格、习惯，是一个人在他和周围环境相互作用过程中所表现出来的、区别于他人的、稳定的个人特点。人首先作为个体，具有满足自身生理和安全方面的需要。其次，人作为一个社会性的人，还具有一定的群体归属感。

作为个性的人，具有与别人不同的外貌长相、性格与生活习惯。对于传播而言，作为个性的人，具有不同的信息需求。比如，有的人喜欢看本地新闻，有的人喜欢看国际新闻；有的人喜欢看历史文化节目，有的人喜欢看情感类节目；有的人喜欢白天看电视，有的人喜欢晚上看电视……要满足不同人的不同信息需求，要求传播媒介从大众传播向分众传播，甚至小众传播发展，媒介势必走专业化、分众化发展道路。

社会性是人最主要、最根本的属性，它是决定人之所以为"人"的根本的属性，主要因为以下两个方面，第一，社会性揭示了人区别于其他动物的特殊本质，即人作为高级动物和其他动物一样，都具有自然性，是自然界的一部分，生存离不开自然界；人在自然界中生存和发展受到自然规律的支配和制约；人都具有食欲、性欲、求生欲等自然欲求。但是人还有社会性，而且社会性是人类特有的属性，动物不具有。第二，人的社会性制约着人的自然性。人作为社会性的动物，在进行自然性活动过程中，渗透着社会性，受社会性的制约，具有鲜明的社会色彩，例如：人与动物都具有食欲，动物的食欲仅仅是本能的反应，是一种生存，是一种条件反射，是一种自然属性。而人的饮食不仅是一种生存的需要，一种自然属性，同时它还有保持健康，发展体力、智力的需要，并且有社会交往、联络感情的需要，这就是人社会属性的体现，所以人的自然性受社会性的制约。作为社会性的人，必须与其他社会个体进行社会交往、情感交流，实现一种特定的群体归属。对于传播，如果只是单一地追求传播内容的精准，即使满足每个个体的独特信息需求，也不能满足人作为社会人的情感依附和群体归属。因此，只有当传播同时满足了人的个性和社会需求，才能达到最优化的传播效果。

在不同的社会发展阶段，人的个体性和社会性的发展程度是不一样的，因此对于传播需求的诉求重点和诉求比重也不一样。在前信息时代，无论是农业社会还是工业社会，人们还处在社会性逐步形成和深化的过程中，人的个性还没有或者不能充分展现，这一时期的社会化媒介主要进行大众传播，满足人们对于信息的普遍需求，作为社会性的人主要通过"身体媒介"以人际传播方式来获得。在网络信息时代，人的社会性已经完成，个性化得到充分的展示，这一时期社会化的媒介主要实行分众传播，以满足人们对于信息的特殊需求；然而，人际传播特别是面对面的人际传播大幅度减少，使得人的社会性难以维持和发展。因此，网络信息时代需要新的传播形态，一种能够同时满足人的个性化和社会性传播需求的传播形态——聚众传播。

（三）研究的核心观点

聚众传播结合大众传播和分众传播之优点，兼具传播信息的精准性和人的情感社会需求，满足了人作为个性人和社会人的双重需要，是信息时代传播发展的方向。

这里所说的社区不是传统意义上的地理社区，而是指某一种媒介或一个媒介群在传播过程中，由于信息互动逐渐聚合的群体，它可以是现实的，也可以是虚拟的，当然也可以兼有上述两种方式。社区传播也不是指目前地理意义上的社区传播，地理意义上的社区传播是先有社区，后有传播，其类型依据在于传播的范围，比如社区广播、社区报纸等，是目前大众传播窄播化的一种发展路径；本书研究的"聚众传播"，其类型取向不同于以往的任何传播类型或标准，这种特殊的传播类型的主要特征是：先有媒介，后有社区，通过媒介的信息互动，逐渐聚合人气，最后形成一个相对稳定的有共同关注主题的社会群体。在聚众传播中，社区成员都是传播者，社区媒介在某种意义上是一个高度互动的自媒介系统，信息传递和流动的规律不同于以往的传播类型。随着传播技术的演变，这个自媒介系统将成为人的感觉器官、人的社会角色的有机延伸，社区媒介或者社区媒介群将成为社区成员感知外界的一个窗口、一种框架，社区外的媒介将需要通过某种渠道与社区内的媒介进行链接，前者的信息需要通过一定的编码才能被社区成员所认知。随着社区聚众传播的发展，将出现明显的社区文化、社区规则，这些将逐步彰显媒介社区在社会政治、经济、文化中的地位和作用。媒介社区是指在媒介场的作用下，由于社区成员全方位互动、逐步形成的有共同兴趣与爱好的信息生活共同体。聚众传播是媒介社区的典型传播形态，是未来社会的结构方式。也就是说，媒介社区中的聚众传播将成为传播的一种主要发展趋势，它将逐步解构当下仍然处在主导地位的大众传播方式，进而对整个社会带来革命性的影响。

二 研究的聚焦

网络信息时代需要什么样的传播形态？带着这一核心研究发问，我开始寻找合适的研究范围以及确定的研究对象。网络信息时代其实只是当前所谓后现代社会的一个典型特征，而传播形态是传播的一个主要表现形式，两者的关系在很大程度上表现为传播与社会的关系。而对于传播与社会的关系，由于领域过于庞大，中间涉及的因素过于广泛，远不是一篇博士学位论文能够驾驭和解决的。为此，必须进一步缩小研究的范围。

构成社会的基本单位是社区，社区是社会的细胞，如果能够将研究视野限定在社区与传播形态的关系，其研究所涉及的范围和因素将大幅度缩小。当然，本书并不打算从历史的视角来做严谨的历史研究，因此，实际上的研究范围限定在网络信息时代的社区与传播形态的关系。

在网络信息时代，传统社区不断地发生解构，社区的功能和作用不断弱化；另外，作为媒介社区组成部分的网络虚拟社区却不断发展，其功能和作用不断强化，甚至在相当大的程度上有替代传统社区的趋势。由此，使我的联想到，媒介社区是否可能成为未来社会的主要结构形式？如果真是这样，那将对传播、对社会发展产生怎样的影响呢？

在网络信息时代，传播形态日益多样化、复杂化，从传播类型和传播方式来说，网络媒介几乎囊括了人类目前所有的传播类型和传播方式，那么，在网络信息时代，传播形态的演变是否只有数量的提升，而没有本质的变化呢？显然，我们不愿对此做出肯定的回答。但是，如果我们要做出否定的回答，那么这种质的变化又是什么呢？

任何理论都是概念或一组概念组成的，在进行任何理论研究时，首先需要确定一些核心概念，这些概念不仅有助于进一步确定研究的范围，而且对概念之间关系的探讨在某种程度上就成为研究的方向，对概念之间的关系进行充分探讨，进而产生明显的判断，提出鲜明的观点，理论构建就有坚实的基础。为此，在初步确定研究范围之后，就进入了寻找和界定概念的阶段。

在阅读美国学者约瑟夫·塔洛（Joseph Turow）的《分割美国：广

告主与新媒介世界》一书的过程中，"首属媒介社区"的概念深深地吸引了我。在该书中，他率先提出了一个"首属媒介社区"的概念，其主要意思是指与社会群体甚至个人形成了亲密和重要关系的媒介所构成的总体。作为"首属媒体社区"中一员的媒体将以一种精神归属感来吸引受众阅听，长此以往，这些首属媒介将培养观众必须观看、必须分享的一种心智状态，使得受众觉得自己是特定社会群体中的一员，使得他们依恋于媒介中的主持人、其他受众甚至媒介产品中的其他人物和赞助商，"首属媒体社区"因此成为作为特定社会群体成员的观众的精神家园。① 通过塔洛的观点，我们很容易推断出，首属媒介将成为媒介未来发展的方向。媒介变革、传播变革因此将以营造"精神归属感"作为主要的努力方向。尽管他所界定的"首属媒体社区"不是指社会群体，与一般的社区概念相去甚远，但是他所指出的"媒体群"、"媒介群"所用的传播方式以及"媒体群"与社会群体所构成的关系却正是本书研究所竭力指出的方向。也就是说，正是在约瑟夫·塔洛的"首属媒介社区"概念的基础上，本书提出了"媒介社区"的概念。

在研究传播形态演变过程中，发现了媒介传播领域也存在"分久必合，合久必分"现象，那就是随着传播技术的发展，人类社会经历了从人际传播、小群体传播到大众传播，然后再从大众传播到分众传播、小众传播的传播类型演变。根据唯物辩证法的原理，事物的发展不是一种简单的重复，而是一种螺旋式的上升。因此，从小众、分众到大众再到分众、小众，绝对不是一种简单的回归，而是一种更高形态的发展。然而这种更高形态的"分众"传播，其本质到底是什么？答案肯定不仅仅是传播范围的变化，也不仅仅是信息传递的精准程度的变化，还包含了情感交流和群体归属，这显然不是作为市场营销策略的"分众传播"概念所能涵盖的。为此，必须寻找更为准确的概念。

在研究媒体的过程中，新媒体的概念层出不穷，诸如电子杂志、手机报、数字电视、户外电视、楼宇电视、移动电视，等等。而户外电视、楼宇电视在很大程度上是广告的天下，在这些所谓的新媒体广告公司中，有两个影响比较大的公司，它们分别是"分众传媒控股有限公

---

① ［美］约瑟夫·塔洛：《分割美国：广告主与新媒介世界》，洪兵译，华夏出版社2003年版，第4页。

司"和"上海聚众传媒股份有限公司"①。其中前者——分众传媒（Focus Media）是中国生活圈媒体群的创建者，是面向特定的受众族群的媒体，这部分受众群体能够被清晰地描述或定义，同时，这部分群体也恰恰是某些产品或品牌的领先消费群或重度消费群。而后者的创始人虞锋则解释说，所谓"聚众传媒"（Target Media），"就是将人们的注意力聚集起来，将同质性较强的人群聚集起来，进行传播的一种方式"。②无论是分众传媒还是聚众传媒，都是对传统大众传播的一种修正与超越，两者的"群体传播"、"分众传播"的理念非常清晰，所不同的"聚众传媒"不仅包括"群体传播"、"分众传播"的理念，还潜在地包含了"物以类聚、人以群分"的内涵，而媒体传播恰好在这种"类聚群分"中发挥着关键的引导作用。这种理念正是本书尝试建立的新的传播形态的应有之义，因此决定在"聚众传媒"的基础上建立"聚众传播"的概念。

核心概念确定了，那么分析、论证核心概念的关系将是本书研究的重点。综上所述，通过不断的分析，研究的范围不断缩小，研究的视野得到了充分的聚焦，那就是媒介社区中的聚众传播。

三 研究的意义

本书综合运用文献研究、体验观察等研究方法，探讨在新的政治、经济、社会、技术环境下媒介传播形态与传播方式的演变，在此基础上进行综合推理，试图建立一种新的传播方式或一种新的传播类型：媒介社区中的聚众传播。

在理论上，本书试图建立一种新的传播形态范式，这将是对现有传播理论中的传播类型和传播方式的一种发展。现有的传播类型：内向传播、人际传播、群体传播、组织传播、大众传播，分类的着力点在于传播的范围；现有的传播方式：大众传播、分众传播、小众传播、我的媒体传播，主要着力点在于传播的指向性、针对性和传播的有效性。而媒介社区中的聚众传播则跳出了传播范围、传播方式、传播技术等单要素

---

① 2007年1月7日，户外电视广告网络运营商分众传媒公开宣布，该公司已同主要竞争对手聚众传媒达成协议，将以现金加股票的方式收购后者，这一交易的总价值为3.25亿美元。此后，作为独立商业主体的"聚众传媒"将不复存在。

② 杨云高：《聚众传媒：淘金小众传播时代》，《董事会》2005年第3期。

研究桎梏，而是致力于一种新型的、综合的传播关系——传播形态的构建。首先，将在传播类型研究方法上提供一种新思路。传播范式研究注重事物的本质，以本质为中心形成的理念体系和实践模式共同构成传播形态的内涵，从而超越了传播类型研究的"技术"、"渠道"、"范围"等单一的表象因素。正如库恩所言："'范式'一词有两种意义不同的使用方式。一方面，它代表着一个特定共同体的成员所共有的信念、价值、技术等构成的整体。另一方面，它指称着那个整体的一种元素，即具体的谜题解答；把它们当作模型和范例，可以取代明确的规则以作为常规科学中其他谜题解答的基础。"① 其次，将构建一种新的传播形态，从而拓展现有传播形态的理论成果。著名传播学家麦克卢汉在其传播学巨著《理解媒介——论人的延伸》中将媒介比喻为人的各种感觉器官在现实世界中的延伸，并用一个著名的公式，从媒介演化的角度对人类历史做出了独特的概括：部落化—非部落化—重新部落化。他认为，人类历史上一共有三种基本的技术革新。其一是拼音文字的发明，它打破了部落人口耳鼻舌身的平衡，突出了眼睛的视觉。其二是16世纪机械印刷的推广，进一步加快了感官失衡的过程。其三是1844年发明的电报，它预告了电子时代的来临。而电子传媒时代却以其崭新的视听结合手段，重新整合人类对世界的感知形式，帮助人们回到整体思维的前印刷时代，以感觉器官的再次平衡重新走向电子时代的部落化。② 麦克卢汉从媒介演化历史的角度去概括人类的历史，为我们解读传播和社会历史提供了一个崭新的视角。从这种视角出发，我们可以将迄今为止的人类历史划分为"农业社会"、"工业社会"和"信息社会"，其对应的媒介依次为"身体媒介"、"复制媒介"和"自媒介"，以此为基础解读不同社会的媒介形态、传播模式，透过纷繁复杂的现象把握特定历史时空里的传播本质，进而从为传播历史划界的高度，确定具体的传播形态概念及其内涵。

在实践领域，首先，聚众传播论的建立，将为目前的媒介组织提供一种理论指导。指导他们进行相关的媒介传播方式和传播策略的变革，

---

① ［美］托马斯·库恩：《必要的张力——科学的传统和变革论文选》，范岱年、纪树立等译，北京大学出版社2004年版，第9页。

② ［加］马歇尔·麦克卢汉：《理解媒介——论人的延伸》，何道宽译，商务印书馆2000年版，第17—24页。

从而使媒介能够更加有效地传播信息。传播效果在很大程度上取决于传播信息的质量，其中不仅涉及信息的精准程度，还涉及信息传受双方的情感沟通效果，信息质量是一个多维度的指标体系，传受之间的地位平等、身份融合将是实现传播效果最优化的最终途径。其次，聚众传播论的建立将在一定程度上使传统的广告、宣传方式发生革命性改变，媒介社区中的首属媒介群落将成为未来广告、宣传的首选方式。目前，一些企业和商家纷纷在网络上建立自己与潜在消费者的互动平台，借此提高自身的品牌，了解消费者的最新诉求，从而提高商品和服务的销售，取得了一定的效果。媒介数字化、网络化是媒介的发展趋势，"网络的未来是社区"，由此我们可以进一步推论，未来网络社区的聚众传播是传播的发展趋势，媒介社区也因此成为广告和商品营销的最佳场所。最后，媒介社区中的聚众传播将为社会组织和国家相关机构提供理论依据，为应对未来社会的变革作相应的制度和策略准备。

第三节　研究方法与框架说明

一　研究方法

研究方法的选择取决于特定的研究对象和研究目的。本书以媒介社区中的特殊传播现象作为研究对象，试图构建一种新的传播范式：聚众传播。因此，本书将以文献研究、理性思辨的研究方法为主，辅助以文本分析、个案分析、田野观察、问卷调查、深度访谈等研究方法。但从研究的具体内容出发，对传播实践和传播理论研究两种不同情况，采用的方法将有所不同。具体研究工作方案设计如下：

（1）传播困境的研究。其中，对于传播的实践困境，将采用"点"、"面"研究结合的方式，即对若干媒体作个案研究和对媒体整体发展概况进行文献研究相结合，在此基础上，进行理性思辨，力求系统揭示：旧的传播实践模式不适应新的政治、经济和文化环境。对于传播理论困境的研究，主要采用资料研究法，结合使用一定数量的深度访谈，在此基础上运用比较分析的方法，对传播类型和传播方式进行分析，试图发现其演变规律，并结合现实情况对目前的主流传播方式进行价值判断。

（2）对于媒介社区的研究，主要采用文献研究和理性思辨的方法，辅助以个案研究方法。对于传统社区的研究，主要采用文献研究的方法。对于媒介社区的形成，主要采用理性思辨的方法，并结合一定的案例分析来加强论证的说服力。

（3）对于聚众传播内涵的研究，将综合采用文本分析、案例分析的方法，以具体文本和传播案例的分析为基础，结合相关传播理论，进行演绎推理，在此基础上界定、归纳聚众传播的传播要素、传播过程、本质特征。

（4）对于聚众传播的价值体认，将综合采用历史分析、文献分析和理性思辨的方法，对传播的实践路径、理论研究模式以及媒介和社会的关系范式做出分析和归纳，以期对第一章"传播的困境"做出回应。

在书中还将综合采用辩证分析法。这是贯穿全书研究过程的基本方法，也是马克思主义的唯物辩证的分析方法，即按照客观事物自身的运动与发展规律来认识事物的思维和分析方法。在这一方法的具体运用中，就是坚持普遍联系和永恒发展的观点，矛盾的普遍性与特殊性的观点，具体问题具体分析的观点，揭示事物的运动规律与轨迹。作为人类的信息沟通方式，传播具有普遍性和特殊性，在满足人个性化需求的同时，势必要对人的社会化需求给予关照。因此，必须坚持辩证分析方法，辩证分析在不同历史阶段、不同传播环境下传播的特点及其作用，并据此提出相应的传播方式和策略。

二 篇章结构

本书试图在分析当前传播困境的基础上，以传播范式为切入点，探讨在新的传播环境下，传播类型和传播方式可能的演变方向，最终构建媒介社区中的聚众传播范式。本书从"网络信息时代需要什么样的传播形态"这一核心研究发问出发，从四个方面论证了"聚众传播兼具信息传递的精准性和人的情感社会需求，满足了人作为个体人和社会人的双重需要，是网络信息时代的传播发展的必然趋势"。

第一部分，从社区的概念入手，通过对社会的发展演变的分析，探讨了社区发展与媒介和传播的关系。在此基础上分析了社区的本质，认为现实地理社区的情感疏远导致了媒介社区的兴起与繁荣。从不同媒介社区的实例出发，通过解析归结出了媒介社区的本质特征，建立了这一核心概念与其他类似概念的现实分野。

第二部分，运用类型学和结构学的有关理论，对媒介社区的结构元素进行了深入解析，并从形成媒介、沟通媒介、互动模式和功能模式等方面对媒介社区进行了分类，进一步丰富了对媒介社区的本体论认识。

第三部分，在传播过程的基础上，对比大众传播和分众传播，从传播主体、传播媒介、传播信息和传播控制等方面对聚众传播的范式转型进行了详细的分析，在此基础上归结出聚众传播的本质特征，对聚众传播这一概念给出了明晰的定义。

第四部分，从范式变革的角度，分析了媒介社区和聚众传播对传播实践、传播理论研究以及整个社会发展所带来的深入影响，对未来的媒介生态和社会结构的变迁做出了一定的预测，并结合已有的研究成果对传播范式变革带来的挑战提出了初步的对策建议。

三　研究创新与存在的困难

本书的创新主要集中在以下几个方面：

首先，跳出局部措施的研究常规，从传播范式上探讨走出传播困境的途径。任何传播都是一定社会环境下的传播，社会的政治、经济、文化、技术等各方面的因素对传播施加综合性的影响；反之，传播的发展会影响社会发展的方方面面。正如网络传播从 WEB1.0 发展到 WEB2.0 一样，当下的传播困境是全局性的困境，任何一个局部因素的改进，都不能从根本上解决这一传播困境，需要从传播范式角度进行全方位的变革。本书提出了人类传播 1.0、2.0 和 3.0 的概念，认为从人际传播到大众传播是一种传播范式的变革，大众传播到分众传播只是一种传播范围的缩小，不具有传播范式变革的意义，只有从大众传播到聚众传播才是人类传播史上的第二次传播范式变革，从此人类传播进入 3.0 时代。

其次，提出了媒介社区、聚众传播等新的概念。在回顾了社区的不同概念与内涵的基础上，通过对不同媒介社区的分析，本书认为：媒介社区是在媒介场的作用下，通过自媒体系统的传播聚合作用，逐步形成的具有全方位互动关系和共同文化维系力的人类群体及其活动区域。从而建立了与现实社区和虚拟社区的分界，为人们认识网络信息社会的结构变迁提供了一个崭新的视角。通过与大众传播的对比，本书认为：聚众传播是指人们在社会化过程中，基于自媒介体系建立的，融合多种传播类型和传播方式的，以建立社会文化认同为目的的一种群体传播形态。这一概念穿越了传播的技术和策略层面，直接聚焦于传播的目的和本质，从而总揽了网络信息时代不同于大众传播的独有特征和内涵，为后续研究打下了基础。

最后，本书试图构建一种新的传播范式：聚众传播。聚众传播不是大众传播，也不是分众传播，不是网络传播，也不是多媒体传播，而是实现了传者和受众融合的传播，是媒介类型、传播方式、互动模式整合后的传播，是传播过程地位和作用日益凸显的传播，是自由和控制相结合的传播，是信息传播效果最优化的传播。新的传播范式的建立，为解决传播困境以及应对社会变革提供了一种思考方式、一种策略方案。

本书的研究中需要突破的难点有如下几点：第一，媒介社区和聚众传播是两个全新的概念，目前只有业界偶尔提及，学界几乎没有研究，如何在突破传统社区概念的基础上，以传播新范式的角度给其确定一个简洁内涵和操作性定义；第二，由于本课题的性质，研究中必不可免地需要大量分析文本、获取实证资料，如何在保证可操作性基础上，解决资料的有效信度和效度问题；第三，传播范式的研究相对较少，如何在借鉴其他学科领域现有成果的基础上，确立适合当前传播环境下的传播范式的分析模式；第四，从既有成果积累看，我国对传播类型和传播方式等范式的研究中，不但研究的总量少，而且大多限于对欧美等发达国家的转引与改进，原创的成果少，如何克服语言障碍，如何在有限的时间里，构建出具有前沿水平的传播新范式。

第二章 媒介社区的本体阐释

"本体"（noumenon）最初是一个哲学概念，亚里士多德认为，只有本体是能够独立存在的，其他各种"所是"都是依附于本体才能成立的，这是他讨论"是者之所以为是"时的一个基本观点。① 由于本体不是唯一的"是者"，而是诸"是者"之一，所以本体论实际上是关于"是者"及其"所以为是"的学说，而不仅仅是关于本体的学说。本体论学说在西方哲学中不断发展和演化，一些现代西方哲学家对本体论做了不同的解释。美国哲学家蒯因（W. V. O. Quine）把本体论简单地归结为"何物存在"（what is there），豪尔（David Hall）和艾姆斯（Roger Ames）则认为本体论"是对事物最基本特征的研究"，是"寻求发现是者之是"。②

"本体"这一术语从哲学领域引入具体科学领域时，根据本体论的现代哲学含义（指事物的本质及其规律）对其意义做了取舍，一般指事物的概念、特点、结构和功能，本体论则转化为一种方法论，就是通过返归事物，也就是研究对象本身而不是仅仅停留在外部进行考察与研究，从而揭示出事物最为本质的特征。

第一节 社区的发展与演变

社区是城市、国家和社会的基础，社区的发展与演变反映了一个城市、国家、社会的发展与演变。劳动产生了人，人们在劳动过程中结成了不同的社会关系，生产力的发展是社会发展的根本动力，而传播则是

---

① 俞宣孟：《本体论研究》，上海人民出版社 2005 年版，第 3—31 页。
② 同上书，第 21—22 页。

维系社区乃至社会的重要纽带。从某种意义上说，社区和社会的发展史就是传播的发展史。

一 社区："精神共同体"

首创社区概念的学者是德国社会学家斐迪南·滕尼斯，他认为，社区是指那些由具有共同价值取向的同质人口组成的、关系亲密、出入相友、守望相助、疾病相抚的、富有人情味的社会关系和社会团体。① 滕尼斯所说的社区概念在其本意上并不是我们今天所说的一个具体的地方社会，而是描述一种社会关系，主要是指具有一定共同特征的群体组织。这种群体组织最显著的特征是共同性，不但具有价值观、认同感上的共同性，而且具有个人特质上的共同性，总体来说是一种由内而外的共同性。滕尼斯关于社区的理论，为后来的社区研究打下了基础。

随着西方社会中地理社区的成熟及其在社会治理和社会文化中地位的凸显，一些西方学者相应地将研究视角投向地理社区，相对应地对社区的定义也就偏向地域意义。比较有代表性的是爱德华和琼斯，他们认为：有一群人，居住在一定的地方，在组织他们的社会生活时行使一定程度的自治；他们组织社会生活时以地方为基础来满足他们各方面的生活需要。② 偏向地域意义的社区界定成为当下社区的主流概念。我国社会学家郑杭生也认为，社区是以一定地理区域为基础的社会群体。③

1977 年，费舍尔（Claude S. Fischer）出版了《社会网络与场所：城市环境中的社会关系》，指出现代城市生活中人与人之间的互动交往已不在传统的邻里关系间展开，而是打破邻里界限延伸向其他领域，换句话说，人际关系网络已不局限于邻里间建立而是通过特定关系（如共同兴趣爱好、共同价值观及追求等）组成。在费舍尔的影响下，韦尔曼（B. Wellman）和雷顿（B. Leighton）于 1979 年发表《社会网络、邻里关系和社区》一文指出，社区研究一直局限在同一地域的邻里关系之间，物理空间一直作为联结社区成员群体关系的唯一纽带，这种研究视角导致了社会学对现代社会人们进行日常交往的其他领域未予足够关

---

① 王青山：《社区建设与社区发展读本》，中共中央党校出版社 2001 年版，第 1 页。

② Brian Wharf and Michael Claguc, *Community Organizing*：*Candian Experiences*，Don Mills，Ontario：Oxford University Press，1997，p. 5.

③ 郑杭生：《社会学概论新修》，中国人民大学出版社 1997 年版，第 364—365 页。

注，甚至对已经超越居住区而建立的其他社会关系视而不见。因此，韦尔曼和雷顿提出打破对地域关系的强调，关注人们超出地域圈子而建立起来的多层次社会关系，这就是所谓的"社区解放"。在这种思想主导下的社区研究不再局限于地域限制，而是更多地关注"社会关系"。

台湾学者徐震在分析社区的各种定义之后，提出了社区概念的三个向度：（1）地域向度。指以社区为地理界限的人口集团。这是从地域范围和服务设施着眼，也就是社区的地理因素，是一种结构的概念，着重社区内居民聚居的空间关系与服务设施，及其由共同生活形成的自治关系。（2）体系向度。指社区为互相关联的社会体系。这是从社区心理互动与利益关系着眼，是社区的心理因素，又称互动（interaction）的概念，侧重社区互动的正面关系，亦即共同利益、共同目标与共同愿望。也有人称之为"精神社区"（spiritual community）或"利益社区"，在台湾通常以"社群"称之。（3）行动向度。指社区为基层自治的行动单位。此乃由社区的社会变迁与行动方面着手，将社区视为地方居民自行组织、自行建设的自治单位，为社区的社会因素，可称为行动（action）的概念。①

纵观国内外对社区概念和相关理论的研究，可以发现社区是一个包容度很大却又不断发展变化的概念，我们很难将它简单地归结为一种组织、一种社会关系或一种情感。从英文单词"community"、"communication"以及"commonality"的词根与意义的考据，我们不难发现"社区"所具有的一些共同特质：一定的地域、一定的人群以及相应的组织、公众的参与和某些共同的意识与文化。社区的概念尽管起源于农业社会，但是其最初的概念倾向于强调特定群体的内在共同性；随着工业社会的发展，社区逐渐被赋予了地域的概念；在所谓的后工业社会里，由于社会和传播技术的发展，社区更多地被赋予了体系的含义，而地域不再是一个决定性因素。因此，我们认为，所谓社区就是"精神共同体"，是一个具有一定文化认同的社会群体。社区最初是社会学的主要研究对象，如今已经成为社会学科各领域研究的一个重要重叠区域，社区以及社区研究的重要性不断凸显。

---

① 徐震：《社区与社区发展》，正中出版社 1994 年版，第 20 页。

二　从游猎到农耕：原始社区的形成

马克思在《关于费尔巴哈的提纲》第六条中指出："人的本质并不是单个人所固有的抽象物，实际上，它是一切社会关系的总和。"① 马克思所说的"一切社会关系"，既包括人与自然的关系，也包括人与人之间的经济关系、政治关系、思想关系等，这些社会关系的"总和"便形成了社会联系的总体结构。根据唯物辩证法的有关原理，任何事物都兼有共性与个性，其中"共性"即普遍性，"个性"即特殊性，两者密切联系，不可分割，是辩证统一的关系。一方面，共性寓于个性之中，并通过个性表现出来，没有个性就没有共性；另一方面，个性也离不开共性。世界上的事物无论如何特殊，都会和同类事物中的其他事物存在共同之处，总要服从于这类事物的一般规律，不包含普遍性的特殊性是没有的，即特殊性也离不开普遍性。从这个意义上讲，人也是具有共性和个性的，也就是兼有个体性和社会性。

所谓社会性，就是指生物作为集体活动的个体，或作为社会的一员而活动时所表现出的有利于集体和社会发展的特性；所谓个性，即"人格"，则是指个人的特性和嗜好，指一个人的性格、习惯，是一个人在他和周围环境相互作用过程中所表现出来的、区别于他人的、稳定的个人特点。人首先作为个体，具有满足自身生理和安全方面的需要。其次，人作为一个社会性的人，还具有一定的群体归属感。

人并不是自然界中唯一具有社会性的生物。自然界中还有一些生物和人一样具有社会性，如蚂蚁、蜜蜂等。在蚂蚁社会中个体的蚂蚁无论是当"工人"还是当"皇帝"都是天生的。蚂蚁天生具有社会性、组织性，有奉献精神，每一个蚂蚁都努力而且安心于"社会"的分工。而人的社会性以及社会分工都是后天形成的，人的社会性是人不断社会化的结果。

从人类的起源和发展来看，最早的人们，类似现在的群居动物，过着一种游猎生活，那时人们没有固定的住所。这种群体生活的模式，在近代仍然能够从一些为数不多的古老部门的残存分支中看到。比如我国解放初期东北的鄂伦春人，他们冬天狩猎，夏天捕鱼，通过不断的辗转

---

① 《马克思恩格斯全集》第 3 卷，人民出版社 1960 年版，第 30 页。

迁移，维持着生计。

在大约 1 万年前左右，由于人类社会的长期发展，人口也逐渐增长，而人口的增长反过来又促进采集狩猎活动的加剧，结果导致野生动植物资源遭到越来越严重的破坏，再加上当时地球上几次冰期的影响，最终环境恶化，导致严重的生存危机，单纯的采集、狩猎已难以养活越来越多的人口，于是人们被迫不断地改进采集、狩猎技术，提高采集、狩猎效率，在此过程中，逐渐学会了人工栽培作物和人工饲养动物，最终导致了农业的产生。农业耕种需要较长的周期和固定的土地，原先游猎的部落开始定居下来，一些原始的村落开始出现。① 生产方式的变革导致群体组织方式的变化，原先单一的游猎群体变成有固定地域疆界的原始社区。

无论是简单的农业技术，还是基本的动物驯养，都在很大程度上增加了食物的数量和供应的稳定性。在这种原始的社区生活方式中，人们过着稳定的生活，吃得更饱，生活得更加安全，也有了更多的闲暇。与游猎生活相较而言，在定居的原始社区的生活中，传播行为与传播方式也更加多样与丰富。在这一时期，传播方式除了简单的动作、表情、吼叫之外，还有简单的语言以及绘画和舞蹈，在耕种的闲暇之余，人们也有更多的时间从事信息的传播与交流，群体之间的联系更加紧密。在公元前 3000 年左右，出现了世界上最早的文字，从此，人类文明进入了一个新时代。

在原始社区里，由于农业技术和动物驯养技术还比较落后，人们获得的食物还相当有限，因此早期定居村落的人口规模一般都不大，很少超过 200 人。这里的社区居民彼此间一般都具有血缘关系，因此关系非常密切。目前世界各地的考古证据表明，这些早期的社区形式确实存在过。无论是古埃及、巴比伦、印度、中国，人们都可以发现这些早期社区的遗迹。即使现在，在许多国家的落后地区，仍然有一些村落生活在这一古老的农业耕种状态，比如我国四川省木里县境内的利加则村，那里的人们几乎人人参与劳作，没有什么劳动分工。②

---

① ［美］戴维·波普诺：《社会学》，李强等译，中国人民大学出版社 1999 年版，第 565 页。

② 陈庆港：《利加则：密林里的母系氏族》，《观察与思考》2008 年第 1 期。

三　社区的发展与演变：生产力和传播的双重推动

随着社会经济、政治、文化的发展，特别是农业生产力的提高，大约在公元前 5000 年以后，在广大乡村社区之间又出现了城镇社区。这一变化有时被称为"城市革命"，是人类历史上最重要的变化之一。确定一个地方是否为城镇的最重要因素，不在于规模，而在于居民的谋生方式。在城镇社区里，大多数人不再为自己种植食物，他们的职业可能是士兵、税务官、手工艺匠、商人、宗教职员等。按照现代的标准来看，早期的城镇并不大，少则数百，多者不过数万。城镇和城镇社区不可能再以血缘关系来规范和调节，新的城镇社区需要新的管理制度和法律体系。

在公元前 2000 年到公元前 1000 年之间，由于铁和文字的出现，推动了城市化的加速运动。铁的广泛使用，不仅促进了生产，也在很大程度上改善了交通；文字的使用不仅促进了思想的传播与交流，也使管理制度和法律体系得以完善与推广。这些发明与创新的结果反过来推动了城市的进一步发展。这一时期，最典型的城市当首推地中海地区的古雅典与古罗马。在公元前 400 年左右，古雅典就已经发展成为一个独立的城邦，有着民主政治的传统和辉煌的艺术成就。在公元 200 年左右，古罗马已经拥有百万居民，尽管社会治安还存在很大问题，但是市政建设已经非常完善，社区里有成群的公寓，多数公寓都连通了大规模的供水和排污系统。拉丁文字的完善，手抄书的出现，促进了基督教的传播；在罗马的开疆与贸易过程中，也促进了罗马的政治、经济、文化的传播。

公元 18 世纪始于英国的工业革命，促进了工农业的快速发展，进一步加速了城市化进程。以英国为例，1700 年，只有不到 2% 的英国人在城市生活；到 1900 年，大多数英国人都成了城市人。[①] 公共教育在这一时期获得了长足的进步，城市社区居民的文化水平得到了大幅度的提高，这使以报纸为代表的大众传播成为可能。早在 15—16 世纪，当时德国人古登堡发明的机器印刷技术得到推广，促使"新闻纸"问世，

---

① [美] 戴维·波普诺：《社会学》，李强等译，中国人民大学出版社 1999 年版，第 568 页。

从而奠定了现代报刊业的基础。但是直到 18 世纪工业革命以后，日报才真正成为报业的主角。日报的普及，标志着一个国家或地区的新闻业得以成熟，因为日报的连续出版，对信息的采集和发送、印刷技术、新闻人员的素质和管理人员的水平，都提出了较高的要求。在 19 世纪上半叶，以电报的发明应用为标志的技术革新催生了新闻通讯社，进一步促进了报纸媒体的发展壮大。大众传播媒介的出现与普及，不仅丰富了城市社区之间的联系，也丰富了社区居民了解外界的渠道。

20 世纪是大都会社区的世纪，随着汽车的推广与普及，城市急速向外扩张，进入原先人口较少的郊区，形成了大都市区域，即一个或多个大城市，再加上其周围的郊区。比如美国的纽约都会区、英国的伦敦都会区、日本的东京都会区、中国的北京和上海都会区。中心城市主要用于发展商业，郊区主要作为解决城市人口拥挤问题的一个有效途径。这些都会区根据社会阶层和种族开始分化，形成了种类不同的社区。在 20 世纪 30—50 年代，电力和电子技术革命导致了广播电视媒体的诞生、扩展和空前繁荣，使其成为影响人数众多、涉及面广、感染力很强的大众传播工具。20 世纪末，随着卫星和光纤通信技术的发展和产业化，因特网在全球迅猛发展，所谓的网络媒体、卫星电视、数字电视等新媒体层出不穷。传播技术的革新以及传播方式的多样化，不仅使传播形态日益多样化，传播的权利主体也在悄然发生改变。

从最早的村落社区到早期的城镇社区、工业革命前、后的城市社区，再到现代的大都会社区，社区在类型和规模上的发展，使社区的结构与功能发生了种种变化。以往无论是一个村庄或一个小城镇，还是一个城市，其地域范围都具有比较确定的疆界。例如，一个完整的村落社区的地域范围通常是以其居民的聚居点为中心，并将由这个中心辐射到附近的各种服务功能的射线极限点联结起来，构成这个村落社区的地理区域。而一个现代的完全的城市社区的地域范围，通常则是由其市区和包括若干小城镇及乡村的郊区构成的。每个社区都有一定的制度、机构和设施，为整个区域服务，以满足其成员的各种需要。每个社区的社区中心都设有服务性的商店、学校、工厂、政府机关、医疗单位、群众团体等，以整个社区的地域范围为其有效的"服务地区"。社区这种社会统一体正是通过它的各种机构和设施的服务活动来推动各种制度的运行，使社区成员在本社区疆界内得以维持其全部日常生活。同时，社区机构设施的有效"服务地区"又是形成和保持该社区疆界的决定性因素。

在我国，随着现代社会生活的发展，作为地方社会的社区，其地方性的差异逐渐减少。社会大众传播如广播、电视的普及，国家义务教育的推行，以及各地居民人口流动的增加，各社区之间在规范、价值观念以及行为模式上的差异程度已显著降低。社区的许多地方性功能已为"大社会"的普遍统一的功能所取代。在同一个大城市里，此处社区居民与他处社区居民之间，其相似之点多于相异之点。随着大城市、大都会的发展，社区地域范围的疆界也不如以往那么分明了。一个大城市往往包含着若干个原先相对独立的社区，但在市政府的机构设置和行政区划上则又可能与原先各社区的地域分界不一致。长期以来，满足成员日常谋生的需要是社区的基本功能之一，社区居民一般都是在本社区内就地劳动谋生。这种情况已经发生了变化，现代社区的许多居民每天都到本社区以外的地方去上班。因此，社区成员之间除了具有当地居民的共同利益，还分别具有各自从社区以外谋取生计的种种不同利益。这种情况就从社会纽带和社会交往上削弱了社区地域疆界的确定性。由于全国性的企事业组织和政治、文化团体的出现，地方社区里的工厂、商店、社会团体等，有不少就是这些全国性组织系统中的下属单位和分支机构，其决策主要是听命于本系统的上级组织而不是当地社区。因而，作为地方社会的社区，其自主性也有所削弱。

总之，社区发展与演变过程是科学技术的发展过程，是居民文化水平不断提高的过程；同时社区的发展与演变也是社区分化的过程、社区结构和功能不断变化与调整的过程；另外，由于社区需要沟通，社区的发展总是伴随着传播的发展，传播技术的发展和传播方式的发展使得社区传播的结构、方式和主体都发生了深刻的变化，这些变化为媒介社区的兴起提供了条件。

第二节　媒介社区的兴起

媒介社区是一种新的社区形式，它的形成和发展是传播发展和人的社会发展的产物。无论是早期的读者群还是现代的网络虚拟社区，在一定意义上都是对传统社区的补充和延伸。但是，另一方面，媒介社区的深度发展在一定意义上却对传统社区形成了解构，从而给现代和未来社会带来深远的影响。

一　媒介的传播与反馈：媒介社区形成的基础

人类社会的传播具有明显的过程性和系统性。当我们说传播是一个过程时，主要是指传播具有动态性、系列性和结构性。[①] 所谓传播过程，是指传播者选择加工信息，通过某种渠道传递给受传者并引起反应的过程。传播是一个多因素、多环节的过程，一般由传播者、信息、媒介、受传者和反馈等因素构成。在传播学研究史上，不少学者采用建构模式的方法，对传播过程的结构和性质作了各种形式的说明，其中比较著名的有美国传播学家拉斯韦尔提出的著名的"5W"过程模式，即认为传播过程由传播者、传播内容、传播渠道、受传者和传播效果五个要素和环节组成，数学家兼信息学者香农和韦弗提出的电子信号传输过程的直线模式，传播学家施拉姆和奥斯古德提出的社会传播过程的循环模式，以及传播学家德弗勒提出的互动过程模式等。德弗勒提出的互动过程模式与前几种模式显著不同的是，它首次提出了反馈的概念，明确补充了反馈的要素、环节和渠道，使传播过程更加符合人类传播互动的特点。

反馈（feedback）又称回馈，是控制论的一个基本概念，指将系统的输出返回到输入端，并以某种方式改变输入，进而影响系统功能的过程，也就是将输出量通过恰当的检测装置返回到输入端，并与输入量进行比较的过程。反馈一般分为负反馈和正反馈。前者使输出起到与输入相反的作用，使系统输出与系统目标的误差减小，系统趋于稳定；后者使输出起到与输入相似的作用，使系统偏差不断增大，使系统振荡，可以放大控制作用。1948年，美国的天才数学家诺伯特·维纳创立了控制论，他在自己的论著《控制论》中指出："反馈是控制论的核心问题"，"对系统的控制和稳定起着决定性的作用"。从此，反馈就作为控制论的一个关键词逐步发展成了一个研究生物、生产技术和社会学等研究领域的自动调节现象的重要原理。

在传播学领域，所谓反馈，是指传播过程中受传者对收到的信息所

① 郭庆光：《传播学教程》，中国人民大学出版社1999年版，第57页。

作的反应。广义上讲，信息是物质运动或存在的表达形式，而传播过程中的信息反馈，则是指传播过程中受传者对所传播内容的反应。获得反馈信息是传播者的意图和目的，发出反馈是受传者能动性的一种体现。其过程就是：当大众传播的受传者进入到大众传播的传播范围时，大众媒介的各种信息会通过不同的方式输入到受传者的大脑，在经过大脑一系列复杂的处理转化后，受传者在这种内化活动的过程中就会产生一系列新的观念和意识，而这一系列新的观念和意识若要外化到现实世界中并对现实世界产生影响，那就需要通过反馈机制这座桥梁来把内化活动和外化现实连接起来，从而形成一个互动状态的大众传播系统，这样，它们就能够在这个系统中相互依存、互相影响，受传者的观念和意识也就可以在不断的更新中去作用于现实世界，实现大众传播"桐花万里丹山路，雏凤清于老凤声"的远大构想。

　　"反馈是控制论的核心问题"，在传播学领域，反馈则是传播过程中不可或缺的要素，无论是对传播者还是受传者而言，都具有举足轻重的地位。对传播者而言，首先，反馈有利于建立对于传播效果的监测。传播效果一般用阅听率和满意度指标来衡量。对于阅听率，除了报刊的发行量可以通过实际销售的报刊份数来计算之外，无论是广播的收听率，还是电视的收视率，都需要借助社会调查、通过受传者的反馈来获得。一般而言，阅听率越高，媒介的传播效果就越大，其社会影响就越大。对于满意度，无论是采用调查统计的方法，还是采用访问、座谈的方式，其最有效的途径都是收集受传者的反馈。其次，反馈有利于获得受传者对传播内容和传播方式的评价，便于媒体改进传播内容和传播方式。不同的媒体有不同的受众定位和内容定位，只有符合特定受众定位的内容传播，才能获得好的传播效果。然而，社会是发展变化的，受众的需要也是发展变化的。只有不断地收集受众的各种反馈，才能及时捕捉受众最新的需要，从而对原有的传播内容和形式进行调整，大到电视的频道定位，小到报纸的标题字体和颜色，只有这样，才能在激烈的媒体竞争中获得自己的一席之地。最后，反馈有利于强化受传者的参与意识，便于媒介培养忠实、稳定的受传者群体。在媒介传播的发展史中，无数实例证明，要获得一定量的受众并不难，难就难在获得一定规模的稳定的忠实的受众。建立广泛的反馈网络，充分重视受传者的反馈，才能获得受传者持续而稳定的反馈，从而不断强化受传者的参与意识，使他们与本媒体建立一定的依恋关系，最终达到培养受传者忠诚度的目的。

对受传者而言，首先，反馈是自身主观能动性的体现。受"枪弹论"和"皮下注射论"的影响，早先的传播从业者和传播研究者一直以为受传者是子弹的"靶子"和沙发上的"土豆"，只有被动地接受媒介传播的信息，而不会有主动的控制与影响。实际上，人与自然界其他生物最大的不同是，人有意识，有控制自身和环境的能力。传播从某种意义上说，只是人周围环境特别是信息环境的一部分。人会根据自身的需要，通过大脑的思维判断，迅速地对周围环境包括信息环境做出反应，这就是反馈。并通过反馈体现自己的主观能动性，在一定程度上实现自身存在的价值。其次，反馈是一种参入的体现，通过反馈获得了一种满足心理。有研究显示，幼儿喜欢不断地开关电灯，其动机不在于看到光亮，而在于自身对于光亮控制的满足。这说明，主动参入行为比被动看到行为的结果更重要。从心理学的角度来说，主动参入行为是一种更高层次的需求。通过反馈参入，不仅能够获得短暂的参入兴奋，而且能够获得比较长远的心理满足。最后，反馈是表达自身意见的一种方式，有利于媒介更好地满足自身的传播需要。人是社会性的，同时也是个体性的。每个人都有与别人不一样的个性，也就存在不一样的媒介需求。只有通过自身的有效反馈，才有可能使媒介根据自己的需要，对媒介的传播内容和传播方式做出调整，从而更好地满足自身的信息诉求，如此形成良性循环。

开放有效的反馈有利于传播形成良性的循环。传播学家德弗勒提出的互动过程模式告诉我们，受传者在收到信息时反馈给传播者，传播者可以根据反馈情况设计与修改传播内容和方式，使之更适合受传者的需要和心理，改善传播效果。有效的信息传播需要传播者与受传者有一定的共同经验范围，否则受传者难以正确理解和认识信息，而要达到经验重叠，传播者就必须接收并重视受传者的反馈。一旦缺乏反馈这个环节，循环流通的传播体系就被中断阻隔，连续有序的传播行为所能产生的较好效果就会被削弱。

反馈机制的巨大威力使得它在各种传播系统中得到广泛的运用，一般来说，反馈分为简单反馈和深度反馈两种。所谓简单反馈，具体来说就是指受传者对传播内容的认知与评价，包括对阅听率的回馈、传播质量好坏的判断以及媒介组织的满意度的表态，属于反馈的第一层次。所谓深度反馈，具体来说是指受传者对传播内容、传播方式的意见以及改进建议，属于反馈的第二层次。而且，随着反馈机制在理论架构上的日趋拓展，现在它在大众传播理论的研究中也已逐步深入到内在的层次。从横向生成的心理机制上看，反馈机制包括两个重要的环节：反应控制和影响作用；从纵向发展的效果上看，反馈机制则表现为两种不同的形式：正反馈和负反馈；从对内在和外在环境的态度选择上，反馈机制又分化出两种相左的态势：主动的反馈控制和被动的反馈控制。[1] 就在这诸多的纵横交错的复杂关系中，反馈机制对大众传播系统极其自如地发挥出了自己的效力，对现实世界产生了重要、多方面的作用和影响。

建立良好的反馈机制，使传播过程形成良性循环，不仅需要在传播的每一个环节费心费力，而且需要传播者和受传者共同努力。首先，需要增强观念和意识。对传播者而言，要增强市场观念、信息观念和互动观念。增强市场观念，就是要以受传者为中心，增强服务意识，传播者要深入现实生活，深入社会实际，深入普通受众，用他们所能听懂的语言和接受的态度进行沟通与交流，要善于听取他们的意见、建议和要求；增强信息观念，要求传播者认真学习信息传递的规律和技巧，充分地开发利用信息，不仅要讲究表现技巧方法，更要有引人注意的内容；增强互动观念，要求传播者在信息反馈的过程中适时而动，可分为事前反馈（前期调查）、事中反馈和事后反馈（效果调查）。媒介要改版增刊、开设新栏目、推出新报道，不能关起门来想当然，要广泛地进行社会调查。[2] 对受传者而言，则应该增强主人翁意识、参与意识，也就是要求受传者能把自己阅听的媒介看成自己的媒介，关注媒介传播的内容，关注媒介的运转与发展，充分认识到自己在媒介生存和发展过程中的重要作用，积极出谋划策，为增强媒介的传播效果，为媒介更好地满足自身的需要而努力。其次，需要拓展渠道，建立完善的反馈网络。拓展渠道，不仅包括人员渠道，也包括技术通道。人员应该包括媒介内外

---

① 肖文、戴益信：《论大众传播系统中的反馈机制及其现实效果》，《湖南大众传媒职业技术学院学报》2005 年第 6 期。

② 熊忠辉、熊永新：《加强反馈——提高传播效果的有效途径》，《新闻前哨》2001 年第 2 期。

的从业人员、学者和专家等研究人员以及媒介的现实受众和潜在受众。① 技术通道则应该涵盖热线电话、书信、电子邮件、手机短信以及网络上的 BBS 等多种形式。对于受传者，就应该加强媒介素质修养，尽量熟悉多种反馈媒介的理解与运用，减少由于技术通道的障碍而不能顺利完成反馈的比例。最后，改进传播技巧，优化媒介产品和反馈机制。对于传播者而言，要想获得高质高量的反馈，最重要的还是得从自己的媒介产品下工夫。以湖南电视台卫星频道的《超级女声》为例，该栏目的策划与制作团队通过对当下流行文化的分析和社会时尚的调查，成功借鉴美国成熟节目的形态，运用自己的出色创意打造了《超级女声》。节目播出后短短一年的时间里，收视人口达到 5 个亿、关注网民 1 亿多、创造的新闻报道价值 10 亿多元、蒙牛乳业集团创下 27 亿元的销售额，湖南卫视收获近 10 亿元的广告收入，创造出了我国媒介传播的超级"神话"②。节目成功不仅打造了商业上的辉煌，也创下了娱乐节目受众反馈的历史纪录。且不论观众的人数创纪录，单是手机短信的收入 2005 年就高达 3000 万元，以每条一元计算，也就是说一年仅仅手机短信反馈就高达 3000 万人次。《超级女声》的成功还引起了业界和学界的大量关注和分析，形成了一股研究《超级女声》的热潮，仅仅以中国知网 CNKI 为检索平台，就检索到以《超级女声》为题名关键词的期刊文章 350 篇，③ 创下了同一节目分析文章的最高纪录。

与反馈相近的一个概念是参与。在现代汉语词典中，"参与"是指参加某项工作或事务的计划、讨论与处理等。参与与参加的区别在于，"参加"是投身某种活动或加入组织，与活动中的其他个体或组织中的别的成员具有相同的属性，例如参加工会、参加会议、参加选举等。"参与"也写作"参预"，指参加某种活动，不包括加入某种组织，活动只限于工作或事情的计划、讨论、处理等，例如参与制作、参与游戏、参与规划等。此外，"参加"是长期的活动，而"参与"的时间长短不限。在传播学领域中，受众参与，就是受众作为传播过程中的一个独立要素参加到传播活动中的观念和行动。柏莹认为，受众参与（即受

---

① 李晢：《大众传播反馈机制的现代转换》，《山西广播电视大学学报》2006 年第 1 期。

② 本刊编辑部：《超级女声——娱乐节目营销的大手笔》，《信息产业报道》2006 年第 1 期。

③ 检索时间，2009 年 1 月 20 日。

众与传媒互动）从不同的角度可以划分为不同的类型，以受众在传播活动中的角色作用，我们可以将它分为旁观性参与、合作性参与及支配性参与三个逐渐深入的层次（或者称为被动参与和主动参与），并相应地对传播活动产生了由形式到内容，由内容到体制的不同程度、全方位的影响。① 电视媒体是最为经常地利用观众参与的媒体，叶子认为，以观众涉及节目的深度和广度为标准，依次可以分为情感参与、反馈参与和节目参与三个层次。② 所谓情感参与，是指观众在观看节目的过程中产生的种种情感，以及对节目本身意义的理解与把握，前者比如看悲情节目的忧郁、看娱乐节目的欢笑等，后者比如对电视电影主题的思考、对教育教学节目所涉及的知识的理解与记忆等，这实际上是观众的一个解码过程，或者说是解码的一个维度，整体上属于传播活动中的一个有机环节。反馈参与，其实就是通过面对面的采访、座谈以及非面对面的电话、书信、电子邮件、手机短信以及网络上的 BBS 等多种形式表述观众对节目的评价、建议与意见的过程。反馈参与在本质上是一种反馈。节目参与，是指观众以不同程度的传播者身份，以自己的声音、图像或者"凝固的思想"参与节目的实际制作，结果使电视观众与电视制作者两者之间的界限不再分明。刘一鸣认为，20 世纪 90 年代，现场直播类的社会热点讨论节目的出现乃至红火，是我国电视观众节目参与层次的迅速发展阶段；1998 年、1999 年以湖南卫视"快乐大本营"为标志，一大批电视游戏娱乐节目迅速走红全国，表明我国电视观众节目参与层次的成熟。③

社区是"精神共同体"，是基于一定文化认同的社会群体。在单向的大众传播模式下，不仅传者与受众是分离的，而且受众之间也是毫无联系的，传者和受众是一个互不相知的分散的异质性的群体。在受众从被动逐步走向主动之后，反馈和参与促使传者和受众建立了密切和频繁的联系，传播者传播的内容更可能满足受众的需求，越来越多的受众通过反馈和参与建立了彼此之间的联系，并通过互动形成了一定的文化认同，受众的"同质化"逐步显现，最终形成了一个以媒介为中心的具

① 柏莹：《从受众参入看传媒走向》，《当代电视》2006 年第 3 期。
② 叶子：《电视新闻节目研究》，北京师范大学出版社 1999 年版，第 186 页。
③ 刘一鸣：《受众地位解析——以"受众参与式"节目为例》，《世纪桥》2007 年第 4 期。

有相同兴趣和爱好的"精神共同体"——媒介社区。

二 "文字"教会:《圣经》的传播形成了最早的媒介社区

传播是人社会化的重要因素,从某种意义上说,社区是因为传播而存在,不同的社区由于不同的社区环境和社区文化会对传播产生不同的影响,社区与媒介处在高度互动的关系之中。当然,这里的社区不是指传统意义上单一的地理社区,而是指在某一种或一个媒介群在传播过程中,由于信息互动逐渐聚合的群体,它可以是现实的、也可以是虚拟的,当然也可以兼有上述两种方式。

施拉姆在其经典之作《大众传播媒介与社会发展》中就曾经指出,对任何社会来说,不论发展程度如何,传播总是处于生存的中心位置。每当有危险或危机需要加以报道,有决定需要做出,有知识需要加以扩散,或变革迫在眉睫,信息就开始流动。[①] 不言而喻,作为信息承载工具的大众传播媒介在人类社会发展史上占有极其重要的地位。媒介的发展演进也是社会进步的直接结果,社会生产力的每一次飞跃,社会生产关系的每一次更新,社会政治、经济、文化乃至思想观念的每一次变迁,都会相应地引发一次媒介的革命。世界各国不同政治、经济、文化环境和不同意识形态、思想观念的影响,使当今世界的媒介呈现出不同特征。尤其当社会发生变革转型时,大众传播媒介更会发生前所未有的巨变。

在工业社会,1712 年汤姆斯·纽可门(Thomas Newcomen)发明了蒸汽机,人类从此进入了机器大生产时代。然而,比这更为重要的事件是 1455 年,人们利用古登堡的金属活字技术印刷了《圣经》。[②] 这是人类历史上第一次用大规模印刷代替了手写复制,极大地减少了书籍大面积传播所耗费的时间和金钱。印刷术的发明与运用如同为文字传播插上了腾飞的翅膀,使书籍得以大量复制和更加广泛、更大规模地迅速传播。随后,出现了报纸和杂志,其中报纸的出现标志着人类传播从单纯的个体传播、群体传播时代跨越到了面向全社会的大众传播时代,传播

---

① [美]施拉姆:《大众传播媒介与社会发展》,金燕宁译,华夏出版社 1990 年版,第 32 页。

② Joseph Straubhaar, Robert Larose, *Media Now-Understanding Media, Culture, and Technology*, Thomson Wadsworth, Fourth Editor, p. 125.

效率提高、成本降低，这深刻地影响了人类的精神生活和文化的发展以及新闻传播活动的发展，有力地推动了社会文明的进步。

古登堡的金属活字印刷技术最直接的社会影响是促进了印刷出版业的发展与进步。印刷术与手抄方法相比，大大降低了书籍的成本，研究结果表明，在这项发明后约 20 年间，印刷书本的价格降为手抄书的 1/5，出书的速度也史无前例地加快了。"在公元 1400 年，一个人 100 天抄写一本书，而到公元 1500 年，一天就能印刷 100 本书。"① 由于社会上的巨大需求和商业上的有利可图，1456 年以后，古登堡金属活字印刷技术很快传遍欧洲各地，"到了 1465 年意大利有了印刷工人，卡克斯顿于 1477 年在英国的威斯特敏斯特开办了他的印刷厂。匈牙利第一本印刷的书是在 1473 年"。② 瑞士、法国、荷兰、比利时、波兰、西班牙、葡萄牙等国也都在 15 世纪先后设立印刷所，纷纷出版书籍。据估计，到 16 世纪的第一年，各种著作已经出版了 4 万多个版本，100 多家印刷厂共印出 900 多万册书，足见"书籍"这个新的"媒介"的力量。③

古登堡的金属活字印刷技术最重要的间接影响则是促进了《圣经》和宗教的传播。经书的大量印刷，不仅使宗教上层普遍地拥有《圣经》，也使普通阶层的民众拥有《圣经》成为可能。1611 年，在英皇詹姆斯一世的鼓励与参与下，出版了新版的《圣经》，史称钦定版的《圣经》。④ 这更加速了《圣经》的传播，《圣经》传播的最直接后果是促进了基督教的传播。15 世纪到 18 世纪，欧洲各式教堂的大量兴建就是基督教广泛传播的一个有力证据。

在东方，19 世纪和 20 世纪初，大量宗教类报刊和书籍的出版与发行，在开阔中国人眼界的同时也扩大了基督教在中国的社会影响。中国的近代中文报刊史，是从外国传教士在我国的办报活动开始的。从 19 世纪 20—60 年代，外国传教士在南洋和中国沿海的一些城市创办了第一批近代中文报刊。这个时期正是中国从愚昧自大、闭关锁国的封建帝

① ［美］房龙：《人类的故事》，张稷译，河北教育出版社 2002 年版，第 182 页。
② ［英］赫·乔·韦尔斯：《世界史纲》，吴文藻等译，广西师范大学出版社 2001 年版，第 645 页。
③ 孙宝国：《论古登堡活字印刷术及其历史影响》，《社会科学战线》2004 年第 2 期。
④ 杨玉林：《詹姆斯一世文学创作的社会心理取向》，《山东外语教学》2004 年第 4 期。

国开始逐步沦为丧失领土主权和民族尊严的半殖民地国家的过程。这一时期外国传教士、外国商人和海外华侨在国内外创办了近30家中文报刊。如1823年7月创刊于雅加达的《特选撮要每月统纪传》，1857年1月创刊于上海的《六合丛谈》等。① 这一时期的报刊多以宗教刊物的姿态出现，宣传基督教义，鼓吹万国一方，如《察世俗每月统纪传》，宣称其办报宗旨"以阐发基督教义为唯一急务"，"所载，关于宗教之事，居大半"；《特选撮要每月统纪传》也强调该刊是"创造天地，主宰万人，养活万有者之理"，使"无一人不遵神之令"。② 除报刊之外，书籍也是传播基督教义的一个重要渠道，而上海正是基督教书籍出版的中心。1918年教会人士就指出："中国近数年来，各处教会之中，书报机关，渐次林立，沪上一隅，尤较各省为盛。"③在当时众多的宗教出版机构中，墨海书馆是一个重要的代表。该书馆从1844—1860年，共出版各种书刊171种，其中宗教内容的有138种，占总数的80.7%，极大地推动了宗教在中国的传播。墨海书馆在其存在的20年时间里，集聚了一大批追求真理、追求创新的中国近代人文知识分子，他们翻译、出版宗教和科技读物，如王韬、李善兰、沈毓桂、张福僖、管嗣复、蒋敦复等，④ 共同的兴趣和爱好使墨海书馆的会员形成了一个相对比较松散的文化社团，一个关于宗教和科技的媒介社区。

《圣经》是世界上最早的大批量印刷读物，伴随着基督教的世界性传播，《圣经》以及其他宗教文字读物开始进入千家万户，人们在习读《圣经》等文字读物的过程中，需要定期聚会并进行讨论与交流。在《圣经》传播的早期，教堂还没有普遍建造，人们交流《圣经》或者举办宗教聚会，往往就在信徒的家里进行。参与这种宗教聚会的人，大多数是宗教信徒，也有一部分仅仅是《圣经》的读者，后者的参与主要出于对《圣经》故事的喜爱或对亲友的支持。在聚会中，参与者除了做祷告和其他宗教活动之外，也彼此交流一些关于《圣经》的理解以

---

① 方汉奇：《中国新闻事业史》，中国人民大学出版社1995年版，第4—58页。

② 方汉奇：《中国近代报刊史》，山西教育出版社1981年版，第13页。

③ ［美］马士：《东印度公司对华贸易编年史》，区宗华译，中山大学出版社1992年版，第5页。

④ 邹振环：《近百年间上海基督教文字出版及其影响》，《复旦学报》（社会科学版）2002年第3期。

及其他世俗化的思想。定期的聚会，增强了参与者彼此的联系与友谊，一个相对稳定的群体就这样形成了。从某种意义上说，这种以《圣经》作为研习对象的、以"文字"为媒介的教会群体就是最早的媒介社区。西方信仰基督教和定期探讨《圣经》的活动，是欧美近现代读者俱乐部形成和兴盛的社会基础。根据历史学家的考证，人们聚集在一起，共同讨论对记录在石头、羊皮或者纸张上文字的理解，这种现象并非近代才出现。只是在 19 世纪末期和 20 世纪早期，那时的读者群体才具有和现代读者俱乐部类似的结构和活动形式。①

三 读者俱乐部：平面媒介时代的媒介社区

从大众传播媒介的发展史来看，是先出现以纸张为载体的平面媒体，后出现以电波为载体的广播电视媒体。跳出新闻传播的狭小天地，广义的平面媒体是指以纸张为载体发布新闻或者其他信息的媒体，包括书籍、报纸、杂志、各种宣传海报，等等。狭义的平面媒介特指传递新闻资讯的报纸和杂志，这里的"平面"是广告界借用了美术构图中的"平面"概念，因为报纸、杂志上的广告都是平面广告。

19 世纪 30 年代，首先由美国的《纽约太阳报》带头，掀起了所谓"便士报运动"（即一便士买一份报纸）。此后，以普通劳动者为读者对象的通俗化的报纸，就如雨后春笋般诞生了。本杰明·戴在《太阳报》的创刊号上宣称："本报的目的是办一份人人都能买得起的报纸，为公众报道当天的新闻，同时提供有利的广告媒体。"《太阳报》在创办时发行 1000 份，4 个月后即达到 5000 份，第二年发行 1 万份，第四年发行量为 3 万份，成为美国第一个获得成功的廉价报纸。② 便士报的诞生标志着商业性报纸的诞生，也在一定意义上揭开了大众传播的序幕。

商业报纸的出现，刺激了造纸业和印刷机械制造业的发展，从客观上也导致了图书出版的加速发展。以英国为例，19 世纪末叶，英国与爱尔兰书商协会、出版商协会相继成立，标志着英国出版业与发行业已具有相当规模。20 世纪初期，英国出版业、发行业逐渐成为国民经济

---

① Denel Rehberg Sedo, "Predictions of Life After Oprah: A Glimpse at the Power of Book Club Readers, Publishins", *Research Quarterly*, Fall 2002, p. 12.

② 邹军：《从便士报的发展史看中国都市报的走向》，《新闻爱好者》2005 年第 1 期。

中占有重要地位的产业。1936 年，艾伦·莱恩在伦敦创办的内容通俗、价格低廉、开本袖珍的平装本丛书"企鹅丛书"，使得出版商可以通过出版大众型书籍，薄利多销，扩大发行量，从而增加图书营业额。这场被誉为"纸皮书革命"的革新活动，对欧美许多国家出版业的发展产生了深远的影响。①

"纸皮书革命"的最直接的社会后果是买书、看书的人增多，在很大程度上促进了读者俱乐部的广泛建立。如果说在"纸皮书"大量出现之前，读者俱乐部还在某种程度上是男性的专利，那么在此之后，女性也开始普遍建立自己的读者俱乐部了，而且女性读者俱乐部的成员也逐步从富人阶层发展到中产阶级和工人阶级阶层。② 根据21世纪初出版的统计数据估计，美国有超过50万个正式的读者俱乐部，英国有不少于5万个正式的读者俱乐部。③ 世纪之交，美国盖洛普公司进行的调查则显示，在美国有6%的民众是读者俱乐部的成员。④ 通过读者俱乐部的会员制以及读书实践，增强了读者俱乐部这一媒介社区成员之间的联系。另外一项参与式调查还发现，读者俱乐部定期举办活动。其中，大多数女性读者俱乐部的聚会场所选择在某个成员的家里，她们不断分享彼此对书的理解，也谈论一些家庭琐事；也就是说，谈论书固然是聚会的由头和重点，但是真正重要的是获得彼此交谈的机会。通过群体周期性的聚会，她们不仅加深了对书籍的理解，更加重要的是促进了彼此间的知识和思想交流，所有这些有助于建立和加深社区成员之间的联系与友谊。⑤

在我国，很长一段时间内，由于历史传统以及现实的经济原因，没有产生类似于欧美的广泛读者社团。构成媒介社区的平面媒体主要集中

---

① 陈才俊：《CIS 战略与中国出版产业发展研究》，《暨南学报》（哲学社会科学版）2000年第 6 期。

② Haldane, Elizabeth S, *From One Century to Another*: *The Reminiscences of Elizabeth S. Haldane*, London: Alexander Maclehose & Co. , 1937.

③ Hartley, Jenny, *Reading Groups*, Oxford, England: Oxford University Press, 2001, p. vii.

④ Carlson, Darren K, "Poll Shows Continuing Strong American Reading Habits." *Non-fiction more Popular than Fiction*: *Book Discussion Groups not a Large Factor Yet*, Princeton, JJ: Gallup News Service, 1999.

⑤ Denel Rehberg Sedo, "Predictions of Life After Oprah: A Glimpse at the Power of Book Club Readers Publishins" *Research Quarterly*, Fall 2002, pp. 15 – 19.

在报纸和杂志上，具体形式体现为定期的读者联谊会和读者座谈会。在20世纪末期，才开始陆续有一些书店、出版社，以会员制的形式建立读者俱乐部。

改革开放以后，一些报纸和杂志媒介，为了密切与读者的关系以及获得读者对版面设计、报道内容的建议，常常每隔一定的时期就通过公开招募的方式，邀请一些高端读者参加由报社或者杂志社举办的联谊会或座谈会。读者也通过这种形式，彼此之间建立了一些简单的联系，通过书信和见面座谈等形式，分享了彼此对共同关注的报纸或杂志的意见和建议，匿名的大众凝结出一小批有着彼此联系的核心读者群体。与欧美读者俱乐部相比，我国的这种报刊媒介社区不仅成员不稳定，而且由于活动次数相对较少，成员之间的联系极其有限。

1986年7月，上海文艺出版社创办了国内首家读者俱乐部。根据当年的《上海文化年鉴》的记载，读者加入"俱乐部"，不受地区、年龄、职业的限制，只需预付20元购书款（此款全部用于购书）即可入会。会员每季度可收到一张新书预订单，了解出版动态，并优先购得新书。会员在提供出版选题和建议参加书评、讲座，获得出版纪念品和买特价书等各方面享有10条优惠待遇。①也就是说，这种"俱乐部"只是出版社市场营销的一种手段，其主要目的在于获得出版反馈信息，探寻文化需求的流向，以促进书籍的销售量。1998年11月2日，河南省新华天缘读者俱乐部成立，这是我国首家由新华书店主办，以书店发行系统为支撑，集综合功能为一体的综合俱乐部。该俱乐部利用其遍布城乡的销售网络，不仅举办了丰富多彩的会员活动，而且着力打造了"新农村书屋"。②前者主要利用店校联办俱乐部，每年都面向未成年人开展各种各样的文化、实践活动。包括邀请著名专家、作家、学者与青少年面对面的读书活动，未成年人喜闻乐见、寓教于乐的各类知识讲座，以健康自强为主题的生存训练营，以及参观烈士陵园，慰问敬老院的孤寡老人等社会实践活动。后者通过参与建设配置标准化、图书专业化、管理规范化的"新农村书屋"，新华天缘读者俱乐部把农民读得懂、用得

① 刘振元：《上海文化年鉴》，中国大百科全书出版社1987年版。
② 许姗姗：《龙新民：河南新华天缘读者俱乐部的做法值得推广》，《出版参考》2006年第15期。

上、真受益的图书送进千家万户，使读者俱乐部真正成为深受农民欢迎的文化家园。这些活动跳出了单一营销的直接目的，不仅为读者提供了了解新书、学习知识和文化的良好氛围，也为读者提供了一个沟通和交流的平台，具有营造媒介社区的功能。

四　视听"粉丝"群：电子媒介时代的媒介社区

随着现代电子科学技术的兴起，继人们在发明电话和电报之后，20世纪初到30年代，利用无线电波传送声音和图像的试验先后在英美等一些国家获得成功，广播和电视也相继应运而生。1920年11月2日，世界上第一家正式的广播电台，匹兹堡KDKA广播开始播音。该电台广播的第一个节目，是报告哈定和柯克斯两人竞选总统的选举结果。广大选民聚集在公共扩音器前收听最新的消息，由于开票统计数字及时被报道出来，引起了一场极为轰动的局面。① 1936年11月2日，英国广播公司（BBC）在伦敦郊外的亚历山大宫正式播出。英国广播公司（BBC）播出的第一个节目属于现在意义上的现场直播，那是一场规模宏大的歌舞表演。② 一些人足不出户，第一次在家中目睹了这一空前盛况。也许从那一天（电视正式诞生的日子）开始，电视便和人们的栖身之所——躲风避雨的家——结下了不解之缘，更为重要的是，影像和声音渐次取代文字和图画，人类历史开始进入了电子媒介时代。

所谓电子媒介，简单地说就是通过电子信号传递信息的媒介。这种媒介将声音、图像信息转换成电子信号播发出去，受众通过相应的电子接收设备将这些电子信号还原成声像信息。③ 从这种意义上说，广播、电视、电影、因特网、电话、传真、录像和光碟等都属于电子媒介。但是，由于因特网的飞速发展，特别是World Wide Web——WWW技术的应用，以其快速的、全天候的信息传递模式，交互式、多媒体的浏览方式，正在使国际互联网成为人类21世纪的主要媒体。正是由于网络媒介具有与广播电视明显不同的特点，因此一般不纳入电子媒介的范畴，而常常被称为"第四媒介"。在电子媒介中，大多数属大众传播媒介，

① 刘爱清、王锋：《广播电视概论》，中国广播电视出版社2001年版，第25—26页。
② 中国应用电视学编辑委员会：《中国应用电视学》，北京师范大学出版社1993年版，第4页。
③ 赵玉明、王福顺：《广播电视辞典》，北京广播学院出版社1999年版，第17页。

其中广播、电视是最主要的电子媒介。

相比运用印刷技术的平面媒体而言，运用电子技术的电子媒体具有很多的优点。第一，信息传播迅速，时效性强。这是电子媒体相对平面媒体最为突出的特点。这一特点是由两个因素决定的，一个因素是广播电视传播同步传受的功能和特征，另一个因素是极快的导电速度和电磁波传播速度。前一个因素一方面在于电子媒介从信息的采制到传播和接收时间，中间基本上不需要太多的迟延时间，另一方面在于世界各地的受众只要拥有对应的接收工具，都可以在几乎同一时间接收电子媒介传递的信息。对于后一个因素，无论是广播还是电视，都是利用电磁波来传递信息的，而电磁波的传播速度是每秒 30 万公里。第二，信息受众广泛，覆盖面大。电子媒介是以声音和图像的形式来传递信息的，其传播内容和接收对象相比平面媒介而言具有更强的广泛性。具体体现在以下四个方面：一是不受年龄的限制；二是不受文化程度的限制；三是不受时间空间的限制；四是广播电视的传播容量大，内容丰富多彩，不仅可以多种内容交替播放，而且可以长时间地连续播放，能够适应和满足不同阶层、不同对象对所需信息和传播内容的需要。第三，传播诉诸声音和图像，真实感强。广播电视借助声音和图像传播信息，因而具有形象、真实、生动的特点。由于传播的内容以具体形象的方式直接诉诸人们的听觉和视觉器官，使信息的接收者对信息具有较强的感受力和理解力。这也是广播电视获得广大受众喜爱，并因此得以迅速普及的重要原因。第四，将人际传播引入大众传播，亲和力强。在电子媒介特别是电视媒介中，主持人、评论员、播音员的讲述，记者的现场采访和播讲，各界人士的对话、讨论和辩论都是属于人际交流。广播电视这些大众传播媒介借助人际交流形式，有效地扩大了节目的信息量；易于缩短与电子媒介之间的心理距离，激发受众的参与感和亲密感；便于受众参与广播电视节目，让更多的受众成为电波和荧屏的主人；促进了媒介内外的联系，有助于整个社会的沟通与交流。[①]

电子媒介的这些优点使它产生了与平面媒体不同的传受关系，社会影响也有较大的差异。电子媒介与平面媒介不同的传受关系，体现在以

---

① 中国应用电视学编辑委员会：《中国应用电视学》，北京师范大学出版社 1993 年版，第 66 页。

下几个方面：第一，群体视听的共享性。无论是广播还是电视，大多数情况下，都是作为群体媒介而存在的。与书刊报纸不同，在同一时间，同一广播电视终端往往有多人在阅听，因此广播电视特别是电视常常被称为家庭媒介。群体集体阅听，培养了群体的共同兴趣与爱好，增进了群体成员之间的了解和沟通，在很大程度上有助于养成相互关心、相互友善的情感，群体成员之间的关系也因此越来越紧密。第二，人际交流的群体效应。由于广播电视媒介融合了大众传播和人际传播二者的优点，某些优秀的广播电视节目制作人，会充分利用人际传播的特点和优势，营造一定的传播者形象，利用"光晕效应"或者"自己人效应"[①]，从而迅速吸纳一定数量的忠实受众，提高节目的传播效益。第三，连续播出的习惯养成。广播电视所采用的连续定期有序编播方式以及节目栏目化的结构方式，是培养观众收视习惯的重要前提。如果某个栏目办得精彩，独具特色，要么对象性很鲜明，要么主持人或者主要演员很有吸引力，那么，某些阅听人就会自然而然地对这些对应栏目形成届时收看的习惯，甚至生怕漏掉其中某一期或某一集。

电子媒介的传播优势以及其特有的传受关系，使电子媒介特别是电视诞生不久就成为社会的强势媒体，其对人类社会影响、塑造与改变的广度和深度远远超越了以往所有的媒介，从而造就了世界文化发展史上空前宏伟浩大的新的文化景观。无线电广播诞生后38年、电视诞生后13年，它们各自的受众就分别达到5000万。[②] 广播电视特别是电视创造了人类文化交流与文化传播的奇迹，使各民族、各国家、各个阶层不同文化之间跨越时间、空间的交流成为可能，整个世界日益成为一个"地球村"；由于电子媒介以空前宏大的规模传播着极为丰富的信息，使人们在消遣娱乐和随意轻松的阅听中自然而然地走上了社会化的进程，从而使人类社会的发展加速；电子媒介把报社、剧院、电影院、博物馆、美术馆，甚至学校都搬到了人们的日常生活之中，这种新的"生活环境"改变了人的生活方式与价值取向，在一定程度上形成了"媒

---

① 自己人效应：苏联社会心理学家纳奇什维里，把彼此有一定相似之处的人称为"自己人"，而"自己人"之间，一般都容易相互沟通、相互信任、相互认同，这种现象叫做"自己人效应"。

② 文有仁：《全面深入探讨"第四媒体"的国际学术盛会——记第三届亚太地区传媒与科技和社会发展研讨会》，《国际新闻界》2006年第1期。

介的异化"。

电子媒介时代的媒介社区是在受众参与广播电视节目的过程中逐步形成与发展的。任何媒介的传播都会在一定程度上引起受众的反馈，但是只有广播电视媒介的出现，才会引起阅听人持续而长期的参与。这是由于在广播电视诞生后不久，就采用了栏目化播出的方针。广播电视发展初期，人们往往是将一些零散的新闻、知识、娱乐、服务类节目，略加编排后播出，带有较大的随意性。稍后，产生了较为固定的节目表，广播电视台按照节目表的安排，把一些自制或购买的个别节目，分类播出，并在某类节目前面冠上一个总名称。如中央电视台将国内风土人情、建设成就纪录片统一安排播出，前面给定一个总名称（片头）《祖国各地》。这其中，已经包含了栏目化的要素。由于广播电视节目具有在时间流程上传输、无法即时重复阅听、不便选择、不便保留的特性，于是，满足受众对节目的选择要求，就成为广播、电视台节目制作、编排栏目化的内在驱动力。栏目归揽播出、宗旨明确、定时定量的特点，正好有利于观众选择。而栏目使得主持人的起用变得更加简便易行，由之而来的"明星效应"增强了电视节目的魅力。①

栏目化播出系列节目，使群体收看环境下的人们逐渐形成了媒介社区。在美国20世纪30年代和40年代，播出了一些非常有影响的系列节目——《孤身骑警》、《杰克·阿姆斯特朗》、《基恩先生，追踪失踪的人》、《战争与和平年代里的联邦调查局》、《绿色大黄蜂》、《反间谍》。② 一些大的家庭或者一些有相似收听兴趣的小群体，在长期共同收看中，逐渐形成了特定节目的媒介社区。首先，集中收听，形成了共同的兴趣与爱好；其次，对节目以及节目人物的分析、评价和预测，加深了群体成员对节目的理解；再次，对节目中人物动作、语言等的模拟强化了群体的特定兴趣与爱好，也增加了特定群体的区隔效应。

由于社会的发展，广播电视媒介越来越具有个人性。其群体性逐渐减弱，电子媒介社区的主要形态开始发生转变。首先从集体收看节目向集体参与性节目转变。1997年7月11日，湖南电视台卫星频道播出

---

① 邱沛篁、吴信训、向纯武等：《新闻传播百科全书》，四川人民出版社1998年版，第991页。

② ［美］阿瑟·阿萨·伯格：《通俗文化、媒介和日常生活中的叙事》，姚媛译，南京大学出版社2006年版，第123页。

《快乐大本营》的第一期，标志着我国内地电视的参与性节目进入了一个新的阶段。大众自娱自乐的节目形式，将节目受众群从一盘散沙的"大众"逐步分化组合成一个个由"亲友团"再到"粉丝团"的节目群体。

2004 年，湖南电视台卫星频道正式播出《超级女声》，将大众自娱自乐这种参与性电视节目形式推向顶峰。《超级女声》是湖南卫视 2004 年创办的一档真人秀节目。它以美国的"美国偶像"为模版，[①] 进行了一定的中国化和创新后推向幕前。湖南卫视给"超女"这样定义：《快乐中国·超级女声》，是一档具有独特品质、以音乐选秀为外壳的大众娱乐性节目。整个节目自动剥离了电视艺术暧昧的包装，紧贴大众性和亲民性两大主题理念，倡导"想唱就唱"和"以唱为本"。"超女"几乎无门槛的大众参与方式和大众投票决定选手去留的淘汰方式，将一切权力交给了大众，张扬一种"全民快乐"的感觉。"大众参与，全民快乐"正是超女区别于其他音乐比赛节目的灵魂所在[②]。超女采用赛会制，2005 年的基本赛制如下[③]：全国设广州、杭州、郑州、成都、长沙五个唱区，步骤为：报名；海选产生前 50 名进入淘汰赛；淘汰赛选出 5 名优胜者进入决赛；主办方会对优胜者进行投资包装、出唱片、出演电视剧。

参与《超级女声》的选手几乎没有限制，只要是"女声"均可，是一场"大型无门槛音乐选秀活动"。不分唱法、不论外形、不问地域，只要喜爱唱歌并年满 16 周岁的女性均可报名参加，这充分激起普通民众的参与热情。于是，上自 80 岁老妇下至 16 岁少女纷至沓来，2004 年报名人数为 5 万人，2005 年报名人数为 15 万余名，[④] 2006 年报名人数仍在 15 万左右。持续关注的观众人数更是惊人，有学者根据 2005 年赛程中北京、上海、长沙等 12 个城市"收视仪"调查指出，收看"超女决战"的观众一度超过 2.8 亿人，直逼 3 亿大关。[⑤] 超女的观

① 燕涛、黄江伟：《"超级女声"成功路径》，《东方早报》2005 年 6 月 27 日。
② 何春耕、肖琳芬：《中国电视娱乐节目模式的发展与探索——以湖南卫视〈快乐大本营〉和〈超级女声〉等为例》，《湖南社会科学》2006 年第 2 期。
③ 黄晓华：《超级女声的超级营销》，《大众商务》2005 年第 1 期。
④ 彭兴庭：《超级女声与审美民主》，《中国改革报》2005 年 8 月 20 日。
⑤ 仲富兰：《"超女"：电视与商业的热烈接触》，《社会科学报》2005 年 10 月 20 日。

众尽管以年轻人为主，但是仍然有不少30—40岁的人参与观看和互动，甚至有70多岁的老奶奶亲自到比赛现场给她喜欢的选手送玉米。

对于报名选手而言，尽管参赛的目的不一，一试身手的人有之、考验和锻炼自己的人有之，一心盼着成名露脸的人也有之，甚至还有喜欢湖南电视台，希望参赛之后有机会在该电视台实习或者找一份工作的人也有；但是对节目的关注与参与让她们聚到一起。对于忠实观众，特别是特定选手的粉丝，则是因为喜欢节目或者喜欢某一个选手，共同的兴趣与爱好让这些人走到一起，通过手机短信、媒体广告、路演、网络论坛等方式，加强彼此的联系，心情和生活随着节目的节奏和选手的起落而变化。

首先，从传播方式来看，《超级女声》的受众以青少年居多，利用网络进行联络是粉丝团最为常用的共同方式。自《超级女声》诞生以来，粉丝们不失时机地利用起这一互动的有利工具。如新浪、搜狐、百度贴吧、天涯社区等，几乎每一个有 BBS 和 Blog 的网站都设置了"超级女声"专题。热点讨论、网友观点、超女选手和评委直接进聊天室访谈……网络成了电视与观众互动的载体。其次，平面媒体的参与，将《超级女声》营造为一个媒介事件，更加刺激了观众参与节目的热情。有数据表明，仅2005年总决赛参与"超级女声"议题的纸质媒体就有300多家，无论是大众消费类报刊还是主流权威媒体等，都对该节目表现出相当的关注。① 再次，通过手机的互动。这突出体现在现场播出短信留言和短信投票等方面。2005年，《超级女声》热播中"前卫"的成都33频道在屏幕下方打出字幕，滚动播出观众的短信留言。电视将来自观众的反馈信息又反馈给观众。按照规则，从分区淘汰赛开始，观众可以用短信投票的方式支持自己喜欢的超女。而在最后的年度总决赛的前三甲的排名，则完全由短信投票的数目决定。此外，还有一些别的互动形式，如短信中抽出的幸运观众向选手点歌；幸运观众连线现场与喜爱的偶像交流，等等。观众的权力在这场传媒互动的对话中得到了前所未有的肯定，从而获得了参与和决定的巨大快感。②

---

① 叶伟民、段羡菊：《〈超级女声〉以快乐的方式冲击中国娱乐电视》，2005年8月26日，新华网（http：//news. xinhuanet. com/focus/2005 – 08/26/content_ 3407369_ 1. htm）。
② 刘丹、林如鹏：《〈超级女声〉节目的成功元素探析》，《湖南大众传媒职业技术学院学报》2006年第1期。

从传播形态来看，《超级女声》的选手群体和粉丝群体，在建构媒介社区的过程中，除了电视节目的传播与互动之外，综合运用了从人际传播、群体传播到大众传播的多种传播形态。大众传播主要是湖南卫视本身的宣传报道，平面媒体的跟踪报道，以及粉丝团的平面媒体广告宣传。群体传播主要指粉丝团体在网络论坛、BBS以及路演与聚会时主要采用的传播形态。人际传播则主要在彼此熟悉的同学、同事、家庭、邻里之间展开，主要采用面对面交流方式，正如有文章所言："在大多流行潮中，口头传播比大众媒体的威力大得多。朋友和亲戚的推荐和赞许，在促成行动方面的效力，远远胜过整版的报纸和电视节目的视觉轰炸。"①

《超级女声》不再是简简单单的一档娱乐节目，它成了全民参与的狂欢运动；成为了营销传播的案例；成了一个品牌崛起的故事；成了一种典型的商业现象；成了一种复杂的社会心理积淀和文化现象。它不仅受到了目标受众的追捧，同时也得到了社会各个专业领域人士的解读和剖析。因此，角度不同，说法也不同：有的说它是"一次完善的商业策划"，有的称其为"一场痛并快乐的审美颠覆"，有人指出其为"一场大众文化对精英文化的反动"，有人看它是"一种平民崛起的社会主张"，也有人断定这是"一场没有输赢的战争"，还有人认为这是"一群萝卜白菜的明星梦想"……②

至于由《超级女声》的传播所带来的媒介社区——"粉丝"现象，有人作了如下精辟的概括：第一是粉丝群体的团队精神，为了自己所喜爱的偶像明星或是名不见经传的平凡选手，他们从五湖四海走到一起，从陌生人迅速成为同一个群体，拥有同一个信念，为了同一个目标，紧密地团结在一起；第二是粉丝们那种喜欢就勇敢表达出来并鲜明支持的率真精神，与以往的默默喜欢不同，现在的粉丝对自己喜欢的对象表现得极为勇敢，并站出来鲜明支持，完全真实地表达内心的感情；第三是粉丝积极主动、甘于付出的奉献精神；第四是粉丝与自己所喜爱的对象患难与共的忠诚精神。常常可以在选秀现场看到这样的情形，当自己喜

① 张洪忠、许航、何艳：《超女旋涡的传播模式与传播效果研究——以北京地区大学生调查为例》，《国际新闻界》2006年第10期。
② 范干良：《广播电视节目：重要的是引人注意——从〈超级女声〉说起》，《中国广播》2006年第3期。

欢的选手被淘汰时，粉丝们在台下仍然流着眼泪冲着偶像高举大拇指，告诉他，尽管你被淘汰了，在粉丝眼中你仍然是最棒的，这无疑是对落败选手的极大安慰；第五是粉丝面对压力和困难敢于挑战和奋争的"PK 精神"。①

相对于报刊、书籍的"文字语言"而言，广播电视所用的语言则分别是一种"听觉语言"或者"视听语言"。这些语言首先是"身体媒介"的一种电子转换，可以在一定程度上体现为人际交流；其次，这种语言可以不同程度地呈现语言所描述的事件现场的氛围，让阅听人产生一种置身于现场的感觉。长期的视听阅读，久而久之的心理深度参与，会形成一种习惯与依赖。这样，普通的阅听人就会发展为广播电视节目的"粉丝"。"粉丝"为"fans"的中文译音，意为"迷，狂热者，爱好者"②。"粉丝"为了交流彼此的看法，会通过广播媒介本身或其他方式建立联系，经常性地互动与交流，零散的粉丝逐步聚合，最终形成了一个精神共同体——阅听"粉丝"群，也就是媒介社区在电子媒介时代的表现形式。

五 虚拟社区：网络时代媒介社区的发展

早在 20 世纪 80 年代初，著名的传播学者宣伟伯（Wilbur Schralnm）就曾经惊人地预言，点对面的大众传播方式将被一种新的点对点的传播方式所取代。随着多媒体电脑网络的建设和日益普及，宣伟伯的预言正逐渐变成现实，人类正在实现由大众传播时代向网络传播时代的飞跃。正如麻省理工学院电脑科学实验室的高级研究员克拉克（D. Clark）所言："把网络看成是电脑之间的连接是不对的。相反，网络把使用电脑的人连接起来了。"③ 它不仅为人们提供了各种各样的简单而且快捷的通信与信息检索手段，更重要的是为人们提供了巨大的信息资源和服务资源。通过使用互联网，全世界范围内的人们既可以互通信息，交流思想，又可以获得各个方面的知识、经验和信息。

网络媒介的出现，使得信息存储数量、传递效率、表现形式、交流

---

① 许民彤：《"粉丝文化"的流行》，《吉林日报》2007 年 7 月 19 日第 13 版。
② 杨苗苗：《当代"粉丝"现象解析》，《东南传播》2008 年第 1 期。
③ 郭良：《网络创世纪——从阿帕网到互联网》，中国人民大学出版社 1998 年版，第 162—163 页。

模式等方面都产生了巨大的飞跃。网络是一个巨大的信息资源库，其信息量大得惊人，其增长速度也令传统媒介难以望其项背。中国互联网络信息中心 2007 年发布的我国互联网发展数据指出，中国网站总数达到了 843000 个，网页总数达到 44.7 亿个，网页字节总数为 122306GB；①网络技术和网络信息组织、检索技术的不断发展，使得信息传递摆脱了传统的方式，传递速率之快、传递成本之低是传统媒介难以比拟的，称其为"闪电式传播"丝毫也不过分；多媒体技术通过文本、图形、图像、动画和声音等形式的综合处理和控制，并与网络结合到一起，实现了丰富多彩的交互式操作信息交流；传统的人际交流是"点对点"的"对话式"双向交流，大众传播多是"点对面"的"独白式"单向交流。而网络媒介为人类提供了一种新的信息交流方式，这种信息交流方式既综合了人际交流和大众传播的一些特点和优势，又不是两者简单的整合和延伸，而是一种全新的创造。

先进的传播技术和无与伦比的传播优势，使得网络这一新的传播媒介一经诞生，立即获得了前所未有的发展速度。从 1991 年夏季万维网（WWW）正式登录互联网以来，到 1999 年底，全世界上网电脑的数量就高达 5600 万，② 到 2001 年，全世界因特网使用者已达 5 亿，平均每分钟在网上传送的电子邮件达到 97 万封。③ 中国网民 1997 年 10 月只有 62 万，截至 2011 年 6 月 30 日，我国网民数量达到 4.85 亿。④ 以因特网为龙头的信息技术正引起一场前所未有的媒介形态大演变。

首先，是书籍出版的数字化和网络化。传统出版是编、印、发三位一体，而在现代的网络出版中，各个流程均发生了变化。互联网的电子出版方式实际上已能使人人都可拥有自己的出版物。在网络媒介时代，在线阅读逐渐普及以后，传统的出版机构将不得不完全改变现有的经营模式，出版单位将变成一个提供在线阅读的站点，吸引读者的是不断提供新书和好书（内容），吸引作者的是网站能够有更多的访问量，出版社的收入来源不再仅仅依靠图书发行，还可能包括出版网站的广告收

① 钱毅、何美：《2007 中国新媒体：浓墨重彩这一年》，《传媒》2008 年第 1 期。
② 张穗华：《媒介的变迁》，中国对外翻译出版公司 2002 年版，第 68 页。
③ 文有仁：《全面深入探讨"第四媒体"的国际学术盛会——记第三届亚太地区传媒与科技和社会发展研讨会》，《国际新闻界》2006 年第 1 期。
④ 中国互联网络信息中心：《中国互联网络发展状况统计报告》，2011 年 7 月，第 4 页。

入。目前，许多国际闻名的出版社开辟了自己的网上站点。德国海德堡公司对全球印刷媒体与电子媒体的研究认为，1995年印刷媒体所占市场份额为70%，电子媒体占30%；到2010年印刷媒体将降到48%，电子媒体会占到52%，甚至更高。据有关资料，英国《大英百科全书》1995年的纸张印刷本收入占营业收入的88%，1997年只占35%，而光盘版、网络增值应用等的无纸收入大幅度提升。纸张本《大英百科全书》1998年零售价为每套1250美元，多媒体CD－ROM仅为125美元一套，网上使用为每年85美元。网络出版的登台，使作者和读者的功能放大、地位上升，传统出版业主体功能缩小、地位下降。这也许就是国内外出版与网络联姻的重要原因之一。①

其次，是传统报刊的数字化和网络化。自20世纪90年代网络问世以来，报纸的生存空间就不断被压缩，去年美国报业发行量公布的两次调查显示，在6个月里，报纸平均发行量下跌2.1%和2.8%。报纸的危机在于媒体竞争激烈、读者流失，报纸的出路在于改革。为适应市场竞争，美国报业不仅在内容和形式上做出了许多创新，而且还利用新技术，与新媒体结合，开发网络版和视音频产品，向电台和电视台提供节目。② 从世界范围来看，在因特网上建立网站发布网络版报纸的实践起始于1994年，至1994年底，共有78家报纸发行了网络版。到1997年，网络报纸已发展到1900多家。1998年10月初，《美国新闻评论》杂志网站公布的数据表明，全世界的网络报纸已增长至4295家，1998年底增至4925家。网络报纸的发展大致有以下几个阶段：（1）电子版阶段，即网上所有内容都是纸质报纸的翻版。（2）超链接阶段，即通过网页上具有特定颜色的超链接，使读者随时通过链接从这一网站跳到另一网站，以寻求所需信息。同时，在各网络报纸的网站上还开辟BBS、邮件列表等服务，供受众在网上发布信息。（3）多媒体阶段，由于技术水平及设备完善程度的限制，网络报纸要达到多媒体阶段还有待时日。③ 报刊的网络化，不仅增加了报刊的读者数量，也在一定程度上给予了读者更多的选择。在美国，报纸上网大大增加了人们阅读全国性

---

① 张儒：《出版数字化与网络出版》，《出版科学》2002年第1期。
② 周伟：《媒体的未来图景：多媒体 网络化 集团化》，《中华读书报》2008年9月4日。
③ 姚雪痕：《网络报纸是否会取代传统报纸》，《中华读书报》2000年6月22日。

报纸的机会，在原来阅读纸版报纸的人群中，大部分都只阅读当地报纸，很少有人会读《纽约时报》（2%）、《华盛顿邮报》（2%）或《今日美国》（3%）；但是在网上阅读它们的人数却分别飙升至18%、9%和7%。如果说新闻传统的创立是报纸的光荣，那么网络多媒体发展则是报业正在实现的梦想。

最后，是广播电视的数字化和网络化。进入20世纪90年代，美国率先在广播电视领域加紧采用数字信息技术，并且逐步把广播电视同互联网络结合起来，从而极大地提高了广播电视传播的效率和质量。重要的广播电视台都已在因特网上设立网站，借助因特网传播广播电视节目、特别是新闻节目。广播方面，到1997年为止，已有85%的电台上了网。电视方面，CNN早在1995年8月就设立了网站，NBC、ABC、CBS、FOX等公司的网上内容各有千秋。它们在网上提供的信息量极大，如NBC同微软合建的MS/NBC每周有1000万—1400万网页，CNN有2500万网页，FOX有700万网页。它们还按接收者的地区和语言不同，将新闻栏目细分为若干支栏，进行有针对性的传播。此外，同网络技术相结合的交互式电视、家庭购物电视、点播收费电视等新的传播形式也在陆续推出和发展。[1]

媒介是人体的延伸，人类社会处在不断地变化和发展之中，媒介形态也呈现变动不居的趋势。媒介形态的变化发展既是媒介技术发展内在规律的体现，也是媒介适应人类生活形态变化的结果。尽管媒介形态不断变化，媒介种类不断增多，但是媒介的形态变化遵循一个基本原则：演化与共存——一切形式的传播媒介都在一个不断扩大的、复杂的自适应系统之内共同生存、共同演进：（1）新媒介不会自发而孤立地出现，它们是从旧媒介的形态变化中逐渐脱胎而出的。（2）新媒介的出现并不意味着旧媒介的消亡，只是促进旧媒介吸收新媒体的特点，改进信息传播的方式和方法。（3）无论新旧媒介，要维持生存，都要适应环境，不断进化。[2]

在网络媒介时代，人类的一切传播形态、传播方式、传播媒介都要

---

① 邵培仁、章东轶：《流媒体时代的挑战与广播媒体的生存对策》（http：//info. broad-cast. hc360. com/2006/05/17090191522 – 6. shtml）。

② ［美］罗杰·菲德勒：《媒介形态变化：认识新媒介》，明安香译，华夏出版社2000版，第24—25页。

受到网络技术的"干涉"和"叠加"，尽管传统的传播媒介不会消亡，但是都会在一定程度上与网络媒介实现"融合"。网络不仅塑造我们的信息世界和传播格局，"网络"本质上也是一种社会的组织结构。网点与网点之间的联系，是网络式的组织结构，网络可以将人的最大潜能得以释放，更全面地投入社会与自然中。①网络时代的人类正在逐步改变着原有的生存方式，传统的媒介社区也在悄然发生变化。

在20世纪末期，在大量"f2f"②读者俱乐部建立的同时，也有小部分读者倾向于在网络上建立读者俱乐部。出现这样倾向的原因是多方面的。首先，在一些地区，本身没有建立f2f读者俱乐部，作为一种替代，该地区的人们只有寻求网络的帮助。其次，网络俱乐部没有聚会时间的限制，使用方便。现代社会人们越来越忙碌，很少有共同的时间面对面地聚集在一起，而网络读书俱乐部就可以更加频繁更加充分地举办各种讨论活动。在美国，f2f读者俱乐部一般每个月举办一次2—4小时的活动，而网络俱乐部则可能一天举办多次活动。③再次，由于网络读者俱乐部中的成员参与的时间和频次高，加上匿名性身份使成员在讨论时能有更大的自由，因此人们对书籍的讨论更加深入，获得的知识和满足更多。最后，网络读者俱乐部打破了地域的限制，使成员的数量和来源更加丰富多样，使读者俱乐部的文化和对书籍的理解更加丰富和多元。

随着数字出版和网络出版的形成与发展，直接催生了网络读者社区的兴起与发展。一些出版商，为了凝聚人气，增加书籍的阅读量和发行量，相继在网络上建立各种社区，这些社区允许读者自由发表评论、新书介绍以及相关作品，由于网络天生的互动性特征，这些社区很快就会吸引一些固定的网络用户，逐步形成一个相对稳定的读者群体。在这方面做得最为成功的当属Amazon了。Amazon.com（亚马逊），这是杰夫·贝索斯（Jeff Bezos）于1995年创建的网上书店，在网络上销售品种丰富的各类图书，到2007年，Amazon.com拥有4000万顾客，年销售

---

① 王博文：《网络媒介发展与社会的互动关系》，硕士学位论文，吉林大学，2005年，第41页。

② f2f：是英文"face to face"的缩写，意识是指面对面。

③ Denel Rehberg Sedo, "Predictions of Life After Oprah: A Glimpse at the Power of Book Club Readers, Publishins", *Research Quarterly*, Fall 2002, p. 16.

额达到数十亿美元，成为网络图书销售领域最耀眼的明星之一。① Ama-zon 除了提供大量的书籍以及简洁快速的网页以外，贝索斯还努力把 Amazon 创建出一种网络社区的氛围。在客户订购了某本图书后，请他或她留下自己的意见或心得，作为供其他潜在购买者参考的"书评"；客户如果购买了一本图书，还可以得到同类书籍的推荐信息或者同一作者的其他著作信息，从而开阔客户的阅读视野。此外，Amazon. com 倡导的 one-click 购物方式，为客户提供了简便的购物流程，带来了愉悦的购物体验。现在网络社区的书评已达近百万篇，成为 Amazon 最大的特色之一。而且他还邀请作家们在网络社区上与读者聊天。著名作家约翰·厄普代克给一篇小说起了头，居然有 40 多万人寄来了小说的后续。②

20 世纪 90 年代以来，国内报纸媒体纷纷建起自己的网站，发布自己报纸的网络版，网络版的出现使报纸的传播速度和传播容量都大大提升。然而，由于经验的欠缺，最初的网络版大多只是媒体的翻版，没有有效地利用反馈，传受之间缺乏互动效应。随着实践的深入以及国际先进经验的借鉴，报纸的编辑和管理者发现，网络与报纸读者社区不少部分是交叉的，因而如果实现报网互动，可以使"分""聚"更加频繁，读者的忠诚度不断提高，读者与报纸之间、读者与读者之间的联系会更加紧密，报纸的网络社区规模不断延伸，其读者总数也会保持一个较好的态势。如上海新闻报推出的嗨嗨网（www. highai. com），不仅将报上的新闻及时发布，还建立读者社区，让读者及时点评报纸新闻内容，述说读者的所见所闻，与报纸读者、编辑及时交流，网站还举办各类社区活动，开设各种与生活相关的论坛，让各种喜好的朋友有自己独自的社区，以互相认识、交流、聚会、团购，等等。2006 年 5 月 8 日，上海《新民晚报》电子版全面刷新，更名为新民网（www. xmnext. com），网站包含新闻、各类信息、服务等互动内容，宗旨就是以报网互动形式构建更大更广泛的读者社区。③

传统的广播电视台，为了增加阅听率和受众的互动，纷纷建立了

---

① 孙蕾：《论 Amazon. com 的成功对我国电子商务发展的启示》，《企业家天地》（理论版）2007 年第 4 期。

② Richard P. Adler and Rapporteur, *Next Generation Media: The Global Shift*, The Aspen Institute, 2007, p. 16.

③ 李国华：《新闻信息传播与构建"社区"》，《军事记者》2006 年第 7 期。

自己的网站。美国因特网委员会提供的《2001 年因特网发展状况报告》表明，至 2001 年 4 月，世界上进行网上播出的广播台已超过5000 家。[①] 我国大陆 290 多家广播电台和 420 多家电视台中，绝大多数已经建立了自己的网站或网页。网站除了作为播出节目的平台之外，还像一般的门户网站一样，设置了许多频道，放置分类节目和分类消息以及分类服务。一些较大的网站还特别设立了社区，比如中央人民广播电台的中国广播网设立的社区，一些较大的网站虽然没有设置明确的"社区"频道，但是设立了"博客"频道和"论坛"频道，比如上海文广集团的上海广播网先就设立了名为"广博客"的"博客"频道和名为"最互动"的"论坛"频道，一些大的电视台网站不仅设置了"博客"频道和"论坛"频道，还设置了"互动杂志"的二级网站，比如中央电视台。

传统的电子媒介社区，往往只依赖于写信、打电话以及频次非常有限的面对面聚会等形式进行交流和互动，社区成员的数量有限，联系也有限。有了网站，社区成员就可以很方便地上网，通过博客、论坛等各种网络互动方式建立联系，互动节目还可以结合采用 QQ、手机短信、热线电话等其他即时通信方式，建立群体之间的联系和互动。当然，群体成员完全也可以建立网站，通过链接方式与广播电台的网站建立联系。对于互动节目，群体成员通过以上任意一种方式与节目主持人交流，以增强节目和群体的互动性与参与性。如节目播出时可在论坛与网民实时进行交流，也可利用手机短信即时沟通，在网络节目中提供短信评论、短信点歌、短信抢答、短信调查等。广东卫星广播还专门为听友设置了听友互动社区，给听友一个发表自己看法的自由空间。同时像深圳人民广播电台的网上点歌、广播论坛也极大地丰富了听众和电台互动的多样性，让广播的天空增添了几分绚丽的色彩。[②] 从某种意义上，网络时代使电子媒介社区的主要聚会场所从现实转移到网络，群体沟通的形式和频次增加了，群体的联系更加紧密了，对于媒体的忠诚度也加强了。如果电子媒介能够适当引导，能够建立网上媒介社区和网下媒介社

① 卓立红、田勇：《从广播网络化到网络化广播——网络广播发展之再思考》，《中国传媒科技》2004 年第 4 期。
② 曹艳：《广播的网络化生存》，《中国电子与网络出版》2003 年第 12 期。

区的有效耦合，那么媒介社区的群体纽带就会更加结实、更加紧密，媒介本身的影响也就更大了，其阅听率和占有率也会相对提升。

在媒介数字化和网络化大潮中，除了传播电子媒介开办网站，实现广播的网络化之外，还有一些新兴的纯粹网络电台和一些所谓的播客社区，这些电台或播客社区，其受众相比传统电台电视台而言相对较少。但是由于这些电子媒介都实行了差异化定位，其受众的忠诚度一般较高。加上相对方便的网络活动环境，使得这些电子媒介社区群体的活动自主性更高一些，彼此的联系更加紧密一些。

在网络时代，最为典型的媒介社区就是以网络为主要媒介的虚拟社区。所谓虚拟社区，是指一群拥有个别兴趣、爱好、经验的人（学生、上班族、女性、男性）或是学有专精的专业人士（医师、程序设计师），通过各种形式的电子网络（BBS、Internet），以电子邮件、新闻群组、聊天室或论坛等方式组成一个社群，让参与的会员借此进行沟通、交流、分享资讯。由于这种社群不需要固定的聚会时间及实体的聚会地点，而是建构在虚拟的网络环境下，因此称为虚拟社区。①

早在 30 多年前，马歇尔·麦克卢汉（Marshall McLuhan）就预测到，包罗万象的电子媒介能够将人类社会重新划分为若干个关系群落。② 计算机媒介沟通（Computer-Mediated Communication，CMC）的迅速发展，使麦克卢汉的预言变成了现实。电脑网络的出现以及基于网络沟通的迅速发展，带来了巨大的社会变化，出现了"e 部落化"。网络的出现使得世界各地具有不同文化背景的人们可以突破地理和时间的限制，相互寻找到对方并形成一个群体，这就形成了一种新的社会关系。

最早的关于虚拟社区的定义是由 Rheingold 提出的，他将其定义为"一群借由计算机网络彼此沟通的人们，他们彼此有某种程度的认识、分享某种程度的知识和信息、在很大程度上如同对待朋友般彼此关怀，从而所形成的群体"③。Armstrong 和 Hagel Ⅲ 指出，虚拟社区是在网络环境中，经由社区成员针对某一特定的主题持续经营，以使社区得以不

---

① 李佳纯：《虚拟社区介绍》，《网络社会学通讯》2001 年第 12 期。

② Marshall McLuhan, *Culture is our Business*, New York, McGraw-Hill, 1970.

③ Rheingold, H., *Virtual Community*：*Homesteading in the Electronic Frontier*, Reading, Mass, Addison-Wesley Inc. , 1993.

断成长扩大。网络虚拟社区通常是经由网络群组成员分享某行为或某主题，试图找到一个群体使群体内部的成员能够共存以及使彼此之间更加亲近；群体中的所有成员分享社会互动、社会联系以及共同的空间。① 国内的柴晋颖和王飞绒在综合分析国内外学者对虚拟社区的界定之后，从空间场所、技术支持、驱动力量、最终目的等四个方面入手，给出了一个相对完整的定义：虚拟社区是一个基于信息技术支持的网络空间，核心是参与者的交流和互动，并且在参与者之间将形成一种社会关系。② 虚拟社区是伴随网络传播出现的一个新的社区形式，是在解构传统地理社区基础上的一种重构，无论是交易型还是非交易型虚拟社区，都是借由网络媒介、网络空间建立起的一个有共同主题、兴趣或者情感归宿的社会群体。在某种意义上，网络社区、在线社区与虚拟社区是一个具有相同范畴的概念。

在我国，有资料可查的成立最早的网络社区是 1998 年建立的北辰网络社区，它是建立在现实社区基础上的网络化社区。③ 2006 年、2007年，是我国网络社区建立的高峰时期，这两年所建立的网络社区占2007 年底全部网络社区的 70%。④ 在这些数量众多的网络社区中，社区论坛主题排名第一的是生活休闲类，占比达 36.1%，其次是影视音乐类，为 31.6%。艾瑞咨询分析认为，目前中国网络社区多以生活休闲、影音、游戏等休闲娱乐类主题为主，这与社区用户的喜好紧密结合，娱乐休闲类资讯是最能吸引用户浏览的资讯主题。⑤ 艾瑞咨询公司根据最新推出的网民连续用户行为研究系统 iUserTracker 的最新数据研究发现，2008 年 1—8 月份中国网络服务中，社区类网站月度覆盖人数上升迅速，在 2008 年 7 月突破 1.4 亿，并超越电子邮箱位居第三。网络社区用户覆盖人数的稳定增长，表明其已经成为主流网络应用之一。⑥ 目前，中国有 79 万家网站开设有 BBS，除此之外还诞生了很多独立的社区网站，据统计，目前中国共有 60 多万个网络社区，虚拟社区正成为

---

① Armstrong, A. and Hagel, J., *Net Gain: Expanding Markets Through Virtual Communities*, Simon&Schuster Inc., 1997.

② 柴晋颖、王飞绒：《虚拟社区研究现状及展望》，《情报杂志》2007 年第 5 期。

③ 本刊：《我国首个网络社区呼之欲出》，《互联网周刊》1998 年 9 月 21 日第 1 版。

④ 艾瑞网：《中国网络社区研究报告》（精简版），2007 年，第 16 页。

⑤ 同上书，第 28 页。

⑥ 同上书，第 5 页。

互联网上最繁荣耀眼的一道风景。现代意义的虚拟社区已经不单纯是BBS——电子公告牌和讨论组，而是突破单纯以文本为主的表现形式，发展到博客社区、播客社区、"化身"（avatar）社区、三维虚拟社区等社区形式。① 不再像早期的那些雏形，许多社区都已经成为互联网上最流行的站点。Yahoo 和 Google 通过提供免费资源，推动了成千上万的用户贡献内容型社区的产生和发展。eBay 号称有几百万的用户，也将自己定位为"社区"。它能将志趣相投的个体聚集在一起，实现大量的交易行为。CNET 不仅提供行业的内容，还为普通用户提供一种类似"论坛"（forums）的服务，在那里用户可得到帮助，并就广泛的技术相关问题交换意见。社会化网络，例如 Myspace 和 Facebook，已经成为广受年轻人欢迎的网站。②

　　虚拟社区的发展原因是多方面的：首先，生活节奏的加快，现实沟通的减少是网络社区发展的最根本原因。传统社区在人类生存中曾发挥过社会整合、社会控制等极为重要的功能。随着经济的发展，人际交往中渗透了等价交换的原则，人际关系的经济化使人们失去情感和爱心，变得冷漠、麻木。另外，人们为了跟上时代发展的步伐而不断地参与到竞争中来，生活节奏加快，使得人们身心交瘁，感受到巨大的心理压力，他们渴望与人真诚地交流沟通，以缓解内心的紧张，获得精神上的支持。现实生活中的种种不如意，给人们的互动造成了一道道不可逾越的鸿沟，人们变得愈加封闭，失却了传统社区意义上的归属感和家园意识。但人又是社会性的动物，社会性是人的本质属性。人需要以群体的方式生活，需要与他人交流，在与他人的交往中反观自己，寻找自尊，得到他人的认同，体现自身价值，人又需要在群体中感受丰富多彩的生活，找到一种归属感，这就是社区精神的体现。因此，人们不断地呼唤传统社区精神的回归，努力寻找一种精神家园。网络的出现满足了人们的这种渴求。网络社区让相隔万里的人们获得了一种社区意义上的亲密感情。③

---

　　① 汪兴洋：《网络社区化：是危机还是商机》，《现代经济信息：新智囊》2007 年第 9 期。

　　② Richard P. Adler and Rapporteur, *Next Generation Media：The Global Shift*, The Aspen Institute, 2007, p. 1.

　　③ 韩丽丽：《走向网络社区》，《社会》2002 年第 2 期。

其次，信息技术的飞速发展，基于网络的联络方式便捷，服务内容丰富是网络社区发展的技术基础。自 20 世纪 90 年代美国第一次提出建立"信息高速公路"的设想以来，以信息网络化为特征的新技术革命就开始以前所未有的强劲势头扩展。据德国信息、经济、电信和新闻媒体协会发布的调查报告称，1999 年全球个人电脑装机量达 5600 万台，网民的数量已达 1.76 亿；2000 年这个数字增至 2.2 亿；到 2002 年，全世界将有 1.9 亿人上网，也就是每千人中有 79.4 个人上网，到 2005 年这个数字将达 118 人。虽然距离全民上网还相差遥远，但是从数据中我们可以看到网络用户的数量正以指数方式成倍增长，普及速度惊人。网络的越域性，既克服时间障碍，又消除了地理局限，它提供了人们"以网为缘"的各种可能性。网络整合了信息传输与反馈，也重新整合了人与物质与技术的关系。因而，它使现实社会的人们超越地理限制去营造电子社区成为可能。①

最后，虚拟社区蕴含的无限商机成为网络社区发展的催化剂。网络社区的人气对于建立商品的品牌与口碑，具有重要的建构与解构作用。近来的企业"危机"有许多共同的特征：事件源发由社区讨论开始，引起大型平面媒体关注，门户网站转载与专题化报道，导致各类媒体更大规模的报道，爆发企业品牌危机和公关失控。比如，2006 年 7 月 3 日，中国消费者协会接到了一封 200 多位消费者组成的维权委员会对柯达 L S443 型数码相机的投诉，之后又收到了 80 人的群体投诉信，总计 300 多人。是什么使这来自 23 个省、市、自治区的消费者联合起来？又是什么使源自中国台湾的柯达解决方案成为听证会证据？BBS 上的热帖，网友的热心，使柯达事件不断升级，也致使柯达的品牌形象在消费者心中一落千丈。② 网络社区的人际传播、群体传播与大众传播的有机结合，是商品信息传播的最佳方式，能够最大限度地促进社区成员对商品的认知、喜好直至购买。

虚拟社区和现实社区并不是完全独立的，他们之间的关系就如同物质和意识之间的关系一样。网络社区来源于现实社区，虚拟社区是现实

---

① 佚名：《虚拟社区》（http://www2.haut.edu.cn/jpkc/dzsw/wlkt/wlkt1/llzsframe/chapter13.htm）。

② 汪兴洋：《网络社区化：是危机还是商机》，《现代经济信息：新智囊》2007 年第 9 期。

空间在虚拟空间的"投影"。首先，虚拟社区提供的服务板块也是根据人们现实的需要而设定的；现实社区中的生活方式和观念、规范会影响到虚拟社区的构建。其次，虚拟社区所提供的服务是现实社区服务的延伸和提高。传统的以纸为媒介的信件传递，发展为 email 传递。虽然两者介质和速度不同，但是 email 内容格式仍和传统的信函格式相同。脱离现实，虚拟社区是不可能存在的。

同时，网络社区对现实社区的影响和反作用。网上的公开透明、重视个体等一系列特征将深刻影响社会。我们应当看到，民主不是一句口号，而是一种生活方式、生活态度，而网络社区的许多想法可以用来修正现实社会管理和制度中的某些缺陷。民众易于发表自己的意见，同时政府也可以方便地实现低廉高效的管理。网络之所以风行，在于它提供了自由天堂，在社区中不同意见相互尊重与互不排斥。通过讨论和争鸣解决问题，消除歧见。网络社区赋予每个人充分的话语权。许多政府开通了网上信箱或领导在线解答市民的问题，收到了良好的效果。

总之，网络社区与现实社区是互补互动关系，从根本上是一致的。二者应该各取所长，互相弥补。网络社区使现实社区中不可能的成为可能。网络社区空间开拓了人的思维。从网络社员的观点来看，所谓现实性，无非是从以前的一种可能性发展而来的。二者是互补而非取代的关系。网络社区是一种对现有生活方式的冲击，同时，它也是对现实的社会空间的发展。

网络社区是媒介社区发展的最高形式，网络社区是网络社会或者虚拟社会的构成单位，是现实社会与虚拟社会联系的桥梁。对于人类社会来说，网络的诞生和虚拟社区的发展，是一场前所未有的科技革命和社会革命。这场革命对人类自身的影响，如同蒸汽机、电力的发明对人类产生的巨大作用一样，甚至更加深刻。因为它为人类提供了一种全新的生存与发展空间，并且曾经和持续影响着、改变着人们的现实生产方式、工作方式和生活方式。

首先，从社会交往的角度来说，社会交往与社会文明有着密切联系，社会交往是衡量社会文明程度的标尺之一。社会交往革命是标志社会文明的里程碑。伴随社会交往形式的每一次重大变革，无疑是社会文明的一次大进展。网络社区开创了社会交往的一个新时代——网络交往时代。它以信息技术为支撑，以经济全球化为基础，是现代社会文明的体现，是现代社会文明发展的又一个里程碑。网络社区把当今的社会文明推向了一个新阶段。

其次，网络社区的兴起与繁荣加速了信息社会的发展进程。在信息社会中，信息产业是首要产业，它为经济提供必要的生产资源，信息产业的发展状况直接决定着信息社会的成熟程度；而网络的普及、网络交往的扩展所带来的信息收集、加工、传输和存储的革命性变革，势必为信息产业的高速发展注入活力；网络交往大大提高了原来需要奔波千里、反复商谈、既耗时又耗力的商务活动效率；由于社会信息化和网络技术的发达，跨国公司成为全球性企业，这是以前没有的一种现实的交往主体。当网络交往成为人们从事生产、管理、教育乃至日常生活中不可缺少的一部分，信息社会成为一种真实的经济事实已经不再是抽象的思想。

再次，网络社区促成社会经济结构和生产体制的变革，改变着社会的精神风貌。网络社区作为社会结构中的一个基本形式，网络交往作为社会交往的一次重大变革，势必促成社会经济结构和生产体制的变革。网络交往不仅推进了信息社会的历史进程，促成社会经济结构和生产体制的变革，提高了人类社会物质文明水平；而且极大丰富了人们精神交往的内容，改变了人们的思维方式，造就了现代人的精神风貌。网络社区以及网络交往以其新颖的环境和特点培育了一代新人的开放意识。

最后，网络社区将促进"世界历史"的形成。网络社区突破了时间、空间和地理疆域的限制，网络化的交往把全球不同角落的人们紧密联系起来。网络交往彻底改变了基于血缘、地域、业缘关系的传统的人际交往形式，突破了基于权力、地位、职业和利益的狭隘人际交往范围，实现了最大范围的国际化。现实生活中人与人交往的主要形式是在物理空间面对面、实打实的直接交互作用。网络的发展，形成了一种新的、全球性的社会组织——虚拟社会；相应的，网络交往则创建了一种超越现实世界的新交往领域。虚拟的交往领域为个体的社会化提供了广阔的舞台。当代交往形式的深刻变革极大地拓展了人们社会交往的范围，赋予人类交往以新的内容，而且在很大程度上改变了人与人、人与社会的各种交往关系，并且可能最终实现马克思所说的"世界历史"的形成。①

---

① 童天湘：《高科技的社会意义》，社会科学文献出版社 1998 年版。

第三节　媒介社区的本质特征

通过前面的分析，我们对媒介社区的起源和发展有了一个大致的了解。在进行下一步分析和研究之前，我们有必要对媒介社区的概念、内涵及其本质特征进行科学的分析和论述，这也是后续研究的逻辑起点。

一　"信息生活共同体"：媒介社区的概念与内涵

概念是人们对事物本质的认识，是逻辑思维的最基本单元和形式。一个完整的概念包括概念的称谓、概念的内容（内涵）和（范围）外延三个部分。概念的称谓，必须用词准确，准确的称谓不仅便于准确指涉，也便于正确理解。概念内容（内涵）包括所有组成该概念的事物的特性和关系。比如"人工智能"的内容包括所有关于这个学科的特性。但在定义这个概念时人们挑选出这些特性中最关键的，比如："研究用计算机模拟人类某些脑力活动（如归纳与演绎推理过程、学习过程、探索过程、理解过程等）的理论和技术，以扩大和延长人类智能的一门科学。"概念范围（外延）是指所有包括在这个概念中的事物，比如"白"的概念范围是所有白色的事物。范围相同的概念被称为是相当的，在逻辑研究中，尤其是在数学逻辑中相当的概念往往被看作是相同的。

（一）媒介社区的概念

媒介社区的称谓来源于美国学者约瑟夫·塔洛（Joseph Turow）在《分割美国：广告主与新媒介世界》中提出的一个类似概念。在该书中，他率先提出了一个"首属媒体社区"的概念，其主要意思是指与社会群体甚至个人形成了亲密和重要关系的媒介所构成的总体。作为"首属媒体社区"中一员的媒体将以一种精神归属感来吸引受众阅听，长此以往，这些首属媒介将培养观众必须观看和必须分享的一种心智，使得受众觉得自己是特定社会群体中的一员，使得他们依恋于媒介中的主持人和其他受众，甚至依恋媒介产品中的其他人物和赞助商，"首属媒体社区"因此成为作为特定社会群体成员的观众的精神家园。

在最近一个时期，媒介社区的提法主要存在于传统媒体所构建的网络互动社区中，借由网络论坛、BBS等网络互动社区，充分建立传播者与受众的联系，以此使传播内容和方式更加符合受众的需要，也借此达到培养受众、提高媒介传播效果的作用。在实践层面上说，媒介社区的形成与建立主要是改进传受互动方式的一种方法和策略。① 这里所说的媒介社区的外延，和本书所探讨的媒介社区的外延基本相同。但是，还没有出现从理论层面阐述媒介社区的内涵和本质特征，媒介社区目前来说还是一个相对比较混浊的概念。

为了结束媒介社区概念的混浊状态，必须给这个概念下一个明确的定义。在下定义的过程中，最重要的是确定这个概念的属概念。正如前文所述，社区的属概念存在分歧，一派认为社区是"社会共同体"，是人组成的"群体"；另一派认为社区是"地理区域"或者指定的"空间"；当然还有一派认为社区的属概念是上述两派的合集。随着网络技术的出现，人们的交往和生活很大程度上与网络密切相关，"地理区域"或"空间"不再是社区的本质特征和必要元素，而"社会共同体"或者"群体"则是社区不可缺少的特征，因此本书认为，媒介社区的属概念是"社会共同体"。

确定了概念的属概念，下一步的工作是准确界定种差。媒介社区与传统社区以及后续的网络社区和虚拟社区等社区概念体系的最根本区别是什么呢？既然所有的社区都是指社会共同体或特定群体，那么群体的差别也就是社区的差别。然而，由于观察的视角不同，群体之间的差别也表现不尽相同。考虑到本书的核心问题乃是网络信息时代需要什么样的传播形态问题，也就是说，媒介和传播是我们考察社区差异的标准。因此，界定媒介、传播与群体的关系成为我们定义媒介社区的出发点。综上所述，我们认为，所谓媒介社区，是指在媒介场的作用下，通过自媒介系统的传播聚合作用，逐步形成的具有全方面互动关系和共同文化维系力的信息生活共同体及其活动空间。

（二）媒介社区的内涵

媒介社区是由于媒介的作用而形成的，也就是在媒介与社区的关系问题上，是先有媒介，后有社区，这是与现实社区不同的地方。传统的现实社区往往是由于血缘关系形成的，一个家族、一个部落生活在一起，就形成了社区；当今的现实社区则是由于地域关系形成的，一个村

---

① 李萍、班跃伟：《都市报的"俗"化特点》，《新闻前哨》2005 年第 8 期。

落、一个集镇、一个住宅小区，把一群人联系在一起，就形成了一个社区。而媒介社区，是由于先有媒介，在媒介传播的作用下，由于对媒介内容的共同兴趣和爱好，人们逐渐"走到"一起，彼此交流和沟通，像滚雪球一样逐步形成了一个大的群体。不过由于媒介、传播与社会的关系，在某种程度上犹如鸡和蛋的关系，人们需要沟通就离不开媒介、离不开传播，媒介社区是这样，现实社区也是这样。只不过，在人类社会诞生很久以后，大众传播才随着印刷技术的推广与普及而诞生，因此媒介社区中的媒介主要是指非"身体媒介"，特别是指大众媒介。

媒介社区是由于媒介的作用逐步形成的，媒介社区是一个动态的、开放的群体。"聚沙成塔，积水成河"，媒介社区的形成首先是一个动态的过程，在这个过程中，媒体的传播、信息的沟通将具有共同兴趣和爱好的人逐步集合在一起需要一定的时间。其次，媒介社区是一个开放的群体，有兴趣的人可以加入，失去兴趣的人可以退出，不像现实社区那样相对封闭，进入和退出都需要很大的成本。

媒介社区中的大众媒介在很大程度上只是为媒介社区提供了一个沟通的背景或者社会交往的原始推动，其他媒介以及其他传播方式在媒介社区中也发挥着重要的作用，共同形成一种全方位、多层次的立体互动网络，加强了社区成员之间的联系和友谊，使媒介社区的依附关系、纽带作用更加明显。

在社区概念缔造者滕尼斯看来，社区是一种社会共同体。传统的现实社区在很大程度上是血缘社区，工业时代的现实社区在很大程度上是经济社区，在当今信息时代的媒介社区则是一种文化社区，它以共同的兴趣和爱好为出发点，以文化为黏合剂，以心理认同为纽带，以情感归宿为深层目的，共同语言对它来说至关重要。从某种意义上说，现实社区主要是地域概念，存在于一定的地理空间中，主要由地域环境决定其成员，而媒介社区则主要是一个情感概念，社区成员是以文化与心理距离来确定。

二　信息"类聚"，人以群分：媒介社区的本质体现

本质是相对于现象而言的一个范畴，所谓本质是指事物本身所固有的属性、面貌和发展的根本性质。事物的本质是隐蔽的，是通过现象来表现的。感性的直观不能理解认识，必须通过对现象的抽象才能认识、

掌握本质。

事物的本质是事物的内在的客观的联系，了解事物的本质具有重要的意义。首先，事物本质对事物的意义。一言以蔽之，事物的本质决定事物的现象，尽管这种现象是复杂多样的，但其表现完全取决于本质。其次，人对事物的认识层面。对于事物的认识，其目的是为了把握事物的特点和发展规律。而事物的特点和发展规律只能通过本质去认识，因为现象具有复杂性、不稳定性、假象性和单一性。当然，如果纯粹是出于娱乐目的，就没必要去了解其规律了，也没必要去考察其本质。最后，事物的本质反映了事物的特点和发展规律。了解了本质，我们就可以不为现象所左右，把握事物的发展规律，为我所用。本质与特征的关系主要表现在三个方面：第一，本质与特征相比，本质是更高层次的范畴，本质决定特征，特征反映本质。第二，本质只能有一个，特征可以有多个。第三，本质是相对稳定的，特征可以随事物的发展而变化。

在滕尼斯看来，社区的本质是"社会共同体"。现实社区的边界从原始的村落过渡到前工业社会的城镇、后工业社会的城市社区到现代社会的大都市生活社区，社区一直作为以确定地域为边界的"社会共同体"。媒介社区从书籍的读者俱乐部到平面媒介的读者联谊会、电子媒介的互动粉丝群体、网络媒介时代的虚拟社区，所有社区的形成无不与媒介有关，从某种意义上说，没有媒体就没有媒介社区。因此，我们认为媒介社区是"社会共同体"在媒介场中的一种存在形式。媒介社区的这一本质使它具有不同于现实社区的基本特征，而这些基本特征的产生，是由媒介自身的媒体性、聚合性和情感性等决定的。

（一）媒体性

传统社区一般包含着血缘、地缘和业缘三重要素，而虚拟社区却由"媒缘"而生。人们通过媒体，根据自身的兴趣、偏好和价值取向交换信息、传播知识、宣泄情感。这种"因媒结缘"和"以媒结缘"的联系与连接方式，就是所谓的"媒缘"。

相比现实社区的血缘、地缘和业缘，"媒缘"不会把人们捆绑在一起，只会让人们根据文化的、政治的、宗教的或经济的共同性，根据人们的心理需求、价值观等，自由地组合在一起。在这个意义上，媒介社区与社会学上的"精神社区"有些相似之处。著名社会学家英克尔斯认为，"精神社区指的是这样的社区，它的共同成员建立在价值、起源或信仰等精神纽带之上"。① 但是，媒介社区与精神社区也存在区别。精神社区主要是依从于现实社区而存在的社会群落。而虚拟社区中的成员可能没有现实意义上的共居地，但却有标识明显的成员感和归属感。而这种"标识"的明确意义在于：媒介社区具有超越时空和现实社会等级身份的功能。因此，它在结构上迥异于现实社区。

第一，薄平化的网状与块状结构。由于传统社区依赖于血缘、地缘或业缘而存在。因此在其结构与功能的表现上，或以尊卑长幼，或以远近亲疏，或以势力大小划分成以最高权威为核心的等距离同心圆状层次结构。媒介社区则不然，其成员仅仅是依据"网缘"这种高度自由的投票表决机制相互联结，既无明确的核心，也无严格的等级关系和核心权威，其结构表现为薄平化的网状与块状结构。第二，现实社区的高度专业化传统社区的空间结构具有相对封闭性和凝固性。因此，社区内核的内容具有相当明显的综合性，即功能的复合性。相对而言，媒介社区却因"媒缘"的作用而使其社区成员拥有较大选择余地。而正是这种自由的选择性，使媒介社区在其功能上更着重地表现出专业性和单一性。

（二）聚合性

在这里，聚合性有两个层面的含义。第一个含义是静态含义，指媒介社区成员有共同的兴趣与爱好。正是这种共同的兴趣与爱好，使得不同种类的人"物以类聚，人以群分"。在某种意义上说，与现实社区相比，媒介社区更大程度上是一个"文化社区"、"精神社区"。

第二个含义是一个动态含义，也就是说，只要人类社会的历史不停止发展，媒介社区中成员聚合的过程就不会结束，成员的数量在总体上是增加的。这有点像滚雪球，尽管在滚的过程中，有一些雪会从雪球上掉下来，但是，只要地上还有雪，雪球就会不断增大。媒介社区是一个动态和开放性的群体，媒介的互联性和开放性使任何一个媒介社区成员自主性流动的权力大于他在现实社区的权力。如果对媒介社区的活动不满或对社区中某些成员、言论不认同，任何成员都可以随时离开。这种现象，有时甚至会演变为整个社区的人员全部退出，导致社区消亡。媒介社区特别是网络媒介社区成员高流动率的原因，一方面源于社区成员兴趣、学习、情感交流等内在需求，另一方面则因为不受现实社会职

---

① 田丹婷：《社区与虚拟社区》（http：//www.cqdx.gov.cn/tszz/2000zk/ts46.htm）。

业、身份、居住地和性别的限制，对中国来说，还包括单位、户籍管理体制的束缚。网络的发展正在表明，数字化生存之所以能让我们的未来不同于现在，完全是因为它容易进入、具备流动性以及它引发变迁的能力。

（三）情感性

与现实社区的成员浸润在政治、经济、文化中不同，媒介社区的成员浸润在媒介场中。媒介场是布尔迪厄首先提出的一个概念。1996年，布尔迪厄在法国的巴黎一台做了《关于电视》和《记者场与电视》两个电视讲座，同年讲座内容被印成一本名为《关于电视》的小册子出版，批评直指新闻界，引起了强烈的社会反响。在这本书中，他提出了电视场、新闻场等概念，随后，他又与其他的研究者一起，将上述概念进行整合，提出了"媒介场"（media field）的概念。这里的"媒介"指规模生产的大众传播媒介，尤以其中的新闻为主要研究对象。电视场和新闻场都是媒介场的一部分，因此对于这两个场域的讨论均可视作媒介场的先导性研究。[①]

作为媒介研究的一种新范式，布尔迪厄的媒介场理论为后来的研究者提供了思维指引。但是，布尔迪厄的媒介场理论只是一种松散的研究方法，并没有严格的理论框架，在实际运用中很容易导致"场"概念的泛化和歧化，影响了媒介场理论的规范和研究的深入。本书所指的媒介场，主要是借鉴"场"的原始概念，是指充满信息和情感以及信息和情感不断扩散的空间。

1. 媒介场的内涵与结构

我们认为，所谓媒介场是指媒介社区成员之间相互作用的空间，是社区成员彼此交流信息、思想和情感的场所，如图2—1所示。媒介不同，对应的场就不一样，但是所有这些媒介子场共存在媒介总场中。其中不同的媒介子场相互作用，媒介子场内的媒介不仅与本子场内的媒介相互作用，也与其他子场内的媒介相互作用。

2. 媒介场的运作图式

与现实社区的过度政治化、经济化不同，媒介社区成员之间彼此发生作用的中介是情感，如图2—2所示。其中，情感因素类似于物理学

---

① 刘海龙：《当代媒介场研究导论》，《国际新闻界》2005年第2期。

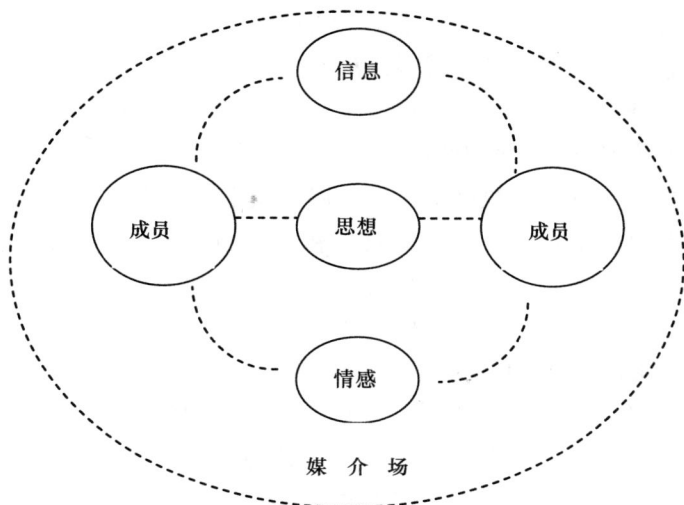

图2—1　媒介场的结构

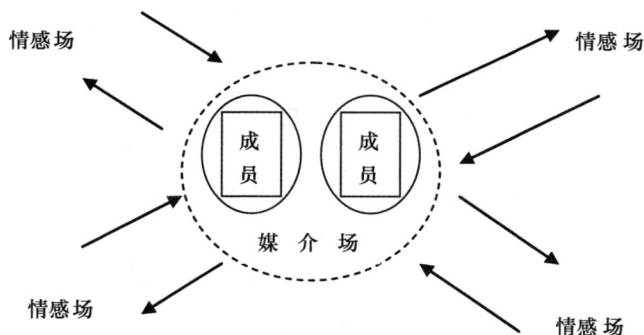

图2—2　媒介场的运作图式

中介子场中的介子，在介子场中，核力是通过介子场传递的，介子场的量子是介子，质子和中子通过介子相互转化。类似的是，在媒介场中，媒介场力是通过情感因素来传递的，不同的社区成员之间的信息交换、思想交换是通过情感因素来实现的。

三　现实与虚拟的"第三界"：媒介社区与相关概念的辨析

媒介社区是在媒介场的作用下，通过传播的聚合作用，逐步形成的具有某种互动关系和共同文化维系力的信息生活共同体。尽管早在大众媒介诞生后不久，媒介社区就以某种形式开始形成，但是，直到网络媒介的兴起与繁荣，媒介社区才进入了一个加速发展的新时期。在本书的语境中，媒介社区是一个有特定内涵和外延的固定范畴。但是，由于社区概念的不确定性以及媒介的不断发展，使得一些概念与媒介社区产生了一些交集甚至混淆，有必要对这些概念进行辨析，确定各自的边界。只有这样，才能更加准确地理解媒介社区的本质和内涵，也只有这样，才能为后续研究奠定坚实的基础。

（一）媒介社区与现实社区

一般意义上的现实社区，主要指现实生活中的生活社区。一般有两种内涵，一种是地域概念，另一种是群体概念。群体概念的现实社区，是指聚居在一定地域中的人群的生活共同体，通俗地说，就是生活在一定区域里有某种共同性的人群。另一种是指人们在某一限定地域内的集中居住区，是家庭、集体之外的第三种最基本的社会关系组合形式。可以包括村庄、集镇、城市或其局部。社区是个人、家庭、集体相互联系的中介，是人们公共生活的场所。是个人、家庭、集体等发生、发展的社会基础和社会环境。一个人成年之后不仅在职业群体内活动，也在社区中活动，而且大部分的日常生活是在一定社区范围内进行的。当然，也有一些学者认为，社区是进行一定社会活动、具有某种互动关系和共同文化维系力的人类群体及其活动区域。目前，在现实社区的界定和认识方面，还没有一个一致的意见，但是从以上三类概念中，我们不难发现"现实社区"所具有的一些共同特质：一定的地域、一定的人群以及某些共同的意识与文化。

从地域因素而言，尽管早期的媒介社区具有一定的地域边界，但是随着媒介的发展与演变，特别是媒介传播范围的不断拓展，高级媒介形态的媒介社区已经不受地域的限制，或者说地域已经不是媒介社区的必要因素。从社会共同体而言，无论是媒介社区还是现实社区，都是由一定量的社会人群组成的，所不同的是组成社区人群的特征有所不同。现实社区的地理疆域从原始的村落发展到现代的大都会，社区从安全共同体发展到生产共同体、消费共同体，其物质上和经济上的联系和共性一直占据现实社区共同因素的主导方面；媒介社区中的媒介从书籍发展到报刊、广播电视、全球网络，媒介传播的速度和范围不断拓展，社区成员对信息、思想和情感的依赖却不断强化，文化和情感因素成为媒介社区共同因素的主导方面。

譬如，南京有 1500 多个小区，每个小区都有确定的地理边界，小区的居民是为了居住和生活聚在一起。《南京零距离》将所有对"生命、生存、生活、生计"等内容感兴趣的观众聚集到一起，形成了该电视媒介的媒介社区。由于网络的作用，一方面《南京零距离》的传播范围超出了南京的地理疆域，另一方面随着"西祠胡同"、"南京零距离，就在你身边"等网络讨论版的开通，观众即使不在南京，而在全国的各个地方甚至世界的各个角落都可以对播出的节目提出自己的意见和看法，同时可以和栏目的编辑、记者及主持人进行及时的交流，反馈互动的频繁和及时形成了一种"零距离"的民生文化，传播范围的拓展则逐步促成范围更加广泛的《南京零距离》媒介社区。

媒介社区的人无疑都是来自现实社区的，只不过不同时期的媒介社区对现实社区的改进维度不一样。早期的媒介社区建立在现实社区的基础上，是现实社区的一种深化；而现代的媒介社区特别是网络媒介社区则打破了现实社区的地域限制，在一定意义上是现实社区的拓展。不过，在一些情况下，现实社区与媒介社区有可能出现交叉与重叠。在早期印刷媒介时代，媒介社区的成员一般来自同一现实社区，媒介社区和现实社区是交叉的，媒介社区的成员彼此沟通与交流，强化了他们在现实社区的联系和友谊。在网络媒介时代，有两种特殊情况，一种是基于现实社区建立的内部沟通网络或内部论坛，由这种网络媒介形成的媒介社区就在很大程度上与现实社区重合了，网上社区和网下社区的重合，加强彼此的联系和互动，一方面克服了现实社区沟通交流功能弱化的不良影响，另一方面也解决了网上社区的虚幻情绪。另一种特殊情况，就是网上社区中没有两个成员是同一现实社区的情况，这给网上社区成员的网下互动带来一定的困难，不过随着 3D 技术以及所谓的虚拟现实技术的普及，这种困难在一定程度上将得到缓解。

（二）媒介社区与虚拟社区

最早的关于虚拟社区（Virtual community）的定义是由瑞格尔德（Rheingole）在《网络社区》一书中提出的，他认为网络社区是"一群主要借由计算机网络彼此沟通的人们，他们彼此有某种程度的认识、分享某种程度的知识和信息、在很大程度上如同对待朋友般彼此关怀，从而所形成的团体"。与此定义相近的还有几个概念，比如网络社区、在线社区、E 部落等。从目前一些学者的论述中，我们可以发现，网络社区、在线社区、虚拟社区、E 部落四个概念中，如果前三个都将其属概念确定为群体而不是地理地域或者网络空间，那么这四个概念的内涵与外延就大致相同了。

虚拟社区与媒介社区的关系是特殊与一般、个性与共性的关系。也就是说，虚拟社区是媒介社区的一种，前者的媒介是具体的网络媒介，后者的媒介是一般抽象意义的媒介，虚拟社区是媒介发展到网络时代的一种社区主要存在形式，是媒介社区的高级形式。超女粉丝团的最初形态是现实的亲友团，亲戚朋友通过参与演唱现场捧场、机场接送、拉票展示等活动，支持超女参赛晋级。超女因电视而生，超女现实亲友团也就是前文意义上的电视媒介社区的一种表现形式，但还不是虚拟社区的表现形式。为了扩大影响、争取更大范围的支持，亲友团的部分中坚开始建立网络贴吧，"超女"也自建论坛，借助网络的力量形成了一个声势浩大的网络"超女粉丝团"，这就是虚拟社区的一种表现形式了。需要说明的是，在网络时代，随着媒介的融合，媒介的界限不再那么清晰，传统媒介在很大程度上都网络化了，单一媒介的媒介社区越来越少，网络化的媒介社区越来越多，网络媒介社区成为网络信息时代的主流媒介社区。

非网络化媒介社区与网络媒介社区最大的差异在于地域空间的界定上。非网络化媒介，也即传统媒介社区通常强调地域环境的影响，其社区形态都存在于一定的地理空间中。在现实中，一个人很难同属于几个不同现实社区（这里仅指地域上的社区）中的媒介社区。因此，传统媒介特别是早期的书籍媒介社区实际上是居住在同一地域内的人们依据共同的生存需要、共同的文化、共同的风俗、共同的利益以及共同关心的问题发生互动而形成的地域性的"共同体"。网络媒介社区则不然，其存在"空间"是无形的，而且还跨越了地理上的限制。网络媒介社群无论在什么位置，无论身居何处都不影响社区的构成，而影响社区构成的是人群、人对社区的感情、对社区中人的认同。"网络媒介社区"的非空间组织形态，使其成员可能散布于各地，即一个人也可以超越空间的障碍生活在好几个网上社区里。传统的媒介社区，人们的联系很多还局限在"f 2f"（面对面）方式，人们进入"社区"主要依靠双脚，而在网络媒介社区，人们的联系主要是通过"P2P"方式，也就是主要依靠双手通过网线和计算机来实现。①

（三）媒介社区与虚拟组织

组织是人类社会协作的群体形态之一，它与非组织群体一样，同属于社会系统中的中观系统。与非组织群体不同的是，组织是一个结构秩序更为严密的社会结合体，有着更为明确的目标、制度、纪律，有着严格的分工和统一的指挥管理体系，因此，组织是人们为了高效率完成分散的个人或松散的群体所不能承担的生产或社会活动而结成的协作体。② 比如：公司、集团、商行、企事业单位、研究机构、慈善机构、代理商、社团或上述组织的部分或组合。在网络时代，一些公司、企业、机关、学校或者社团为了扩大组织的影响，提升组织效益，纷纷开办网站，建立自己网络化的组织；甚至一些新型组织在现实中不开展或很少开展活动，而主要在网络上开展活动。所有这些网络化的组织，我们统称为虚拟组织。

媒介社区与虚拟组织的区别，主要在于群体与组织的区别。一般来说，群体与组织的区别主要有以下几个方面。第一，组织有特定的功能和目标。群体虽然有一定的需求和喜好，但往往没有非常明确的目标，其职能也往往不确定或不固定。组织都是为了实现一定的组织目标而设置或成立的。与一般社会群体相比，组织目标更明确、更加系统。群体可以有职能，但没有特定的职能。但组织中却有相同的目标和一定范畴内特定的职能。群体的职能也是社会最基本的职能，而组织的职能则是单一的或一定范围内的职能。第二，组织内部有明确的分工，协调有一定的章程。群体内部的分工一般既不明确，也不固定，协调的内部规章往往没有强制力。组织目标大多数是复杂的系统工程，需要执行不同的专业化的协同作业。"没有规矩，不能成方圆。"没有规章，就不可能有正常的组织活动。组织起来就有力量，这种力量在于一些具有共同目标的个体的人，是按照一定的规章组织起来的。规章，就是一种协调机制，可以用来协调组织内部成员与成员、成员与领导之间的关系，从而形成一个统一的整体。第三，组织内的传播常常表现为下行传播和上行传播，而群体内的传播更经常地表现为横向传播。组织内一般实行阶层制和等级制管理。阶层制是为了保障组织的统一目标、统一意志得到贯

---

① 田丹婷：《社区与虚拟社区》（http：//www.cqdx.gov.cn/tszz/2000zk/ts46.htm）。

② 郭庆光：《传播学教程》，中国人民大学出版社 1999 年版，第 99 页。

彻和实施而设立的指挥管理制度。如部门有上级部门、同级部门和下级部门，而职务也有上司、同僚和部下之分。这些使得组织内部的传播主要表现为下行传播和上行传播。而群体内部，成员之间的地位基本平等，一切群体的决定都是通过协商做出的，因此群体内部的传播方式以横向传播为主。

（四）媒介社区与媒介受众

所谓受众，简而言之就是指信息传播的接收者，包括报刊和书籍的读者、广播的听众、电影电视的观众，第四媒体网络的兴起使得受众的范围越来越大了。自大众传播学成为一门科学以来，谁是新闻传播活动的中心，一直是众多学者研究和讨论的焦点之一。早期的传播学者从宣传的角度出发，先后提出了"枪弹论"、"强效果论"等理论，其实质就是把受众看作是被动的信息的接收者，很明显，在这些理论中传者是居于中心地位的。随着研究的发展，传播学者们发现受众并不是单纯的、被动的接收者，也不是同质的，不同的受众对于同一传播信息会产生不同的反应，受众在传播过程中的作用开始受到重视。

一般来说，受众具有下列特点：（1）规模的巨大性，在人数上超过大部分社会群体。（2）分散性，广泛分布于社会各个阶层。（3）异质性，即具有不同的社会属性。受众既是大众传播媒介影响的对象，对传播过程起着重要的制约作用。受众的需求，受众对媒介信息内容的选择性接触活动等，都对大众传播的效果发挥着重要的影响。

从某种意义上，媒介社区的成员都是媒介的受众，但是媒介的受众不一定是媒介社区的成员。只有当媒介受众有某种共同的兴趣和爱好，并通过一定的方式建立了彼此的联系之后，才逐步形成了媒介社区。

媒介社区既不同于虚拟社区和虚拟组织，也不同于现实社区和媒介受众，它是介于这些概念的一个聚合体，或者说处在现实与虚拟之间、公共与私密之间、物质和意识之间的"第三界"。"第三界"来源于波普尔对三个世界的划分。在波普尔之前，人们已经习惯于将世界划分为非此即彼的两个部分——物质世界与精神世界或者说客观世界与主观世界。而波普尔却别出心裁地将全部存在和全部经验划分为三个世界，即世界1——物质客体和状态的世界；世界2——意识形态和各种各样主观认识世界；世界3——包括整个客观知识在内的人所创造的文化世界。国外有学者将之用下面这样一个表来说明：

表 2—1　　　　　　　　　波普尔关于三个世界的划分①

世界 1	世界 2	世界 3
物理客体和状态	意识状态	客观感觉中的知识文化传统
1. 无机界	主观认识	编码为物质基质
宇宙的物质和能量	知觉经验	哲学的
2. 生物界	思维经验	神学的
所有生命现象的结构和活	情绪经验	科学的
动人脑	素质意向经验	历史的
3. 人工制品	记忆经验	文学的
人类创造的物质基质	创造性想象的经验	艺术的
工具的物质基质	梦的经验	工艺的
机器的物质基质		理论系统
书本的物质基质		科学问题
艺术的物质基质		批判的论据
音乐的物质基质		

　　现实与虚拟是二元对立的，而媒介社区既有现实的面对面的身体交流，又有网络虚拟身份的符号交流，媒介社区是现实和虚拟的结合，是社区存在的第三种状态。公共和私密是二元对立的，媒介社区的平等交流模式使得社区成员把社区当成一个公共领域，另一方面媒介社区的自由氛围使得社区成员可以充分展现个性、释放"本我"，使得媒介社区又具有极强的私密特性，因此媒介社区是融合公共与私密的"交集"。物质和意识是二元对立的，媒介社区不是纯粹的自然物质状态，也不是纯粹"自为"的意识，而是"物质"的信息扩散、"自为"意识的一种外化传播，是联系物质和意识的"第三者"纽带。所谓第三空间，就是在高度私密、让人产生归宿感的家庭（第一空间），和高度开放、真我难以释放的办公室（第二空间）之外，另一个办公、休闲两相宜的自在之所。② 无论是读者俱乐部，阅听"粉丝"联谊会，还是网络虚拟社区，社区成员所集会的地理场所或虚拟"空间"，都具有第三空间的意义。因此，可以说媒介社区是"第三界"及其主体在"第三空间"的一种互动存在形式。

----

① ［澳］J. C. 艾克尔斯：《自我意识、精神和脑》，《自然科学哲学问题》1981 年第 3 期。
② 周笑：《内容社区：大众传播的第三种形式》，《视听界》2007 年第 3 期。

第三章　媒介社区的结构与类型

第一节　媒介社区的结构

现实社区作为一个社会的实际共同体，需要具备一些基本要素，比如地域要素、人口要素、区位要素、结构要素、社区心理要素、组织要素、文化要素以及物质与保障要素等，这些要素是影响社区结构与演变的重要方面，也是我们理解社区的重要途径。[①]

媒介社区是在媒介场的作用下，通过聚众传播逐步形成的有共同兴趣与爱好的社会信息生活共同体。尽管媒介社区与现实社区相比有很大不同，但是两者均是社会共同体，其基本属性是一致的。因此与现实社区相似，媒介社区也必须具备一些基本要素，这些要素的不同组合，决定了社区的类型、结构和性质，也在一定程度上决定了社区的生存和发展状况。由于媒介社区不具有现实社区那样强烈的地域属性和物质属性，因此在构成因素方面相对要简化一些。另外，考虑到不同的要素在媒介社区中所起的作用是不同的，本章我们仅仅讨论对媒介社区有重大决定作用的构成因素。

在当今的网络信息时代，信息生产和信息消费是人们的主要生存、生活方式。无论是传统大众媒介还是互联网，这些媒介不再仅停留在一个单一终端界面的层次，而是要通过信息的传播与互动改变人们的沟通方式和生活习惯，进而内化为人们的一种需要，最终成为人们的"感官的延伸"。在这个大环境下，一个个满足人们各种需要的媒介社区应运而生，于是读者就有了读者俱乐部，电子媒介有了阅听粉丝联谊会，网

---

① 于显洋：《社区概论》，中国人民大学出版社 2006 年版，第 31 页。

民有了各种虚拟社区，等等。构成媒介社区的主要因素包括：社区成员、社区成员共同的兴趣、社区平台和其提供的沟通模式，以及在线社区文化等。简单地说，就是媒介平台、内容文化和社区成员。

一 媒介社区的媒介平台

媒介社区是在媒介的作用下形成和维持的社会精神共同体，离开了媒介，媒介社区就不可能存在和发展，媒介平台是媒介社区的重要构成元素。所谓媒介平台，就是指社区成员快捷、便利地相互交流的平台，具体形式可以是书籍、报纸、广播、电视、网络论坛、网络游戏、博客、维基百科、圈子或社会性网络、即时通信等的个体或整合。在这个方面淘宝网是一个成功的例子，在其逐步将 BBS 论坛、博客和即时通讯"淘宝旺旺"集合在一起之时，用户不仅仅是在网络上买卖，还可以及时分享买卖信息，商品、行业上的资讯以及用户体验等。根据媒介在社区中的具体功能，又可以将媒介社区中的媒介分为形成媒介和沟通媒介两大类。

（一）给予"第一推动"的形成媒体

所谓"形成媒介"，就是指最初对社区成员起聚合作用的媒介，是所谓"精神共同体"的兴趣原点。无论是早期的读者俱乐部，报纸、杂志的读者联谊会，广播电视的粉丝、迷群，还是现在的虚拟社区，社区成员必须有一个共同的兴趣爱好，这些共同的兴趣爱好依次是"某类书籍"、"某类报纸、杂志"、"某类广播电视"、"某类网站"等媒介所传播的内容，那么，传输这些内容的原始媒介就是社区成员接近这些内容、意义的平台和桥梁，是形成媒介社区的原始作用媒介。

1. 形成媒介的类型与结构

从形成媒介的"介质特征"对社区进行分类，形成媒介可以分为图书媒介、报刊媒介、电子媒介和网络媒介。然而，从媒介社区的本质特征来看，形成媒介对社区的"第一推动"的本质并不是媒介的"介质特征"，而是媒介的"内容特征"。也就是读者社区的形成并不是由于书籍的"纸质介质"本身，而在于书籍传播的故事和道理，媒介介质是传播故事和道理这些内容的中介。

不同的媒介，传播内容的性质不一样，有些故事和事件是现实存在，有些则是现实不存在的，是由媒介传播者虚构的。那么，这些不同性质的媒介内容与媒介就构成了不同的关系，现实的事件和故事，媒介的报道和传播只不过是扩大了这些事件和故事传播的速度和广度，在今天这样一个资讯非常发达的网络信息时代，单一媒介的作用大大下降，所谓独家报道越来越少。而虚构或者创新性的内容，则不能离开媒介的报道与传播，否则他人就无从知晓。正因为媒介报道内容的不同，媒介与媒介社区的关系也就存在差别，唯一性内容使得形成媒介在媒介社区中的地位非常明显，形成媒介的存在直接决定着媒介社区的生存与发展。而非唯一性内容，报道该内容的媒介在媒介社区的作用不是十分明显，其作用随着社区的发展演变，其影响逐步减弱直至消除。因此，我们将形成媒介分为显性和隐性两种。

简单地说，在媒介社区中，能够明显感知形成媒介的存在，那么这种媒介就是显性媒介。比如读者俱乐部的书籍，报刊读者联谊会的报刊、电子媒介粉丝群的广播、电视媒体，网络游戏社区中的游戏。所谓隐性媒介，在媒介社区中，不能感知或者不能明显感知形成媒介的作用和影响，这类形成媒介就是隐性媒介，这类媒介社区就是形成媒介缺失的媒介社区。比如现今大多数的网路媒介社区，由于其沟通的主题是社会化的内容或生活化的内容，不是媒体创造的，而是社会和生活本身存在的，因此一般的 BBS、ICQ、IRC 等作为沟通媒介的社区一般都是形成媒介缺失的媒介社区。

在当今网络信息时代，媒介除了表现出数字化、网络化和多媒体化之外，还呈现出为市场化和集团化的倾向，也就是说，大多数媒体不是单一的市场主体，而是一个集团化媒体下的一个子主体，这样就决定了媒体集团下面本身是一个由多个媒体内容形成的一个媒体群体。以电视媒体为例，现在我国的电视台大多数有三个以上的电视频道，每个电视频道有 10 个左右的电视栏目。每一个电视栏目在网络上都开设了一个大致相同的论坛空间，如果说每一个具体节目的论坛空间聚合的观众或论坛成员构成了一个媒介社区的话，那么一个电视台全部的网络论坛空间就构成了包含数十个或数百个媒介社区的"媒介城市"。由于形成媒介的自身结构不同，"媒介城市"的结构也不尽相同。对于以面对面沟通方式为主的"媒介城市"是彼此点状的社区构成的，媒介社区之间没有直接的联系。对于以网络沟通媒介为主的"媒介城市"，其结构主要分为三种：层级结构、树状结构、散点结构。一些小的媒介组织，只有有限的几个传播主题，由其作为形成媒介构成的社区比较少，其论坛目录就直接排列在一个页面上，不同主题的论坛成员可以直接点击论坛主题标志进入相应的论坛进行交流，当然也可以进入同一媒体的其他主题论坛进行交流。一些大的媒介组织，会将论坛主题逐级分解，构成了分层论坛主题，在这样分层主题的构架下形成的媒介城市当然就是分层结构的，比如某电视台先分频道、再分栏目。但是这种分层结构不利于不同媒介社区间的成员进行区间跳转和跨社区交流。为此，一些大型媒体，开始在分层结构的基础上，建立结构层次更加明显的树状结构，相比层状目录，这种结构更加清晰，而且能够很清晰地展现不同社区之间彼此的联系，是当前媒介社区结构发展的一个方向，比如天涯社区①网站就是采用的这种结构。

2. 形成媒介的内容与渠道

形成媒介的内容与渠道都是多方面的，但是形成媒介的内容和渠道与媒介社区的传播内容和传播渠道并不一定是一一对应的关系。一般来说，形成媒介的内容和渠道与媒介社区传播内容和传播渠道重合得越多，那么媒介社区对于形成媒介的依赖就越大，形成媒介对于媒介社区的影响就越大；反之，则媒介社区的独立性和自主性就较强，形成媒介对于社区的影响就越弱。

在形成媒介的内容和渠道与媒介社区传播内容和传播渠道重合较多的媒介社区中，单向传播的模式会占相对较多的比例，群体间1对1的互动会相对较少，相反，1对多的传播会较多。在一些传统媒介社区的面对面沟通过程中，形成媒介的传播者控制着媒介社区的规模以及互动方式，媒介社区在一定程度上还是一个他组织群体。一旦形成媒介出现问题或者由于某种原因逐渐退出传播市场，那么媒介社区也就很可能因此衰落，甚至消失。以报纸为例，报纸的读者联谊会，一般会在一年举办一次，热心读者的选拔一般由报社决定，在平时的联系中，报社一般会在报纸上开设一定的栏目，来刊登读者对于报纸的意见和建议，以及读者根据报社的征文要求，投发相应的稿件，在读者联谊会这个媒介社

---

① 天涯社区是国内最著名的人文社区网站之一，目前注册用户数超过2000万户，日常在线人数超过20万人，日访问量近1个亿，在 Alexa 网站排名中居前200位。天涯社区是一个诉说情感、交流思想的全球华人的精神家园，经过近10年的沉淀和发展，已由最初的3个论坛发展成为拥有300多个版的大型网络社区，目前正在进行 SNS 的商业化转型。

区中，成员之间的互动除了面对面的互动之外，另外一个最为重要的渠道就是通过形成媒介本身的传播渠道来与其他热心读者进行沟通，形成媒介与沟通媒介在一定程度上出现了重合。这种模式的缺点是，由于受到报纸版面的限制以及面对面沟通的经费限制，这些互动的人数和次数都相对有限，形成的媒介社区规模有限，成员与成员之间的联系不够紧密。其优点在于，报纸媒介是大众媒介，普通读者数量众多，一旦普通读者被推选为读者联谊会的成员，那么对读者本身是一个巨大的认同，该读者因此对报纸会更加忠诚、更加认同和更加参与，读者与报社的情感认同和文化依附会更加深化。

在另外一些新型的媒介社区中，形成媒介的报道内容与媒介社区的沟通主题高度相同，而形成媒介的传播渠道与媒介社区的沟通渠道相对重合较小，这种情况下，媒介社区的自治程度比较高，成员之间的同质化程度也比较高，媒介社区日益成为一个自组织群体。在一些门户网站的论坛或者专门论坛网站的分区主题栏中，只要这些网站空间不是由形成媒介提供的，那么这些论坛中关于媒介节目或栏目甚至整个媒体的主题就属于这种低重合度的媒体社区。以电视节目为例，在天涯社区里，娱乐影音频道下有一个叫"超级秀场"论坛分区，在这个分区下，又按照具体的节目分为"加油！好男儿"、"我型我秀"、"快乐男声"、"超级女声"、"快活武林"等几个主题页，这些主题页都是关于当前我国各卫星电视频道的选秀节目，如果说围绕这些某个确定节目的论坛所聚合的人群是一个媒介社区的话，那么这个媒介社区的形成媒介就是传播这个节目的卫星电视频道，说得更具体一点就是该电视节目。在这个论坛分区中，没有视频链接的功能，也就是说，该媒介社区与形成媒介的传播渠道几乎完全没有重合，截至 2009 年 3 月 7 日 13 时，这个分区论坛共有主帖 128735 个，各类跟帖 12709187 个，其中绝大多数帖子是关于选秀活动及选秀艺人的谈论。① 考虑到对媒介社区的价值判断，这些帖子中，对节目本身进行评价的很少，对媒介社区的价值判断总体上呈现中性。② 这说明该社区并没有明显地偏袒节目和选手的现象，人们

---

① 天涯社区：《超级秀场》(http：//www. tianya. cn/new/Publicforum/ArticlesList. asp? strItem = funstribe&idWriter = 0&Part = 0&Key = 0)。

② 这里的中性是指该帖中既有正面的评价，也有负面的评价，结果整体影响持平。

谈论节目纯粹是因为爱好这类节目，并没有受到该节目的主管控制，人们的言行也比较率真，媒体社区整体上呈现自组织状态。

3. 形成媒介对社区的作用与影响

形成媒介是大众化的媒介，其成熟的新闻报道方式，稳定的社会影响，广泛的传播范围，在社会大众心目中起到了一种文化导向的作用，或者说在众多异质化的大众中撒下了同一兴趣和爱好的种子，一旦这些种子发芽，就会在社会中互相吸引，最终形成一个稳定的社会精神共同体。作为大众媒介的形成媒介首先在社区的形成过程中起到了一种引导和催化的作用。形成媒介的引导和催化作用最终可以归结为媒介内容的报道，这些内容会成为媒介社区谈论和评价的中心，特别是对一些细分化的媒介主题，情况更是如此。

对于业已形成的社区，形成媒介的首要作用是提供媒介社区讨论的主题。根据马克思主义哲学，人的意识不是凭空产生的，他是社会实践的产物，物质的反映。思想是意识的一种，显然也是一定社会的反映，由于现代社会，人们亲身实践的有限性，许多经验、意识和思想都是来自传媒的报道，来自于媒介报道所形成的"拟态环境"。因此，可以说，现今人们谈论的话题，表达的思想许多都是媒介的反映。1968 年，美国传播学者马克斯维尔·麦考姆斯和唐纳德·肖率先提出"议题设置功能"理论假设，并采用定量方法加以验证，成功地开创了传播效果研究领域的崭新境界。这一理论认为：它在告诉人们怎样想的大部分时间里都可能是不成功的，但是在告诉它的读者想什么上是非常成功的。[①]因此，当大众传播媒介大量、集中报道某个问题或事件时，受众也就会关注、谈论这些问题或事件。处于媒介社区的人们，在进行沟通和交流的时候，其意识和思想很多都是从媒体报道中来，但是我们也应该看到，这种"拟态环境"是全体媒介的共同作用，而不是某一种媒介的单独作用。在媒介细分化和传播小众化的网络信息时代，某种媒体会成为一些特定群体的主要信息、思想和话题来源，比如足球报道对于青少年足球爱好者群体。这样特定分众化的媒体报道，会成为对应媒介社区的持续性的讨论话题，是维系媒介社区的信息内容中心。

---

① ［美］詹宁斯·布莱恩特、苏珊·汤普森：《传播效果概论》，陆剑南等译，中国传媒大学出版社 2006 年版，第 126 页。

其次是提供舆论影响。作为大众媒介的形成媒介，一般而言，具有广泛的社会功能。政治学家、传播学的先驱哈罗德·拉斯维尔在一篇精辟的文章中指出传播有三个社会功能：（1）环境监视。（2）使社会各个不同部分相关联以适应环境。（3）使社会遗产代代相传。[①] 现代传播学者，对于大众传播的功能作了进一步的阐发，刘军茹认为，现代大众媒介具有报道新闻、舆论导向、提供娱乐和服务大众等四大功能。[②] 进行舆论引导是大众传播的一个重要功能，也是大众媒介在大范围、广泛传递信息过程中的一种派生功能。但是，正是这种派生功能对人们对事件的看法产生了一种微妙的影响，反过来影响媒体的进一步报道，如此形成了一种循环。形成媒介通过对一些事件的报道和评论，甚至是对媒介社区本身进行报道和评论，将在一定程度上影响媒介社区中话题谈论的"风向"，影响媒介社区的社会群体的稳定和发展。浙江《金华日报》曾经在该报纸开辟专门的栏目，对其所在的网络虚拟社区进行推介和评价，结果在很大程度上引起人们对这些媒介社区的特别关注，被报道的媒介社区成员也在本社区中增加了对报道的讨论，所有这些使得原媒介社区发生了一种大众媒介所期望的方向转变，大众媒介实现了对媒介社区舆论导向的影响。

再次是提供渠道影响。在网络信息时代，媒介的传播早已从传者时代过渡到了受众时代，注重受众的反馈和参与是媒介获得受众认同并提高传播效果的一个有效途径。一些媒介纷纷利用各种途径，来吸引受众提供反馈和参与。以中央电视台的电视节目《梦想中国》为例，该节目是一场全国范围内的平民选秀，不设门槛，只要心怀音乐梦想都可参加。歌曲基本都是流行歌曲，或者用流行方式来演绎。流行歌曲这种通俗形式最容易获得共鸣，它将情感不经加工和节制直接宣泄，本身是大众文化中非常重要的代表符号，流行歌曲在欣赏的时候"即是交流"也是拿自己的趣味和别人在沟通，极易调动观众情绪，享受"听"的乐趣。加上中央电视台豪华的演播大厅，选手精心准备的化妆、服装和表演，还有李咏事先设计好的各种噱头使《梦想中国》的比赛成了一

① ［美］威尔伯·施拉姆、威廉·波特：《传播学概论》，陈亮等译，新华出版社1984年版，第31页。

② 刘军茹：《现代大众传媒的三重属性》，《传媒》2007年第6期。

场娱乐秀，一场视听大宴。① 该节目为了扩大影响，往往通过各种途径来进行宣传，这些途径包括节目本身的播出，报纸、广播的报道宣传，以及该节目在网站开设的论坛。节目制作者会充分利用网站论坛这种形式来拓展宣传效果，也会利用媒介社区的信息来调整和改进节目。在这个互动过程中，形成媒介还会常常利用自身的媒介传播渠道来为媒介社区提供更多的沟通渠道，比如通过节目中的电话、短信、网络论坛与热心观众互动，通过其他媒介的传播来推介媒介社区和节目。大量的社区成员通过互动，对节目的运作过程和内容更加熟悉，也更加专注；这反过来增加了社区成员对社区的认同感、归属感和依附感。

最后是提供文化影响。形成媒介是大众媒介的一个部分，具有强大的文化营造作用。大众传播与消费文化就像一对孪生兄弟，时常结伴出现。一些新的生活方式，一些流行的时尚，无不是经过大众媒介的传播和放大才得以推广与流行。媒介社区是社会精神共同体，文化的认同和维系是社区得以存在和发展的基础。形成媒介从提供信息内容开始，通过提供沟通渠道和舆论导向，加强了社区与形成媒介的进一步联系，内容和舆论导向的沉淀最后形成了一种文化，这种文化成为媒介社区精神的一部分甚至全部。

4. 形成媒介的发展与演变

几乎每一种大众媒介都可能成为媒介社区的形成媒介，因此从某种意义上说，形成媒介的发展演变就表现为大众媒介的发展演变。对于媒介的未来形态，不同的学者提出了不同的看法。保罗·利文森认为，所有媒介终将变得越来越人性化，他们处理信息的方式越发像人一样自然，且优于已有的任何媒介。罗杰·菲德勒提出媒介形态演变的关键性原则是共同演进、会集和复杂性，而语言的变化推动了第三次媒介形态变化，同时指出媒介整合现有生活基础，就是在现实生活中人们习惯性将多种媒介形式进行混合交叉使用。熊澄宇认为，人际传播是媒体的自然属性，大众传媒非物质的变化主要体现在人人都有发布的愿望，个个都希望有选择的需求，这种变化体现的是交互，是用户主导，从大众传播到分众传播是社会的进步，也是媒体功能发展的必然趋势。尽管不同的专家表述不尽相同，但是大多数传播学者都认为，媒介的发展必然朝

---

① 齐蔚霞：《从电视媒介特质解析〈梦想中国〉》，《当代传播》2006 年第 6 期。

向数字化、人性化、智能化、全息化方向发展。①

　　媒介的发展演变，必然带来形成媒介的发展演变，结果导致媒介社区和社会的发展演变。媒介社区和社会的发展演变反过来进一步推动媒介的发展演变，与此形成一种循环发展。首先，是不同媒介之间的发展与融合，使得媒介之间的差异减少，使得媒介社区从形成媒介视角的差异减少。在当下的网络信息时代，所有传统媒介都相继触网，媒介的数字化、网络化、多媒体化是当下的媒介融合的重要表现形式。电子报、电子杂志、网络电视、手机电视等所谓新媒体在传播符号的使用方面已经没有多少差别，加上传播界面的相似性，媒介从传播符号和传播形式方面的同质化，将给分众化传播的实现带来一种现实的困难，受众对媒介报道内容的要求上升到一个更高的层次。其次，由于媒介传播的多渠道，不可避免地导致同一事件和同一主题的多文本化，这些多文本必然导致受众理解的多样化。这样，同一媒介的单一文本对社区的影响就会相对减弱，媒介社区本身对文本解码的重要性就会提升，或者说媒介社区对最终文本的意义生成所占的权重得到了显著提升。最后，随着媒介的发展，特别是其中媒介的全息化，也就是现在所说的多媒体和富媒体的一种最高发展形态，一旦真正形成了全息传播，那么首先是不同媒介的差异将不复存在，传播环境与现实环境的界限将变得模糊，媒介世界和现实世界的分野也就不那么明显。由此，由全息媒介形成的虚拟社区至少在感觉方面与现实社区的差异减少到最小。

　　中国互联网协会理事长、中科院院士胡启恒指出：博客无法取代专业记者，因为博客毕竟没有经过专业训练。② 资深记者黄剑雄认为：不论报业如何演变，对于专业记者的需求不会减少。虽然任何人都能成为博客的主人，但能将真实情况传达给读者，同时扮演第四权角色的人，却只有专业记者。③ 正如学者与业界精英所预测的那样，无论未来媒介如何发展，作为专业媒介组织的大众媒介和作为专业媒介传播者的记者仍然会存在，这些组织和个人所运转的媒介和媒介内容将仍然具有成为媒介社区形成媒介的条件，也就是说，在未来的数字化网络全息传播时

① 陆小华：《中国传媒发展十大趋势》，《新闻记者》2001 年第 11 期。
② 吴兴人：《新媒体不是纸媒体的掘墓 "人"》，《新闻记者》2007 年第 2 期。
③ 葛健生：《科技兴　报业变　黄剑雄：专业记者不会少》，《世界日报》2008 年 12 月 10 日。

代，作为媒介社区"第一推动"的形成仍然存在，但是形成媒介的传者主导作用会越来越小，媒介社区日益成为一种自组织、自媒体群体，形成媒介的显性作用将越来越弱，形成媒介在媒介社区中的痕迹会越来越少、越来越淡，相对应的是，沟通媒介的作用却越来越大。

（二）构建"关系网络"的沟通媒体

从广义来说，群体成员之间的沟通形式各种各样，媒介也种类繁多。对于媒介社区而言，不同"形成媒介"形成的社区，社区成员之间的主要沟通媒介可能会有所不同。这种主要的沟通媒介就是媒介社区的"沟通媒介"。比如中世纪的"读者俱乐部"，其主要沟通方式就是面对面的沟通方式，而面对面沟通方式主要是使用人自身的口头语言、面部表情以及体态语言来进行交流，因此我们把这种媒介社区的沟通媒介称为"身体媒介"。

所谓"沟通媒介"，主要是指媒介社区成员之间信息传播和情感交流所使用的主要传播媒介或者传输平台。需要说明的是，"沟通媒介"并不是媒介社区的唯一沟通媒介，而只是一种占优势的媒介平台，在媒介社区中还可能有一种或多种其他媒介或者传播平台。在一个媒介社区中，"沟通媒介"也并不是一成不变的，随着传播技术的发展、传播媒介形态的演变，同一媒介社区的"形成媒介"、"沟通媒介"的形态都会发生演变，其中"沟通媒介"还可能发生截然不同的变迁，即从一种媒介形态直接过渡到另一种媒介形态。比如"f2f"的读者俱乐部由于大部分成员现实生活区域的变化，将原来主要的面对面沟通方式逐步改为网络沟通方式，那么其"沟通媒介"就从"身体媒介"转变为"网络媒介"。

在媒介社区的形成和发展过程中，形成媒介主要起"第一推动"的作用，在网络信息时代，信息的爆炸使得形成媒介的作用越来越弱，而沟通媒介的作用却越来越强大。媒介社区是信息生活共同体，是一群基于共同兴趣和爱好的一个自组织群体。所谓群体，亦称"社会群体"、"团体"，是指为了达到共同的目标，人们通过一定的社会互动或关系而结合起来共同活动的聚合体。群体的一般特征为：（1）有共同的目标与利益。（2）有持续的互动。（3）有信息、情感的扩散。[1] 大众媒介

---

① 张海鹰、唐钧：《社会保障辞典》，经济管理出版社1993年版。

的传播，使众多的信息接收者成为互不相知的"大众"，在沟通媒介的
作用下，形成媒介作用下的人群经过互动，在信息和情感的相互作用下
建立了各种不同的关系，这些关系最终构成一个复杂的网络，媒介社区
因此形成。不同的媒介社区里，由于沟通媒介的传播符号、传播方式和
互动模式的不同，导致了媒介社区的结构和功能的不同。

1. 沟通媒体的类型与结构

"符号是人类传播活动的要素。声音、语言、文字、图画、手势、
姿态、表情等都是符号。符号在发出以后就离开传播的双方而独立存
在。符号在甲方代表某一含义，在为乙方收到时，在乙方脑中也会代表
这个含义。"① 根据传播符号的不同，沟通媒介可以分为书面语言（文
字）、口头语言（人声）、静态图像（图片与图像）和活动影像（各类
视频）四种基本类型。

文字是大众传播媒介最早使用的一种传播符号，在网络信息时代，
依然是媒介社区沟通的主要符号形式。与大众传播相反，对于符号的使
用或者受众的接受难易程度而言，在媒介社区中的传播，特别是受众成
员彼此之间的互动交流，文字符号相对声音符号和图像符号而言，其使
用简便，门槛相对较低。在信息传递方面，文字相对声音和图像而言，
更加清晰和准确。

对于这些文字符号的传播载体，可以分为两类：第一类是传统书面
文字，比如传统信件、纸质和电子书籍、报刊；第二类是网络口语文
字，比如网络信件、BBS 的帖子和聊天室的文字会话界面等。其中，第
一类的传统书面文字主要用于比较正式的场合，传统书面文字可以分别
作为大众传播和人际传播的工具，主要分别承担通告和确认的功能。例
如，某媒介社区创办有自己的报刊，这些报刊一般采用正式的书面文
字，具有类似大众传播的作用，通过报刊的群发模式告知媒介社区群体
里的所有成员。网络口头语言，其实是口语的一种文字化表现，这里我
们可以通过分析这类语言的具体运用环境和运用模式就知道了。在 BBS
的帖子中，使用的文字其实是讨论区的不同成员之间发言的文字记录；
而在聊天室中的会话窗口中，文字更是直接的口语转换。这些互动和交

---

① ［美］威尔伯·施拉姆、威廉·波特：《传播学概论》，陈亮等译，新华出版社 1984 年
版，第 3 页。

流环境，使得文字具有明显的口语化特征。2006 年，在 BBS 当中光"哦"就出现了 20 多万次。① 但是，这些电子口头文字毕竟不是原生态的口头语言。这些口头语言在转化为文字时，通常会做如下调整：首先，一些俚语和俗语不能用文字表示的只能采用替代的具有近似语意和情感的文字替代，比如"牛逼"等；其次，一些不便于用文字直接说明的可以用一些近似的文字或者符号表示，比如"做爱"用"ML"、"意淫"用"YY"等；再次，一些不便于用文字表达的情绪和情感可以使用简单的图形或图像符号，比如表示高兴的"：—）"、表示赞赏的各种表情符号。因此，电子口语文字一方面具有口语特别是青年人口语特征，另一方面又不可避免地带有书面语的特征，最终使得电子口语具有不同于书面语和口头语的综合特征，成为一种独特的文字表意形态。

在当今媒介社区中，占优势比重的媒介社区是网络社区，而使用网络社区的主要是青少年，青少年的网络亚文化通过网络社区得到了彰显，反过来影响了成人文化以及整个社会的主流文化。网络俚语和网络符号等网络语言在传统社区和传统媒介中的使用和流行，从一个侧面说明了这一问题。

口头语言（人声）是利用人体的发声器官发出声音的一种传播符号，是人的思想的一种直接外化，可以不通过中介进行传播，借助中介，可以使声音传得更远或者保存得更加长久。声音由于包括响度、音调和音色三种要素，因此声音不仅可以传递信息、表达情感，而且还能够成为辨认个体成员的一种特征。② 根据是否采用中介以及沟通的环境，口头语言可以分为现实世界的面对面口语和虚拟世界中的音频口语两种基本类型。在面对面沟通过程中，人们不仅通过声音进行交流，在交流过程的面部表情和体态等都传递了一定的信息和情感，因此面对面的口头语言在某种程度上是一种视听语言。相比单一的口头语言，视听语言包含的语意更加准确、更加完整，情感也更加丰富。在虚拟世界中，口头语言需要经过话筒、扬声器等中介进行传

---

① 佚名：《网络语言口语化 BBS 中"哦"一年出现 20 万次》，《中国新闻网》2007 年 8 月 16 日（http://www.chinanews.com/edu/kong/news/2007/08-16/1003469.shtml）。

② 顾文德：《漫谈声音的三要素》，《物理教学探讨》2005 年第 2 期。

递，不仅人的音色、音高和音长等元素受到了调制，与原来自然的口语相比有程度不同的改变，① 而且由于不是面对面，对话的背景缺失，使原生态的口语信息场受到了很大的削弱。不过，却正式由于对话背景的缺失，这种身体缺失导致了信息交流的开放和自由。

相比文字的理性沟通，口头语言更加具有情感效果，一般在 ICQ 和 IRC 沟通媒介中，只有沟通双方首先通过文字沟通，建立了一些基本的相互了解之后，才会进行音频交流，具体操作一般是通过互加对方为好友的方式来进行的。这说明在一般情况下，口头语言相比文字而言是一种更加亲近的沟通符号。

一般情况下，静态图像或静态影像不是一种独立的传播符号，常常需要借助其他文字和活动影像等符号来完成传情达意的任务，或者本身作为一种信息和情感的补充，作为上述两种符号为主所构成的文本的附加补充符号。静态图像符号根据符号的表意特点，依然可以分为相似符号（icon）、标引符号（index）、象征符号（symbol）这三种。② 在网络媒介社区中，这三种类型的图像具体表现为表情符号、图片和标志符号。其中表情符号，是在文字沟通方式中使用最为频繁的一种图像符号，在几乎每一个会话过程中，都会使用表情符号。这些表情符号确切地说是用以表达情绪的键盘字符，如 ":）" 代表微笑，":（" 代表 "皱眉"（不悦），":O" 代表 "窘迫"（烦恼），":D" 代表 "大笑"，";）" 代表 "眨眼"。③ 表情符号的频繁使用，从一个侧面表明媒介社区是一个精神共同体，情感分享和情感依附是媒介社区存在的一个基本条件。图像和照片相比单纯的文字而言，传递的信息更加具体、准确，也更加丰富，所谓一图胜千言嘛。

活动影像（各类视频）其实是一种综合符号形式，因为一般活动视频都包含有声音，是一种典型的视听语言形式。从沟通模式来看，活动视频的人际交流，是一种最接近面对面的沟通方式，因此相对单纯的文字和音频交流来说，活动视频也是一种背景信息最丰富、最接近原生态

---

① 我们在日常生活中接听电话就能感受到这一点，并且相对而言，目前网络音频的保真度要普遍低于电话的保真度。

② 卢德平：《论符号的分类问题——皮尔斯研究札记》，《解放军外国语学院学报》2002年第4期。

③ 孟伟：《网络传播中语言符号的变异》，《现代传播》2002年第4期。

信息场的一种交流方式。

根据活动影像的形成、制作方式，可以将活动影响分为现场同步生成或非现场异步生成两种。现场同步生成包括电视媒体的所谓现场直播和网络媒体的个人视频沟通两种类型。现场同步生成的影像一方面可以保证沟通的时效，另一方面由于现场生成，制作者较少地对影像进行选择性处理，影像的客观性较强。当然，其时间和物质成本也相对较低，是一般媒介社区中最为经常使用的一种活动影像。非现场异步生成的活动影像，在影像所涉及的事件发生时间和影像传播时间之间有一个较长的时间迟延，在这个迟延时间里，影像传播者可以有较长的时间对原始影像进行选择和再创作，因此影像的主观性相对较强，其影像叙述的效率也较强，说得通俗一点，就是影像的节奏和结构更加合理，影像本身更加吸引人。这好比文章的初稿和修改稿一样，尽管初稿可能文字比较粗糙，但是更多地保留了作者的本真；修改稿虽然文字比较精细，整体文采更加华丽，但是语言的原汁原味却损失不少。无论是在现实媒介社区还是在虚拟媒介社区，活动影像对参与者的门槛是最高的，这不仅反映在成本上，也在一定程度上反映在语言的掌握难度上。尽管随着数字化 DV 和网络视频摄像头的普及，普通民众使用影像的人越来越多，但是毋庸置疑，相比使用文字和口语而言，活动影像的使用还有很大的差距。另外，由于活动影像更多地传递了背景信息，对沟通主体的身份和隐私就有更多的传递，对于倾向于"匿名"沟通的虚拟社区而言，这样一来传播符号的使用本身就受到了一定的制约。

在自然界中，种群的丰度与生态群落的稳定性是呈正比的，同样，在媒介社区中，传播符号、传播方式、互动模式等沟通媒介的多样性在一定程度上决定了媒介社区的稳定性和发展态势。因此，可以预见，未来媒介社区中沟通媒介的种类和形态将会越来越丰富，媒介的结构将会是多符号、多媒介、多沟通方式的融合结构。

2. 沟通媒介对媒介社区的影响

美国哲学家、社会学家杜威（John Dewey）1916 年在《民主主义与教育》一书中用一句简单但又发人深省的话评说传播："社会不仅通过传播而存在，而且我们可以正当地说社会存在于传播之中。"① 媒介与

---

① ［美］杜威：《民主主义与教育》，王承绪译，人民教育出版社 1990 年版，第 4 页。

社区的关系非常密切，沟通媒介的状况将在很大程度上影响媒介社区的稳定与发展。在具体的媒介社区中，沟通媒介往往融合了上述四种基本传播符号的一种或几种形式。无论是身体媒介还是网络媒介、手机媒介，都结合了不同的符号类型。所不同的是，在不同的媒介社区中，不仅使用的媒介种类不同，而且具体的媒介种类所包含的传播符号的结构也不尽相同，这些不同在一定程度上决定了媒介社区的沟通模式和交流效果，也在一定程度上影响了媒介社区的生存和发展。

首先是沟通媒介影响社区的凝聚力和稳定性。影响媒介社区的凝聚力和稳定性的因素很多，其中沟通媒介的种类和结构是一个重要的因素。传统的以"家庭"为主要活动空间的读者俱乐部越来越少，一方面由于现代人的生活节奏加快，俱乐部成员的共同空余时间越来越少，另一方面就在于单一的面对面沟通方式限制了人们交流的时空，使社区成员沟通和交流的时间减少，联系越来越弱，最终可能认同感难以维持，媒介社区趋向解体。现在，在以网络媒介为主要沟通平台的媒介社区中，媒介种类极为丰富、互动方式灵活，满足了不同社区成员不同的沟通交流需要，每个人都可以根据自己的时间、爱好选择自己认为适合的方式与人交流，交流的频道和深度不仅有了保证，而且随着时间的推移，认同感不断加强，媒介社区的凝聚力和稳定性不断提升。比如上文所说的淘宝网就是"高丰度"的沟通媒介平台，BBS论坛、博客和即时通讯"淘宝旺旺"集合在一起之时，用户不仅能在网络上讨论各种商品，畅谈对商品和服务的消费体验，还能即时与自己感兴趣帖子的发布者在线交谈，实现了"1对多"、"1对1"、"多对1"以及同步和异步等多种沟通模式的融合，使社区的吸引力越来越强。

其次，沟通媒介影响着媒介社区的文化形成与价值倾向。按中国文字的古意来理解，"文"即文身之"纹"，就是在某物上做上记号，曰之"刻纹"、"画纹"。"文"是一个动作，使自然界打上人的印记，从而成为"文化物"。① 无论是"文"还是"印记"，都是一种符号，而"刻纹"和"画纹"则是一种传播。因此，文化的形成离不开传播，传播从信息内容和传播方式两个方面影响着文化的形成与价值倾向。在网络虚拟社区中，形成媒介和沟通媒介日益网络化，社区的共同兴趣和爱

---

① 陈新汉：《在文化的构建中弘扬人文精神》，《上海财经大学学报》2004年第4期。

好在很大程度上取决于网络沟通媒介提供的主题，这样沟通媒介的主题内容以及这些不同主题内容的层级结构和呈现方式就会在很大程度上影响文化认同的形成。同样是网络论坛社区，技术型网站、交易类网站以及交际类网站由于各自传播的内容不同，其最后的文化倾向就有明显的区分。信息的传播是"1 对多"、"1 对 1"、"多对 1"还是"多对多"模式，是同步互动还是异步互动，以及媒介管理者对媒介的管理和控制的程度不同，也将影响媒介社区的文化形成与价值取向。

当前，聚合人数最多，人气最旺的媒介社区当属专业社区网站上的虚拟社区了，在这些网络社区中，往往不仅有丰富的媒介内容、足够的交流和互动的"空间"，更有多样化的沟通媒介和多样化的传播方式和互动模式。众多的异质人群频繁光顾这些网站，在多样化沟通媒介的作用下，不断"凝结"出同质化的社区成员，社区的成员数量和稳定性也随之不断上升，沟通媒介的地位和作用日益凸显。

总之，在媒介社区中，沟通媒介是联系不同成员之间的桥梁与纽带，沟通媒介的便捷和多元，将给社区的沟通与交流提供多样化、立体、全方位的选择，这将有利于媒介社区的稳定与发展。在当下社会中，沟通媒介或者社会"空间"不仅为社区成员提供沟通和交流的平台和场所，而且在全球市场化、商业化的浪潮中，这些媒介和"空间"会在一定程度上沦为商业宣传和商业营销的阵地，过度的商业化宣传和开发，无疑将在一定程度上损害媒介社区的凝聚力和稳定性，当下的一些媒介社区特别是网络媒介社区在引入广告和商业宣传后媒介社区的稳定性下降，一些社区甚至走向萎缩就有力地说明了这一点。那么，如何既保证一定沟通媒介的建立和运转，又不影响社区的文化认同和社区稳定性，是社区管理者需要认真考虑的问题。有人说，"网络的将来是社区"，还有人说，"未来的营销在社区"，不管这些说法是否有道理，但是至少表明媒介社区在某种程度上是商业营销的良好场所，那么要避免商业营销过度对媒介社区的影响，可以有两种途径或方法：第一，就像现在的电视媒体一样，要不播广告和少播广告，就不能让电视媒体商业化，而是采用公营的形式，即由政府出资，让电视媒体成为一个公立的电视台。同样，政府可以拿出公共财政，建立一些沟通媒介，比如读者俱乐部的活动场所、活动经费，网络社区的网络资源等。第二，商业单位变推销型营销为服务型营销模式，让媒介社区的商业营销成为社区功能的一个有机组成部分，这样其对社区文化和社区稳定性的不利影响就能降到最低。

二　媒介社区的成员

媒介社区是在媒介场的作用下，一定规模的成员基于共同的兴趣和爱好逐步聚合成的一个信息生活共同体。社区成员是媒介社区的主体，是社区的第一构成要素。没有一定数量和同质性的人群，就没有社区成员的行动与群体构成，也就不可能形成社区。所谓媒介社区的成员，就是指在这个媒介社区中生活的每一个人，每一个"居民"。他们或是因为这个社区提供的便利服务选择在这个社区生活，或是因为同样的兴趣爱好而聚集在一起，居民之间相互沟通，相互关联，并产生影响。以亚马逊为例，每一个读者对每一本书的评价都可能影响到其他社区成员在购书时的选择。社区成员的结构以及不同成员各自的作用和影响，在很大程度上决定了社区的文化认同和群体凝聚力。

（一）媒介管理者："公民社会"的"特权者"

从广义来讲，媒介管理者包括形成媒介和沟通媒介的管理者。但是由于一些媒介社区在后续发展过程中没有显性的形成媒介，形成媒介并不是媒介社区的必要因素。沟通媒介是媒介社区不可缺少的要素，任何媒介社区都需要沟通媒介，因此任何媒介社区都有沟通媒介的管理者。因此，在本书中，媒介社区的管理者是指沟通媒介的管理者。不同的媒介社区，具有不同的沟通媒介，其对应的媒介管理人员的类型和结构就不一样。如果是印刷时代的读者俱乐部，那么媒介管理者是作家以及出版社工作人员。如果是网络信息时代的虚拟网络论坛，那么媒介的管理者则是所谓的"版主"。

媒介管理者是沟通媒介的建设者和维护者。社区成员、媒介沟通平台、共同的文化体系是媒介社区三个不可缺少的要素，没有沟通媒介就不可能形成媒介社区。无论是在现实进行面对面的互动交流，还是在网络进行聊天发阅帖，都需要一个媒介沟通平台和相应的"空间"。其中，前者的沟通媒介是身体平台，"空间"是现实的空间，而后者的沟通媒介是"网络"以及"赛博空间"。在现实面对面沟通模式中，由于没有外在的媒介，因此媒介管理者主要就是沟通空间的提供者。在网络沟通模式下，媒体管理者则是网站的所有者或者租用者，以及这些人的代理人，比如 BBS 论坛的版主。以 BBS 的版主为例，他必须首先向网站申请一定的网络空间，在此基础上搭建一个 BBS 的论坛框架，并初步确定论坛的主题、规则以及最初的帖子。此后在媒介社区的形成和发展过程中，他要不断地组织调整主题、规则和帖子的位置以及定期发布公告，推进媒介社区的群体交流和社区规则的制定与执行，这些都是媒介社区在形成和发展过程中不可缺少的。

媒介管理者是社区行动的鼓动者。社区行动既包括信息的沟通和互动，也包括一些实质的社会活动。只有不断地开展社会活动，才能使媒介社区充满生机和活力。与现实地理社区相比，媒介社区是一个相对开放的系统。媒介管理者通过多种途径和方法鼓励、鼓动社区成员参与社区的各种活动，语言交流，集体活动，同时坚持"百花齐放、百家争鸣"的方针，使得系统要素间的开放成为可能。此外，社区成员思想上的开放性以及各自地域来源不同的差异性也使得媒介社区开放得更为充分、更为深刻。奥地利著名物理学家薛定谔在讨论生命有机体如何避免衰退时指出，"要活着，唯一的办法就是从环境里不断地汲取负熵"，"有机体就是靠负熵为生的"。① 对于媒介社区而言，通过成员"从环境中抽取'序'来维持组织"，即向系统引入负熵流 des，极大程度地克服、消解了虚拟社区本身的熵增 dis，使得虚拟社区能够保持低熵水平，从而维持稳定并充满生机和活力，盈实存在的价值与旨趣。这里所谓的熵增，主要表现为：话题陈旧、雷同、反复的"对称性恢复"表现，讨论话题的单调、枯燥、无厘头，讨论内容的思想性匮乏，等等。② 所有这些，都需要媒介管理者加以积极的鼓励和促进。

媒介管理者是社区文化的引导者。媒介社区的第三个促进因素是共同的文化价值体系。如果说媒介社区具有一定的空间意义，那么媒介社区就是人类社会文化的空间状态，是人类生活方式的特定表现，是一种空间的文化。文化就像空气一样，弥散在社区的各个角落。社区是文化的土壤，社区结构的形成受制于文化，文化的孕育与传承又存在于社区的社会活动和生活工作之中。社区文化是社区生命的活力，可以巩固社

① ［奥］埃尔温·薛定谔：《生命是什么》，罗来鸥等译，湖南科学技术出版社 2003 年版，第 70—72 页。

② 武艳君、刘丽晶：《论虚拟社区的自组织现象》，《系统科学学报》2007 年第 1 期。

区的团结统一，形成和谐一致的社区人格。虽然社区文化是媒介社区成员在长期互动过程中共同形成的，但是由于媒介管理者在这一过程中具有重要的作用，因此在一定意义上是社区文化的引导者。首先，媒介管理者是媒介社区主题的原始确定者，而社区主题在一定程度上决定了社区文化的发展导向；其次，在媒介社区互动过程中，一般媒介管理者拥有大众传播的手段，而且对于帖子等信息传播方式具有重大的推荐权和否决权，在一定程度上影响了社区舆论的方向，而社区舆论对于文化的形成和发展起着重要的作用；最后，媒介管理者本身由于是积极的社区活动参与者，其本身一定程度上成为媒介社区的意见领袖，他们的见解和价值观在一定程度上影响着社区文化的形成与发展。

正因为媒介管理者具有这么多的"特权"，所以有责任心和积极性的媒介管理者（比如论坛版主）对于媒介社区（比如网络论坛）的发展具有很大的促进作用，相反，没有责任心和缺乏积极性的媒介管理者则对媒介社区的发展具有很大的消极作用。

（二）社区精英：媒介社区的"言论代表"

在媒介社区里，有一些社区成员比较活跃，经常参加社区的活动，积极参与讨论和交流，其发表的观点和看法往往比较新颖或比较深刻，对其他成员富有启发意义，逐渐地，这些社区成员在媒介社区中树立了自己的声誉和威望。于是，在社区互动中，他们的出现或发言往往会引起大多数其他社区成员的关注，有时他们的观点和看法甚至能够成为社区谈论的"风向标"，影响着社区舆论和文化的发展。这些人实际上已经成为媒介社区的核心人物，媒介社区的精神领袖。

社区精英是社区的"意见领袖"。"意见领袖"是传播学的经典概念之一，来源于二级传播理论。保罗·拉扎斯费尔德和他在哥伦比亚大学的几位同事在俄亥俄州伊利县进行的有关总统选举的调查表明：人们生活的每一个领域都有不同的意见领袖，大众传播的信息往往是先被这些意见领袖所接受，然后通过人际传播途径转给追随者。① 与媒介管理者相比，作为"意见领袖"的社区精英，其影响力并不是身份或职务直接赋予的，而是通过高质量、多数量的信息传播与人际互动逐步积累

---

① ［美］威尔伯·施拉姆、威廉·波特：《传播学概论》，陈亮等译，新华出版社1984年版，第130页。

起来的。

社区精英不是天然就有的，其形成需要有一个较长的时间，但是潜在的社区精英，天然地具有成为社区精英的禀赋："主题"专业、思维敏捷、消息灵通、参与积极。这些特点，决定他们经常是话题的发起者，是各种论坛的积极"发帖"人，社区的讨论和互动由此展开。长此以往，这些活跃的社区成员就成为媒介社区的精神领袖。

社区精英是社区的"资深评论员"。社区精英不仅经常发起话题，而且还经常参与讨论，"跟帖"发表自己的看法与意见。在一个话题的讨论过程中，或者一个群体集会的过程中，他们往往多次发表评论，由于他们在社区"主题"方面有较深入的看法和认识，因此他们的评论富有哲理，有说服力，一般比较容易让其他成员接受。经过较长时间的磨合与检验，他们逐渐在社区中树立了较高威望，他们的观点和评论往往成为其他成员在讨论中经常引用和借鉴的对象，在一些意见有分歧的讨论过程中，社区成员往往期待甚至要求社区精英表态，他们的表态在一定程度上就决定了讨论发展的方向。这样一来，事实上社区精英已经成为媒介社区的"资深评论员"。

社区精英是社区的"无冕法官"。媒介社区是一个社会共同体，关于社区的主题、规则、文化和其他活动往往需要一定的组织和管理，尽管从整体上说，这些事物是全体社区成员共同决定的，但是在实际的运作来看，媒介管理者和社区精英们起了很大的作用。在一些有争议或出现意见分歧的场合下，一般媒介管理者为了保持自己的客观中立形象，一般不直接发言表态，这时候社区精英的"平民"身份，就可以充分利用自身的影响力，对事件进行充分的分析论证，在此基础上发表看法，往往能够获得社区内大多数成员的认可与赞同，从而最终带动社区成员做出倾向于社区精英判断的裁决。如果说媒介社区是一个自组织群体，那么社区精英就是媒介社区的"无冕法官"。

在某种意义上说，社区精英是社区的文化灵魂，缺少社区精英的媒介社区是一个没有灵魂的社区，一个没有灵魂的社区充其量只有社区的物质结构而没有成形的"文化体系"。这样的社区就会因此缺少凝聚力和稳定性，其发展会遇到障碍甚至开始萎缩以致最终消失。

尽管社区精英对媒介社区的形成和发展作用重大，但是社区精英的形成是一个动态的过程，这种动态体现在两个方面。首先，从普通成员到社区精英的成长过程是一个动态过程，不像媒介管理者那样，是媒介所有者或者平台建设者任命或者自封的，他们是在长期的群体互动过程中，通过逐步积累经验、人气、知识和才干，在获得了社区内大多数人的认同之后才成为社区精英的。宫辉、徐渝在分析了网络媒介社区之后，从发帖量、点入和点出度等三个指标衡量并分析了社区精英的形成过程。① 其次，社区精英的地位不是一成不变的，如果社区里其他成员在上述三个指标方面大大超出了社区精英的现有尺度，那么这些后起之秀就会逐渐取代社区精英的地位，当然，如果社区精英由于某些原因，降低了自己的活跃度，他们在社区里的重要性也会逐渐下降，其社区精英的地位也会逐渐被其他社区成员所取代。正是这种社区精英的动态形成过程，使媒介社区几乎永远处在一个"无序"的状态，这种"无序"使得媒介社区保持着一定程度的开放性，媒介社区整体从而处在一种"负熵"② 状态。

媒介社区的开放性、自组织性使得其成员之间的沟通和交流比较自由，人们的个性得到了比较充分的释放，社区成员之间的谈论不仅是一个信息的传递与分享过程，也是一个舆论的形成过程。在媒介社区中，媒介和信息对所有成员是自由、开放、公开的，媒介社区具有公共性，是"公共领域"的一种表现形式。尽管社区领袖在媒介社区的信息传播中具有重要的作用，但是这种作用在很大程度上归根为社区领袖与其他成员的互动。正如上文所言，发帖量、点入和点出度是社区精英的几个量化指标，而发帖必须遵循"主题相关"原则，点入和点出则是社区精英与其他成员的直接互动，这些都不可避免地受到社区整体文化的影响，受到社区其他成员的言论、意见和愿望的影响。从这个意义上说，媒介社区的社区领袖只是"公共领域"的"言论代表"。这正如施拉姆所言："信息与概念在整个社会上川流不息。大众媒介直接或间接地对流经这些渠道的事物施加着巨大的影响。某些个人，或者通过他们的专业知识、技能，或者通过宣传自己在某一课题上的信念，或者通过能言善辩、夸夸其谈，也对它施加着影响。事实上，所有的人，此时或

---

① 宫辉、徐渝：《高校 BBS 社群结构与信息传播的影响因素》，《西安交通大学学报》（社会科学版）2007 年第 1 期。

② 熵是混乱和无序的度量。负熵值越大，混乱无序的程度越大，其所描述的事物就越有活力。

彼刻，在这种或那种关系中，在这或那一问题上，通过寻求或给予的方式，说不定都在影响这个流程。有些人的影响大于其他人。但是并不存在领导与被领导这两个阶层，而且在大多数情况下也不存在从大众媒介到领袖再到追随者这样一个两级流程。你可以把它想象为一种多级流程。更好的是把它想象为一种全体制流程，也就是说，信息连续不断地流过社会体制，它服从这个体制的约束与需要，也受到体制内部的作用与习俗的影响与推动。"①

（三）一般成员：社区文化的"同质长尾"

社区成员是媒介社区的三大必然要素之一，是指媒介社区里经过注册或批准已经正式成为媒介社区中的固定一员的人。一般成员是指除了上述媒介管理者和社区精英之外的其他社区成员。一定数量和质量的社区成员是构成媒介社区的"人口"基础。

一般成员是媒介社区的主要组成部分。媒介社区少则数十人，多则数千人。其中，媒介管理者和社区精英是一小部分，其余的大多数人都是一般成员，一般成员是媒介社区的"人口"主体。衡量一个媒介社区的凝聚力和成熟度，很重要的一个指标就是看这个媒介社区中一般成员的数量多少。一般成员数量多，聚合的人气就旺。而这又在两个方面促进社区的稳定和发展，一方面，成员数量多，就意味着社区的话题丰富，谈论参与的人数多，互动就越充分，社区成员就越能在社区中获得一种参与感，一种群体归属和情感依附；另一方面，社区的人气旺，互动频繁，谈论热烈，就会吸引社区外的人加入进来，促进了社区"人口"的壮大。

一般成员是社区互动的参与者。媒介社区是社会精神共同体，参与社区的交流和互动是社区成员的最为直接的需要。而这正是社区存在的基础，没有社区一般成员的参与，社区就会缺少互动和交流，缺少互动和交流就会使社区成员之间的联系进一步减弱，彼此的依赖和关联进一步减少，好不容易建立起来的情感依附和文化认同就会逐渐减弱，最终导致媒介社区的解体。

一般成员是社区活动的承担者。社区的运营和管理需要一定的"空间"和"经费"，这些需要社区的成员主体来承担。一方面，社区可以

---

① ［美］威尔伯·施拉姆、威廉·波特：《传播学概论》，陈亮等译，新华出版社 1984 年版，第 134—135 页。

采用"会费"的形式，集纳一定的经费，这些经费是置办沟通空间，打造沟通平台的费用基础。另一方面，社区是一个潜在的消费群体，一定规模的社区可以获得商业的支持和赞助，从而解决媒介社区的活动场所和活动支出。但是无论哪种形式，一定数量的社区群体，是获得一个最小沟通空间和最低活动经费的基础，如果不能达到数量的下限就不能形成一个稳定的社区。

　　一般成员虽然不是社区的精英，但是群体汇集的力量是强大的，正如"长尾理论"所揭示的那样，"涓涓溪流"最终将汇成江河湖泊。长尾（The Long Tail）理论是 2004 年克里斯·安德森（Chris Anderson）在给连线杂志的文章中首次使用的词汇，用以描述某种经济模式如 Amazon. com 或 Netflix，主要是针对网络环境下的经济模式。长尾术语也普遍使用于统计学中，如对财富分布或词汇应用的统计。长尾理论的基本原理是：只要存储和流通的渠道足够大，需求不旺或销量不佳的产品所共同占据的市场份额可以和那些少数热销产品所占据的市场份额相匹敌甚至更大，即众多小市场汇聚成可与主流大市场相匹敌的市场能量。①下面是部分研究者所给出的长尾示意图（见图 3—1），图中含义表明了主体（body）和长尾（the longtail）对总量之间的关系。②

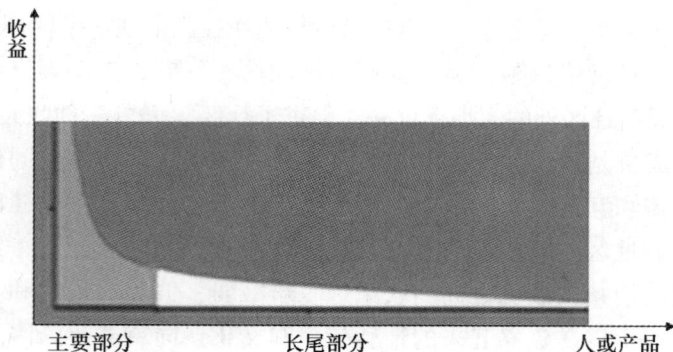

图 3—1　长尾理论模型示意图

---

① ［美］克里斯·安德森：《长尾理论》，乔仁涛译，中信出版社 2005 年版，第 13 页。
② 冯英健、胡宝介：《长尾理论及其对搜索引擎营销策略的意义》（http：//www. jingzhen-gli. cn/sixiangku/s01 _ 0537. htm）。

与现实城市社区不同的是，一般成员不会永远都是一般成员，每个一般成员都可能成长为社区精英，因此，媒介社区的长尾汇集的力量远远强于现实社区乃至消费市场的长尾汇集。一些调查统计也表明，大体上20%的社区成员会贡献80%的社区交流和分享的内容。① 长尾理论说明：聚合的力量，最终的影响还是取决于80%的一般成员，20%的社区精英只不过是代表和引领民意罢了。媒介社区的一般成员是社区的长尾，是社区精神和文化的支柱，虽然"无核"但具有强大"凝聚力"的"同质"力量。

（四）社区游客：社区成员的"发展对象"

在任何一个媒介社区的活动中，总会有一些人参与进来，这些人有时"旁听"，有时也会"发言"，但是由于他们没有通过注册等方式正式加入社区群体，因此只是一个游客。由于身份的差异，游客在很多方面不具有社区正式成员所具有的权利，游客是社区外人士接触社区的一种必要形式，只有通过这种形式，社区外人士才可能逐步成为社区的正式成员，社区游客是社区成员的"发展对象"。

游客是社区内沟通和交流的激活剂。游客的到来，会在一定程度上引起社区成员的注意，使社区成员感到他们的活动或讨论受到了更大范围的关注，因此一般情况下会表现得更加积极和活跃。在网络社区中，一般都会有一个在线即时统计工具，随时呈现在线的总人数，其中会员人数的多少，两者之差就是游客的数量，在一些影响大的专业社区网站里，比如天涯社区，还经常会出现游客数量超过会员数量的情况。

游客是社区间传播的中介。在有些情况下，游客是另一媒介社区的成员，他们进入媒介社区，会给媒介社区带来一些新的信息，另外，他们也会将社区里的信息带到社区之外，当然也包括游客所在的社区，这样就实现了媒介社区内外以及媒介社区之间的信息交流。在这种交流过程中，游客起到了很重要的中介作用。

游客是潜在的社区成员。根据游客在媒介社区的行为模式，可以分为偶然游客和经常游客两种，所谓偶然游客，是指社区外人士由于偶然的原因进入社区，他们往往稍作停留，便迅速离开，以后便再也不来；

---

① 佚名：《让我们更多的去了解网络社区和社区成员》（http://www.seeisee.com/index.php/2007/07/06/p309）。

而经常游客是一些社区外人士多次进入社区，在社区里有较长时间的停留，观摩社区的活动，聆听社区的讨论与交流，偶尔也会发言，这些游客中的一部分在经过一段时间的观望或者考察之后，会产生一定的认同，并最终正式加入社区。因此，经常性的游客是一个媒介社区的潜在成员。

游客虽然不是媒介社区的正式成员，但是由于其具有社区内容信息传播中介以及社区潜在发展对象等作用，使得游客在某种程度上也是媒介社区一个不可缺少的重要组成部分。在网络虚拟社区中，游客数量还是衡量一个媒介社区人气的重要指标之一，吸引游客的进入，是媒介社区的一个重要任务，也是社区保持存在、活力和发展的重要手段和"人员"来源。一般来说，社区主题、社区成员规模是吸引游客的首要直接因素，而社区的文化认同、沟通环境以及人际交流状况则是吸引游客的最终的根本原因。

三 媒介社区中的文化构成

著名社会学家吴文藻认为，社区是一个地方人民实际生活的具体状态，有物质基础，是直接观察的单位和实施研究的领域。构成社区的要素有三：人口、地域、生活方式或文化。人口是社区的第一要素，地域性是社区最显著的特征，三者中，自然以文化为最重要，因为文化乃是社区的核心。[①]

对于媒介社区而言，虽然不是地理意义上的传统社区，但是也是一个社会共同体。在这个社区媒介平台上的内容，可以满足社区成员的特定需求，或因为符合他们共同的兴趣爱好从而参与社区活动。一个比较典型的例子就是百度贴吧，它按照用户的不同兴趣爱好进行分类，用户可以自己创造自己的贴吧，比如由于喜爱同一个明星或影片而聚集在一起的粉丝，自发地在社区中发布他们收集的信息和创建的内容，与其他粉丝一起分享。社区成员也正因为有着这些共同的兴趣和爱好，才逐渐聚合到一起，媒介社区在某种意义上成为人们"聚居"的生活状态。聚合有不同的层次，在每一个层次上都表现出发生在一定主题范围内的社会沟通和人际交流，表现为特定信息主题的消费方式，构成相对特殊

---

① 吴文藻：《人类学社会学研究文献》，民族出版社1990年版，第145页。

而专业的话题和兴趣领域。如果说传统的社区是地理生活共同体，那么媒介社区就是信息生活共同体，媒介社区不仅在于其"空间"意义，更在于社区成员通过共同的信息生活所形成的精神认同以及共有的文化价值观体系。

（一）媒介社区文化是"由内向外"的文化

"文化"一词来源于拉丁文，指经过人类耕作、培养、教育和学习而发展的各种事物或方式，是与大自然本来存在的事物相对的。广义的文化是指自然的人化，反映的是历史发展过程中人类的物质和精神力量所达到的程度、方式和成果。包括物质文化、行为文化和精神文化。1871 年，爱德华·泰勒在《原始文化》一书中，将文化表述为"一个复杂的总体，包括知识、信仰、艺术、道德、法律、风俗以及人类在社会中所获得的一切能力与习惯"。①

狭义的文化特指以社会意识形态为主要内容的观念体系，是政治、法律、道德、艺术、宗教、哲学等意识形态所构成的领域，其实质是精神文化。吴文藻指出："文化最简单的定义，可以说是某一社区内的居民所形成的生活方式……也可以说是一个民族应付环境——物质的、象征的、社会的和精神的环境——的总成绩……精神文化固为文化的重心，但不是独立的，而是与文化其他方面如物质文化、象征文化、社会文化交互作用，互相联系的……文化是一个有机的整体，发生作用时，不是局部的，而是全部的，当然不容加以人为的机械的分割。"② 我们在这里所讨论的是广义的文化概念。

媒介社区文化是人类文化的一种特殊形态。前者是后者的一个有机组成部分，是现代网络信息社会人类宝贵的物质财富和精神财富的一部分。媒介社区文化是指社区成员在特定的兴趣、爱好以及特定的信息主题框架下，经过长期的社区互动与交流逐步形成和发展起来的具有主题特色的价值观念、信息生活方式、交际模式等文化现象的集合。社区成员经过长期的互动和交流，逐渐形成一种文化认同，这种文化认同就是社区文化，是社会信息生活共同体的文化表现，是一种"由内向外"的文化。其中，价值观念是社区文化的核心。

---

① ［英］爱德华·泰勒：《原始文化》，连树声译，上海文艺出版社 1992 年版，第 1 页。
② 吴文藻：《人类学社会学研究文献》，民族出版社 1990 年版，第 146 页。

社区文化可以看成是媒介社区成员在其媒介信息生活中所创造的、所使用或所表现的一切事物的总称，是具有社区特征的文化风貌。并且，特定的文化是在特定媒介信息环境下产生的。社区文化对其居民的心理、性格、行为有深刻的影响，不同的社区文化特质造就了社区成员特殊的习性，而且在一定程度上决定着人们的价值取向，即所谓"文化对于个人的主要意义，在品质而不在数量，在内部而不在外界"。①

（二）媒介文化和观念文化互为表里

媒介社区文化是社区成员在信息生活和人际交往中构建的，是媒介社区中的各成员的信息生活方式。不同的社区有其特定的文化体系，作为文化体系，社区文化是由几个子系统组成的。社区文化的内容，就其层次来说，大致可以分为四个层次，依次是媒介文化、交往文化、制度文化和观念文化，其中媒介文化处在最外面的一个层次，而观念文化则处在最核心的一个层次。

媒介文化是社区文化的外在表现，主要包括形成媒介的报道内容、报道方式、传播渠道以及沟通媒介的平台特征、传播方式、传播类型等体现出的文化因素。这些因素，在媒介社区形成之初，就大致成形，在日后媒介社区的发展过程中，这种媒介文化只会发生渐进的调整，不会发生突然的变化，否则会动摇媒介社区的媒介基础。媒介文化作为一种相对固化的社区文化，是社区文化的一种物质体现，是社区内外的人群能够明显感知的文化因素。良好、专业、多元的媒介文化是保证社区稳定发展的物质文化基础。

媒介社区的一切活动都是与信息生活、人际交往有关的，因此交往文化也可称为活动文化。社区交往文化层是通过社区成员之间的信息传播和人际交往所表现出来的文化，是社区成员在交流、游戏、体验、联欢等过程中产生的活动文化。一般意义上的社区文化就是指这一类活动和交往过程中产生的文化。这些活动和交往实际上反映出社区的风尚、精神面貌、人际关系模式等文化特征，动态地勾勒出社区精神、社区理想等。社区信息传播和社会交往是文化的产生方式，也是文化的扩散方式，社区的文化构建主要是通过这种方式来具体实现的。

---

① 吴文藻：《文化表格说明》，转引自燕京大学社会学及社会服务学系编《社会学界》第十卷，1938 年，第 219 页。

社区制度文化是社区成员共同遵守的行为准则，是成员之间交际、交往的规则约束与制度保障。媒介社区的制度文化既有先天成分，也有后天的成分。大多数媒介社区在成立之初，就由核心成员共同起草了一个社区规则以及相应的社区组织结构和运转机制，这些规则和机制构成了媒介社区的先天制度文化基础。在媒介社区形成之后，随着成员的变动以及信息传播和社会交往的发展，这些先天的制度文化会在社区成员的群体互动过程中得到调制和修改，体现出一种非周期性的跳跃性发展。社区制度文化是社区成员价值观的外在表现，对社区文化持久健康地开展具有一定的约束力和控制力。它是社区文化存在的基础和保证，实现着社区物质文化和精神文化的结合。

观念文化层是通过观念表现出来的文化，是媒介社区成员在长期的信息生活和社会交往活动中逐步养成的人生观、价值观、社区意识、伦理道德、审美观、艺术修养、生活情趣等，也称社区精神。从本质上说，社区精神是社区文化的核心，是社区成员的精神支柱和活力源泉，其核心是社区成员的价值观。它潜移默化地存在于每一个社区成员的内心世界，并支配着社区成员的生活目标和生活方式的形成。

综上所述，媒介社区文化是一个由多个子系统构成的大系统，在由媒介文化、交往文化、制度文化和观念文化所构成的社区文化系统中，媒介文化是基础，交往文化是载体，制度文化是保证，观念文化是灵魂和核心。媒介文化、交往文化、制度文化都是观念文化的外在体现；观念文化对媒介文化、制度文化具有灵魂和生命力的作用，是后者的内在本质。媒介社区的这四种基本构成要素各有特点又相辅相成，共同实现媒介社区文化的目标和理想。

（三）社区文化的"聚焦"与"变焦"

在当今世界，以人为本，构建和谐社区文化是社会发展的方向。媒介社区尽管与现实传统社区有较大的差别，但是以人为本，倡导平等参与、协商对话，共同发展、共同进步是一切社会共同体的理想目标和发展趋势，媒介社区也不例外。与现实传统社区显著不同的是，媒介社区是基于媒介场形成的社会精神共同体，信息传播和社会交往是社区生活的主要形式，因此构建媒介社区文化体系，就是不断提高社区成员文明程度和精神生活质量，把不断满足社区成员的精神文化需求作为社区文化建设的根本出发点和归宿点，建立一个以人为本的现代社会精神生活共同体。

构建媒介社区文化体系，首先应该着力提高社区成员的文化素养。媒介社区是一个自组织系统，没有明显的外部干预，社会的文化建设在很大程度上取决于社区成员自身的文化素养和共同努力的层次和程度。社区成员的价值观念、思想观念、道德水平、行为规范、生活方式直接关系着社区的形象。提高社区成员现代文化素养，包括提高居民的文化修养，增强居民的法治意识、道德观念和现代生活环境意识，形成健康的心态和良好的行为习惯等。只有具备了现代素质的社区居民，才能实现自我教育、自我管理、自我服务，才能从事创造性的媒介社区活动。由于媒介社区成员来自社会的不同阶层，有不同的文化背景，还有不同的个性，如何培养和引导社区各个阶层的人员参与社区文化建设，关键在于社区管理者和社区精英以及整个社区群体要有正确的价值取向，强化个人道德修养，在此基础上实现个人和社区的精神追求。

构建媒介社区文化体系，其次应该着力塑造富有特色的社区文化形象。当今社会是一个网络信息时代，人们生活在一个信息的海洋中，对于媒介社区中的成员，其所用的活动都是信息传播活动，因此在媒介社区的所有活动中都不可避免地出现各种信息和各种形象。媒介社区应该充分重视这些信息所构筑的视觉和听觉形象，为社区成员营造一个良好的沟通和交往环境，使媒介社区成为社区成员良好的精神家园。比如，网络论坛的界面设计，网络 RGP 游戏的角色、场景、情节设计等。人是个性化和社会化的结合体，在当今社会，人的个性得到了较为长足的发展，势必要求其生活的媒介社区具有独特的社会文化，以便与自身独特的个性相符合，这就要求社区文化形象的设计要与媒介社区的媒介主题相一致。

构建媒介社区文化体系，最后应该处理好社区文化与主流文化的关系。媒介社区是具有一定同质性的人群的聚合体，在这一小范围人群中形成的文化是一种典型的亚文化。比如虚拟社区中的 BBS 论坛，由于参与者以青少年居多，由此形成了一种典型的青少年网络论坛文化，其简略语言与表情符号等的混杂使用是这种文化的一种体现。一般来说，群体亚文化与社会的主流文化在某些方面是一致的，但是有些方面却存在很大的差别，有些甚至是反主流文化的。比如一些网络虚拟社区中存在的"腥"、"性"文化就给主流文化带来了很大的负面冲击。因此，要使亚文化与主流文化协调一致，需要用主流文化对其加以正确引导而不是强加管教，需要现实社会提高物质和精神生活水平，需要政府、媒介社区组织和成员的共同努力。

总之，社区文化的构建是一个长期的动态的过程，不可能一劳永逸，也不可能一帆风顺。首先，媒介社区的成员基于共同的沟通平台，通过传播互动和交流，他们的兴趣和爱好会逐步聚焦，人们的观点、知识、信仰、道德等元素在频繁的碰撞中日渐同化，最终"聚焦"为文化认同。其次，媒介社区是开放的。老成员的离去，新成员的加入，以及社会环境的变化，都会引起社区文化的一个重新"聚焦"的过程，文化认同的"焦点"可能会因此前后出现微量的调整和变化，在这个过程中，少部分成员可能会感到迷茫，也可能会遇到挫折，但是只要社区同仁共同努力，共同提高，共同进步，媒介社区就会朝着和谐美好的社区目标前进。

社区成员、社区沟通平台和体现社区文化的媒介内容聚合在一起，相互作用，产生了每个社区独特的社区文化。而各类媒介社区文化，其中每一种都是现实社区人群的精神反应和信息生活的本质体现，它们的"合集"构成了整个"社区星系"的文化和信息大环境，从而成为了一个融合现实与虚拟的"媒介社会"。

第二节　媒介社区的类型

媒介是社会的粘连剂，由于媒介的作用，人们形成了社区和社会。随着传播技术的发展与创新，新闻传播媒介的种类越来越多，由此形成的社区也越来越多，所有这些社区的总和构成了媒介社区的外延。认识媒介社区，不仅要深刻理解其概念的内涵，也要在相当程度上把握其外延。在媒介社区的总体性外延中，可以根据不同媒介社区的特点，划分为不同的谱系，在此基础上分析各自不同类别媒介社区的特点与作用，进而分析媒介社区与聚众传播的关系以及媒介社区与社会的相互影响。

对某一事物进行分类，分类的结果主要取决于分类的目的。本书的主要目的是探讨社区与传播的关系，认识媒介社区、对其进行分类，因此需要充分考虑媒介社区的媒介特征和功能特征。另外，本书研究的背景是数字化网络信息时代，这一时代与之前的大众传播时代最为显著的特点是：在网络信息时代，传受之间存在明显的互动，并且这种互动的及时性要远远强于大众传播时代。媒介社区的一个显著传播特征就在于互动，因此研究互动模式也是对社区分类时所应该考虑的。

一　媒介视角

媒介社区不同于现实社区的最重要特征，在于前者是先有媒介、后有社区，而后者一般是先有社区、后有媒介。分析媒介是区分媒介社区与现实社区的一个标志，也是区分不同媒介社区的一个重要标志。正如本书第二章所述，随着社会的发展，媒介社区也是一个不断发展的过程，在当今网络信息时代，绝大部分媒介社区都网络化了，网络成为社区成员之间彼此沟通的重要工具，很多传统媒介社区的原始传统媒介只在一定程度上起到了"第一推动"的作用。因此，我们可以将媒介社区的媒介分为形成媒介和沟通媒介两大类。

（一）"形成媒介"社区：大众媒介的内容构成社区的"凝结点"

媒介的发展是一个从大众传播到小众传播的过程，媒介的内容越来越专业化、主题化，这促使了媒介传输内容的细分化，这些细分化的主体，必定促进人们的兴趣和爱好进一步细分化，媒介社区的成员结构也开始重新分化，较大的社区就会逐步分解成很多较小的社区。以电视媒介社区为例，中央电视台是一个综合性电视媒体，旗下有10余个电视频道，每个电视频道下面有若干电视栏目。那么中央电视台的媒介社区就是一个栏目—频道—电视台的社区谱系，其中最小的社区单元是节目社区。比如有一些人喜欢看《梦想中国》，这些人通过中央电视台论坛的 BBS 板块，建立了以该节目为主体的讨论区，由这样一个沟通联络的平台逐步集聚了一个比较大的群体，那么这个群体就是《梦想中国》社区，而《梦想中国》这个电视节目就是该社区的形成媒介。

媒介有广义与狭义之分，广义的媒介是指使事物之间发生关系的介质或工具。这种广义的"媒介"，不仅包括大众传播语境下的报纸、杂志、广播和电视，也指我们在日常生活中所用的传递信息和情感的具体物件，比如"光是影像的媒介"，"玫瑰是传递爱情的媒介"等。在麦克卢汉（M. McLuhan）的笔下，媒介即万物，万物皆媒介，而所有媒介都可以与人体发生某种联系，如石斧是手的延伸，车轮是脚的延伸，书籍是眼的延伸，广播是耳的延伸，衣服是皮肤的延伸……①媒介无时不有，无处不在。凡是能使人与人、人与事物或事物与事物之间产生联系或发生关系的物质都是广义的媒介。狭义的媒介是指大众传播媒介。中国人民大学新闻学院郭庆光教授认为："所谓大众传播，就是专业化的媒介组织运用先进的传播技术和产业化手段，以社会上一般大众为传播对象而进行的大规模的信息生产和传播活动。"② 浙江大学新闻传媒学院教授邵培仁认为，大众传播媒介，就是指"介于传播者与受传者之间的用以负载、传递、延伸特定符号和信息的物质实体"，它包括书籍、报纸、杂志、广播、电视、电影、网络等及其生产、传播机构。③

　　由于各种"媒介"④ 所用的传播符号彼此之间有一定的重合，部门媒介的传播形态也有一定的相似之处，为了分析的方便，我们将具有相同符号性质的媒介划分到一起，将以上媒介分成以下几个大的类别：出版媒介、报刊媒介、声音媒介、视频媒介、网络媒介、手机媒介。需要说明的是，新媒体特别是手机媒体常常需要借助其他媒体的内容，来构建社区板块的分类主题内容，那么尽管新媒体的出现是该媒介社区成立的直接原因，但是考虑到如果没有旧媒体的内容，只有新媒介的渠道和平台，依然不可能形成媒介社区，因此在区分"形成媒介"时，一律内容优先，也就是说，主要考虑媒介社区中互动话题的兴趣来源。网络媒体社区如果是读书频道，那么尽管沟通媒体是网络，其形成媒介则是书籍。

　　1."出版媒介"社区群

　　"出版媒介"这里主要是指图书，图书是通过一定的方法与手段将知识内容以一定的形式和符号（文字、图画、电子文件等），按照一定的体例，系统地记录于一定形态的材料之上，用于表达思想、积累经验、保存知识与传播知识的工具。根据记录介质的不同，现在的图书一般分为纸质图书和网络图书。其中网络图书特指没有获得出版刊号，没

---

① 郭光华、胡雪松：《冷热媒介析》，《湖南大众传媒职业技术学院学报》2004 年第 2 期。

② 郭庆光：《传播学教程》，中国人民大学出版社 1999 年版，第 111 页。

③ 邵培仁：《传播学导论》，浙江大学出版社 1997 年版，第 96 页。

④ 本章的媒介如果不作特殊说明，都是指大众新闻媒介。

有纸质印刷本，主要由网络作家撰写，一般在网络上发表的图书。①

纸质图书属于传统书籍，电子图书属于网络时代的新书籍。但是无论是前者还是后者，其记录信息和传递意义的符号都是以文字为主，文字是一种抽象符号，同时也是一种理性符号，因此喜欢读书和经常读书的人总体来说，文化层次比较高，一般比较理性。在今天一个读图时代，影像占用了人们阅读的大部分时间，相比其他媒介社区而言，"出版媒介"的社区总数和规模相对较少。

"出版媒介"社区群既包括传统意义上的读者俱乐部，也包括各出版机构在自己网站上开设的社区，还包括具有一定程度互动的"广播、电视"读书栏目以及这些栏目开设的网络社区，以及各个网站开始的读书社区、各网络社区的读书板块。由于无论社区成员沟通的空间是谁提供的，本质上并不影响社区的结构和互动方式，真正影响社区互动方式和传播结构的是谈论图书的特性，这里主要是图书的内容、载体。不同的图书内容，集合的是不同的读者，社区成员的总体特征因此有很大差别。不同的载体，也就是说，纸质图书和网络图书由于出版发行方式不一样，两者之间的差异在一定程度上甚至远远大于图书内容的差异。

"开卷八分钟版以书讯、书摘、书评、读书笔记、作家评介、书籍连载，节目讨论为主题的版块，旨在为网友提供丰富的思想资源和讨论话题。"② 凤凰网上的"开卷八分钟"论坛就是一个典型的关于"纸质图书"出版媒介社区。在这个论坛中，除了部分关于电视节目的帖子之外，大部分是关于一些已经出版并有一些特点的书的谈论、分析、评价等，通过 BBS 的互动加深了读者对所推荐书籍的理解，一些普通网民或借此了解一些所谓"好书"的内容，或借此确定自己的阅读方向。如果说普通论坛和博客给观众提供了一个反馈和了解途径的话，那么一些读书社区的兴起则给许多人提供了深入阅读的空间与机会。

2. "报刊媒介"社区群

"报刊媒介"则主要是指报纸和刊物，其中报纸是以刊载新闻和时事评论为主的定期向公众发行的印刷出版物，是大众传播的重要载体，

---

① 邬江：《网络出版管理的规范化、法制化——写在〈互联网出版管理条例〉即将出台之际》，《网络传播》2007 年第 6 期。

② 帅子：《开卷八分钟版的管理大纲》（http：//bbs. ifeng. com/viewthread. php？tid = 2134724&extra = page%3D1）。

具有反映和引导社会舆论的功能；"杂志"，又称期刊，是一种定期出版物，有固定名称，并用期号连续不断的形式，间隔地、不断地出版。两者的主要差别是，报纸一般是散页印刷，不装订发行；刊物则装订成册，刊期较长；两者的共同点在于都是定期印刷出版的大众媒介。

报纸也叫新闻纸，主要是因为在传播内容上以刊载新闻和时事评论为主，因此在内容深度上相比图书比较浅显。人们阅读报纸主要是满足自己了解新闻信息的需要，加上内容浅显，因此很少有读者对报刊的内容进行深入谈论。另外，在今天大众媒介比较丰富、资讯比较发达的网络信息时代，独家新闻越来越少，同一新闻事件在很多媒介上当然也包括很多报纸上报道，人们对消息的报道出处的关注度降低，而更多地把注意力转移到新闻事件本身。所有这些，让报刊本身作为媒介社区的形成媒介的功能比较弱，其黏滞度比较低。

在网络信息时代，传统的报刊读者联谊会在很大程度上被网络论坛的沟通形式所替代。目前很多报纸都在自己的网站上开设了论坛区，以此论坛区作为联系报刊读者的纽带。目前以网络为联络平台的"报刊媒介"主要以各报刊媒介在自己网站上开设的论坛为主，有一些大型门户网站和专门的社区网站开设的报纸论坛。下面分别以《中国青年报》和搜狐网站网络社区中的报纸论坛板块做一个简要说明。

中青论坛（http：//bbs.cyol.com）是中青在线（http：//www.cyol.net）的二级网站，其下有话题、校媒联盟、生活、文化、教育、情感、职场、客服等八个频道，[①] 其中可以视作报纸媒介社区的"我评中青报"只是话题频道中六个板块之一。该板块的帖子主要有三类：第一类是对中青报的文章进行评论；第二类是对中青报所报道的事件进行谈论；第三类是对非中青报报道的新闻事件进行评论。其中第一类帖子所占的比重不到30%，说明报纸媒介社区的成员更多的是关注新闻事实本身，而较少地关注报纸媒介。报纸媒介开办此类社区的目的在于建立与读者沟通的便捷渠道，希望培养忠实的读者群体，同时获得对报纸采写的建议，以及直接获得读者的参与，比如撰写文章和评论。为此，一

---

① 频道：这里的频道不同于电视媒体中的频道本义，而是指网站为了用户检索、查找特定信息的方便，按照一定的分类标准，把各种网络信息内容分别归在不同的条目下面，比如新闻、财经、体育、女性、房产等，对应地称新闻频道、财经频道、体育频道、女性频道、房产频道等。

些报纸还特意在网络论坛上公布一些版面或者栏目的用稿通知，比如《北京青年报》的《天天副刊》的论坛就一直有一个置顶帖子"'非常感受'版用稿基本要求，就四个字儿"：①

目前，本论坛主要是对应《天天副刊》的"非常感受"版。本版日均来稿百余，是本报读者来稿最多的版，也是发表读者稿件最集中的地方。所以在此，简单说明一下我们的取稿标准。

就四个字：

1. 短：最好不超过千字。

2. 事儿：说一件完整的事儿，通过这事来挖掘、表现你的那点不一般的感受；空、泛、虚的感慨、感受、感情、感叹……一概不用。

3. 新：接上，这件事，你自问一下：以前的时代、社会有过吗？常见吗？如果答案是不，好，写给我们；如果是，就不是我们很想要的了。

报纸是要与时代同步发展的。我们要记录的是这个时代发生的一切。要让我们看出这是 2003 年的生活、内容、感受，而不是1993 年的。

4. 实：最好是非虚构的，是真实的。

我们这里绝不是文学版，我们想展示的不是您美妙的文字，而是真实、丰富的生活。

搜狐社区（http：//club. sohu. com）是搜狐网（http：//www. sohu. com）的二级网站，其下有搜狐星空、男人社区、女人社区、娱乐社区、新闻社区、体育社区、财经社区等25 个频道，其中新闻社区下面又有人文观察、军事天地、我来说两句、国际瞭望、媒体论坛等五个子板块。可以视作报纸媒介社区的"报纸论坛"只是媒体论坛中 12 个分类话题讨论区之一。其中的主要话题集中在重大新闻事件、社会中发生的一些日常小事，实际上与具体的报纸以及报纸所发表的具体文章没有直接的关系，这可以从该板块的发帖公告得到证实。

---

① 北青论坛：《"非常感受"版用稿要求》（http：//bbs. ynet. com/viewthread. php？tid =79906&extra = page%3D1）。

【公告】报纸论坛发帖指导［10.12 改］①

1. 转帖首选有看点的新闻逸事，字数要求400以上，回帖3个。

为便于板油阅读，请对所发帖子加注分类标签，目前暂时分类为：

［传媒］、［社会］、［财经］、［体育］、［娱乐］、［健康］、［其他］七个类别。

对于各类转帖请在帖内注明〔出处或标明来源网络〕。

转帖格式：如［财经］＊＊＊＊＊＊＊

［体育］＊＊＊＊＊＊

以此类推

......

2. 提倡多发［原创］［速评］帖，有网友跟帖要互动交流。

为鼓励原创，请板油对所转新闻多多发表评论，并在标题后标注［速评］。

我们将对此类帖子加精保存择优推荐。

评论格式：

题目：［速评］＊＊＊＊＊

内容：......（转摘资料）

——————

评论：......

3. 每天：一个ID发帖一天不要超过10个，推荐标准不超过5个。

4. 切忌内容重复帖。

5. 今后发帖时注意查看，若别人已发，你重复发帖，一律不予加推，不做提示。

请各位板油参照以上规定进行发帖，如有不妥，请见谅！

报纸论坛斑竹团队

2008.10.12 修改

———————————

① 报纸论坛：《发帖指导》（http：//club.news.sohu.com/r-daily-230582-0-24-0.html）。

3. "广播电视媒介"社区群

广播电视媒介社区群是指由传统的广播、电视媒体以及根据它们传播的内容作为讨论主题的媒介社区。所谓广播，在我国专指通过无线电波或导线传送声音的新闻传播工具，不包括电视。而电视，则是指利用电子设备传送活动图像的新闻传播工具。相比图书和报刊而言，广播电视不仅传播时效快捷，而且直接用声音、活动图像作为传播的主要符号，因此对接受者没有文化层次的限制，传播范围广泛，社会的影响大，即使在当今的网络信息时代，电视依然是最为强势的大众新闻媒介。

正因为广播电视的上述传播特点，使得广播电视作为形成媒介的媒介社区要比报刊的种类多，而且与观众的直接互动更加直接、更加深入。根据网络沟通媒介的来源，我们也可以将广播电视媒介社区划分为两类：媒介本身的社区和网络社区中的广播电视分类社区。

广播电视媒介依托自身网站建立的社区是目前广播电视媒介社区的主体，这类社区又可细分为两类，一类是综合化的媒介社区，另一类是细分化的媒介社区。其中，前者主要指地市电视台，在自身网站开设了一个相对比较综合的 BBS 论坛区，一般将总论坛划分为两类子版块，一般为本台栏目和休闲娱乐，比如湖北钟祥电视台网站的电视论坛（http：//www. zxtv. com. cn/bbsxp），河北邢台电视台的网友俱乐部（http：//www. xttv. com. cn/bbs）等，这些论坛注册的用户一般最多只有几千人，平时一般在线人数不过几十人，话题更新以及新帖回复都比较少，媒介社区的凝聚力和稳定度都不强。后者是指实力和影响较大的电视媒体，这些媒体不仅在自身网站上开设了 BBS 论坛区，还将论坛分成不同的板块，观众粉丝根据不同的兴趣和爱好选择不同的论坛区进行讨论，有些分得比较细的论坛甚至将话题分类细分到了具体的节目，这些具体到节目的论坛往往能够吸引一些忠实的观众，形成比较稳定的媒介社区，如中央电视台的 CCTV 社区，上海文广新闻集团的网络论坛等。这些电视台在自己网站开设的论坛一般总在线人数较少，中央电视台在线人数最多也不过万人，如果分算到每个节目小的版块的人就更少了；一些地方电视台的在线人数一般不过两位数。

非电视媒体的网站中，有些网站在其分类社区中设有主题是电视栏目或节目的论坛空间，不过大多数是娱乐节目和电视剧。比如，新浪论坛就在娱乐分论坛里设有综艺选秀版块，一共提供了《非常有戏》、《红楼选秀》、《加油！好男儿》、《舞林大会》、《娱乐乐翻天》、《明星面对面》、《快乐男声》、《梦想中国》、《绝对唱响》等17个电视栏目的论坛空间。在百度贴吧中，有电视节目的分类频道，其下有大量中央电视台和省市电视台知名节目的论坛贴吧。

　　在以广播电视为形成媒介的媒介社区中，总体来说，人气都不是很旺，其主要作用只是提供受众与广播电视媒体互动的渠道，其中群体成员之间的交流相对网络作为形成媒介的虚拟社区要少得多，另外成员的稳定性也较弱，因此成员的总体归属感不及网络虚拟社区。

　　4. "网络媒介" 社区群

　　网络媒介社区群是指以网络作为形成媒介，论坛谈论的主体非传统媒体内容的媒介社区群体。网络媒介社区群体是目前媒介社区的主体，也是吸纳成员最多、影响最大的一类媒介社区。

　　网络媒介社区涉及的主题众多，几乎涉及社会生活的所有领域。以天涯社区为例，包括人文情感、时尚生活、经济科技、社会民生、娱乐影音、体育游戏、校园校友等17个大类，"网络" 了有各种需求的网民。天涯社区实际上是一种典型的虚拟社区。所谓虚拟社区，是指由有共同需要的社会成员组成，依托互联网这样一个 "沟通媒介" 平台进行人际互动的一种非地域性的社会形态。虚拟社区与现实社区既相联系又相区别。相比传统现实社区而言，虚拟社区社会成员的互动范围扩大，互动能力提高，具有共同兴趣和爱好的人们借助网络平台在虚拟社区的空间里形成了新的互动形式，虚拟社区是人类活动空间扩展到虚拟世界后的一个飞跃。由于 "网络媒介" 社区可能有现实的互动，所以网络媒介社区包括虚拟社区，虚拟社区只是网络媒介社区中的 "虚拟" 部分。

　　在网络信息时代，各种传统媒介在新媒介的影响下，纷纷调整自己的报道方式和传播方式，这有些类似于自然界的生物进化意义，目的在于更好地适应生存环境和更好地生长和发展。对于图书而言，图书的写作内容已经逐步拓展到社会生活的各个领域，出版的版式和包装也日益多样化，对于出版的载体和形式也在不断进化。从传统的纸张实物出版，发展到电子介质的光盘出版，再到无介质的网络出版，显示材料从纸张、到荧屏、到便携式输入平板，出版越来越低成本、越来越方便。① 对于报刊而言，在传统纸质印刷报纸的基础上，相继出现了网络报刊、电子报刊、手机报刊，报刊的传播符号也从传统的文字、静态图片，逐步发展到兼容声音和活动图像的多媒体报刊技术，其阅读形式也可以做到和阅读纸质报刊近似的效果。正是以上这些演变，使得文献传播并没有因为新媒体的出现而受到大幅度的负面影响，如今无论是图书，还是报刊都还保留着较大规模的受众群体，只是由于这些文献媒介传播形态和传播内容的多样化，其单一内容和单一形态的受众规模相对传统而言有一定的减少。

对于广播电视媒介而言，由于这些媒介在某种意义上是"是"的媒介②，声音和活动影像能在很大程度上保留人际传播的原生态信息，因此长期以来一直是大众传播领域的强势媒介，是人们消遣娱乐的主要渠道。在网络数字化时代，广播电视相继实现数字化转变，目前我国大多数省市已经实现了广播电视的整体数字化转换，普通家庭能够收到的电视频道数目将近200个，无论是电视节目的内容还是声音、图像的质量都有很大程度的提升，传输通道也从原来单一的有线网络发展到有线网络、蜂窝网络、电讯网络三网融合的局面，终端显示也从原来的电视机发展到电视、电脑、手机并存的局面，人们看传统电视的时间和总体规模虽然有一定程度的下降，但是考虑到网络音视频和手机音视频的受众收视行为，人们总体上对于音视频媒介的接触比率到底是上升还是下降，目前还是一个未知数。

媒介的形态不断发生演变，新媒介的出现并不会导致原有媒介的消亡，但是会在一定程度上促进原有媒介在传播内容和传播方式方面的改进。传播历史的进程再一次证明了罗杰·费德勒的假设，时至今日，传统的图书、报刊在今天依然有自己的存在空间。传统媒介的形态多样化，必然导致媒介社区形成媒介的多样化；媒介的数字化融合，将使媒介之间的界限进一步模糊，媒介社区"形成媒介"的作用会逐步淡化和弱化，媒介所报道的内容将逐步成为媒介社区的主要"凝结点"，当

---

① ［美］罗杰·菲德勒：《媒介形态变化：认识新媒介》，明安香译，华夏出版社2000年版，第197—206页。

② 所谓"是"的媒介，是与"像"的媒介相对而言的，是指该媒介呈现的"现实"与现实本身具有高度的一致性。

前网络媒介社区的数量优势就是一定程度的证明。

（二）"沟通媒介"社区：社交与情感是社区的作用"介质"

如果说形成媒介主要为信息传播提供渠道，那么沟通媒介则主要为社区成员的社会交往和情感分享提供桥梁，社交和情感是媒介社区中的作用介质，社区成员通过这种介质建立彼此不同的关系。媒介社区是精神共同体，尽管从传播类型来看，社区内可能是人际传播、组织传播、大众传播共存的状态，但是最不可或缺的是人际传播，本书根据媒介社区中人际传播所用的优势媒介作为划分"沟通媒介"的标准，因此媒介社区可以划分为以下三个类型，即"身体媒介"社区群、"网络媒介"社区群和"手机媒介"社区群。

1. "身体媒介"社区群

从媒介社区的形成和发展的历史来看，最早媒介社区的沟通媒介是"身体媒介"。人们利用身体媒介，进行面对面的人际交流，能够全方位地了解对方的态度与立场，并能获得一种原生态的情感体验。身体媒介尽管是一种最为原始的媒介，但是在某种程度上是离人的心灵和精神最近的一种媒介。以"身体媒介"作为沟通媒介的媒介社区，构成了"身体媒介"社区群。

无论是图书媒介、报刊媒介、还是广播电视媒介，这些媒介传播的内容无疑都会引起不同群体的关注，同一兴趣、爱好的人通过"身体媒介"的沟通和交流，逐步聚合成一个有一定规模的精神共同体，也就是媒介社区。面对面沟通形式的读者俱乐部，报纸、杂志联谊会，广播电视的阅听人粉丝群体，都是属于"身体媒介"社区群的范畴。

口头语言、面部表情、体态语言，这些"身体媒介"的传播特点决定了该类社区群的特点。面对面沟通，不仅是同步的、即时的，而且由于在语言信息之外还最大限度地提供了沟通的背景环境，因而保真度比较高，人们通过这种交流，能够获得比较深层次的交流，人格得到全方位的展示，长期的面对面沟通，能够使社区成员获得一种实实在在的情感依附和群体归属感。但是，"身体媒介"受到传播时空的限制，人们必须在一个共时性的同一物理空间进行交流，这在网络信息时代，无疑是成本很高的一种沟通方式，不仅限制了成员的地域来源，而且也限制了成员沟通的频次和时间长度，结果采用"身体媒介"沟通方式的媒介社区不同程度地出现成员流失，稳定性减弱，一些媒介社区在新型沟通媒介的作用下甚至逐步消失。

2. "网络媒介"社区群

如果说"口头语言"的出现是人类传播史上的第一次革命，"书写文字"的出现是人类传播史上的第二次革命，"印刷技术"的出现是人类传播史上的第三次革命，"电子技术"的出现是人类传播史上的第四次革命，那么"电脑和网络技术"的出现，就是人类传播史上的第五次革命。① 以"网络媒介"作为沟通媒介的媒介社区构成了"网络媒介"社区群，目前在线网络上的各种媒介社区都是"网络媒介"社区，"网络媒介"社区是当下媒介社区的主要形式。

无论是 E-mail、BBS、网络聊天室、ICQ，还是博客、播客，网络媒介一个共同的优点是克服了"身体媒介"的时空限制，沟通方便、快捷，更为重要的是网络交流的匿名性使人们可以在媒介社区中进行非全人格的交流，从而实现在现实社区或者单纯使用身体媒介不能实现的愿望和要求。正是这些特点，使得"网络媒介"社区得到了迅猛的发展，据中国互联网信息中心的最新统计数据，我国目前已经有 5.13 亿网民，其中使用论坛/BBS、社交网站的人数分别达到 28.2%、47.8%。②

"网络媒介"社区的发展，是传播技术和现实社会发展的双重结果。虽然"网络媒介"的发展是未来媒介社区发展的一个方向，但是脱离了"身体媒介"的网络媒介社区，常常给社区成员一种更加深刻的孤独感。在当下的社会环境中，人在很大程度上，还必须生活在一个现实世界的环境中，离开了现实世界，人就像缺少阳光一样，会感到莫名的抑郁，这其实是缺少以身体为媒介的面对面人际沟通。因此，未来的网络媒介社区，将在一定程度上融入"身体媒介"，只有实现了"网上与网下"、"虚拟与现实"的良性互动和循环，人的社会性才能最大限度地实现。

3. "手机媒介"社区群

电话的出现，使远距离通信成为可能。移动电话即手机的出现，在一定程度上，使电话从商业通信工具日益演变为一种个人媒介。移动电

---

① 邵培仁：《论人类传播史上的五次革命》，《中国广播电视学刊》1996 年第 7 期。

② 中国互联网络信息中心：《中国互联网发展状况统计报告》，2012 年 1 月，第 12、29 页。

话，通常称为手机，日本及港台地区通常称为手提电话、手电，早期又有大哥大的俗称，是可以在较广范围内使用的便携式电话终端。目前，手机已经发展到第三代，即目前通常所说的 3G 手机。第一代手机即所谓的大哥大，是一个名副其实的移动电话，也就是说只能实现简单接打电话的功能。目前在全球范围内使用最广的是所谓的第二代手机（2G），以 GSM 制式和 CDMA 为主。它们都是数字制式的，除了可以进行语音通信以外，还可以收发短信（短消息、SMS）、MMS（彩信、多媒体短信）、无线应用协议（WAP）等。所谓第三代手机（3G），指第三代移动通信技术制造和使用的手机，其中 3G 是英文 3rd-generation 的缩写。相对第一代模拟制式手机（1G）和第二代 GSM、TDMA 等数字手机（2G），第三代是指将无线通信与国际互联网等多媒体通信结合的新一代移动通信系统。它能够处理图像、音乐、视频流等多种媒体形式，提供包括网页浏览、电话会议、电子商务等多种信息服务。

　　相比"网络媒介"而言，3G 的"手机媒介"不仅兼具"网络媒介"的所有优点，而且还具有后者所不具备的便携性，更能随时随地地进行沟通和交流。根据一些学者的预测，未来电视、电讯、网络将出现三网融合，最终转型为一个全方位服务网络，[①] 那么具有移动通讯功能，能够处理图像、音乐、视频流等多种媒体形式，可以兼容网络、电讯、电视的 3G"手机媒介"将可能成为这个全方位服务网络的"终端"。

　　目前，"手机媒介"社区的发展整体还处在初级阶段，以韩国的"爱我网"为例。我国目前 3G 手机的运用还刚刚开始，之前基于 2G 手机的团体手机服务功能，以及一些网络服务商针对特定的服务对特定的手机用户进行推广和服务，一般这些特定的群体将成员之间的联系大都转移到利用手机来进行，那么"手机媒介"的媒介社区就形成了。需要说明的是，这里的"手机媒介"的媒介社区是针对"沟通媒介"而言的，而不是媒介社区的兴趣主体，很多大型门户网站和专门的社区网站都开设有"手机论坛"，这些手机论坛的沟通媒介是"网络媒介"，比如手机之家网（http：//www. imobile. com. cn/）。

---

　　① ［美］托马斯·鲍德温、史蒂文森·麦克沃依、查尔斯·斯坦菲尔德：《大汇流：整合媒介、信息与传播》，龙耘、官希明译，华夏出版社 2000 年版，第 295—296 页。

从技术层面来说，沟通媒介是不断发展的，未来新的沟通媒介到底是什么样子，我们现在很难准确判断。但是，社区的本质是不会变化的，那就是作为社会精神共同体的本质不会变化。作为社会精神共同体的一员，媒介社区的成员肯定会根据现实的情境选择最为适合的沟通媒介。无论是现在的网络信息时代，还是未来，可以预想，人类在发展自身的社会性的时候，其对个性化的追求也是一个渐进的过程。也就是说，不同的群体，在不同的场合，可能会采用不同的沟通媒介，未来"身体媒介"、"网络媒介"、"手机媒介"等具有良好互动功能的媒介将同时存在，只不过不同的媒介社区的侧重点可能不同而已。

二　功能视角

功能是事物或方法所发挥的有利的作用和效能。社区是人们生活和活动的共同体，人们之所以"人以群分"，是因为社区能够满足成员的某些需要，也就是说社区具有一定的功能。早期的人们定居在一个一个村落，社区的作用是协作生产；现在的城市社区，更多的是一种生活社区、消费社区。根据社会学的有关理论，社区的功能分为一般功能和本质功能。本质功能是在任何时期、任何群体都必须实现的功能，而一般功能则主要是指社区满足人们生产、生活的功能。

对于虚拟社区的功能分类，目前比较有代表性的主要有两种分法。某学者认为，可以将虚拟社区分为经营类虚拟社区和非经营类虚拟社区；Armstrong 和 Hagel III（1996）所提出的分类是目前最常用的虚拟社区分类，被众多学者所接受。他们认为虚拟社区主要满足人的四种需要：交易、兴趣、幻想和人际关系，依此将虚拟社区划分为四种不同种类的社区，分别是：交易性社区（Communities of transaction）；兴趣性社区（Communities of interest）；幻想性社区（Communities of fantasy）；关系型社区（Communities of relationship）。其中两分法作为分类法来说，两者之间不存在重合，并且可以穷尽所有的虚拟社区，但是对什么是经营性社区、什么是非经营性社区，两者的界定并不确切。四分法虽然每种类型都有明确的称谓，但是四种类别之间的界限并不十分清晰，彼此重合的现象不可避免。

借鉴社会学将人类社会行为划分为生活和工作的方法，我们将媒介社区的功能做了两分法的划分，也就是媒介社区具有商务和生活两大功能，对应地将媒介社区划分为商务型媒介社区和生活型媒介社区。其中商务型社区大致对应于四分法中的交易性社区，而生活型社区则以人际交流为主，附带地满足人们学习、兴趣、幻想和娱乐的各种社区。

（一）商务型社区："自由市场"和"商城"的虚拟

Armstrong 和 Hagel III（1996）认为，交易性社区主要促进商品及服务的销售及购买，同时传递有关交易的相关信息。社区提供者可能只是提供一个市场空间以供大众做买卖双方的交易，而社区提供者本身不提供商品。本书认为，构成商务型媒介的要件是在媒介社区中存在商业行为，社区成员参与媒介社区的活动与互动的主要目的是进行商务活动，这些商务活动不仅包括具体商品的营销，也包括信息和服务的营销。至于社区空间或者社区沟通平台本身是否提供商品则不是必要条件。

根据网络平台是否本身提供商品，可以分为"网上商城"类和"交易平台"类商务型社区。前者比如当当网和卓越网，后者比如易趣网（http：//www.ebay.com）和淘宝网（http：//www.taobao.com）。其中，前者就是现实"商城"的网络虚拟；而后者在本质上是在线交易平台，其主要目的在于为买卖双方提供网络营销的平台，从而从中获取交易费，这有点像现实生活中的"自由市场"。比如，易趣（eBay）社区按照卖主的物品价格收取物品登录费、底价设置费和交易服务费，收取交易费是这些商务型社区的主要盈利模式。在商务型网络社区，一般设置有评论板块或论坛板块，供社区成员进行交流。比如：在淘宝网除了买卖专区之外，还设置了资讯板块、社区板块和打听板块，在媒介社区内起沟通和交流作用。

无论是"商城"的网络化，还是"自由市场"的电子虚拟，商务型社区的兴起，催生了新媒介经济。在网络信息时代，首先由于新媒介与新技术可以使媒介的生产成本降低、相应的边际成本也不断降低；使得媒介进行个体化传播成为可能；其次，计算机技术可以使信息分类非常便利，比较容易确定媒介内容、受众和商品的客户，这些使得订单生产、个性化生产成为可能；最后电子商务、电子金融和电子信用的发展也使顾问、担保、编目、发放信用等信息服务日益重要。总之，作为一种购销信息中介，商务性社区在某种程度上是实体超市与网络超市的混合物——"鼠标"与"砖块"的杂交，其不断发展将导致传统商品中间商的消失、信息中介商的繁荣。

（二）生活型社区群："全向度虚拟"的网络呈现

生活型社区是指社区成员参与社区的目的不是商业交易，而是为了学习、交际、幻想等生活性目的的社区，生活性社区在外延上是指除商业型社区之外的所有社区。在当今的城市社区里，生活功能是社区的首要功能。同样道理，生活型功能是媒介社区的首要功能，生活型社区则是当前媒介社区的主要形态。根据生活的不同侧面，可以将生活型社区进一步细分为学习社区、交际社区和幻想社区。

学习社区主要指虚拟学习社区，虚拟学习社区（Virtual Learning Community），又称网上学习社区或在线学习社区（Online Learning Community）等，是指在某一特定的网络空间中，由学习者和助学者（包括各类教师、组织管理人员等）共同组成的，具有持续的师生、生生互动关系的社会集合体及其网络活动区域。[①] 虚拟学习社区的优越性在于社区中人与人之间的互动和关系，在于社区成员对社区的归属感、认同感以及对社区的参与程度，从而维持他们持续的学习活动，在于信息的传播和经验的积累，在于社区成员的共同进步。[②] 相比传统的课堂教学而言，虚拟学习社区不仅具有时空的自由，更重要的是后者注重协作学习，注重学习者自身主动的知识和能力建构，因此从理论上说，运用虚拟学习社区进行学习是一种更有效率的学习方式。

交际社区是指将针对某一主题或共同的兴趣、爱好的人群聚在一起，通过沟通来交流和分享信息、经验、情感和思想的媒介社区。显然，根据这样的定义，Armstrong 和 Hagel III 所界定的兴趣社区和人际社区就包含在内。社区成员参与交际社区的目的不是商务，也不是学习，更不是幻想，而是社会交往与人际交往，希望通过交际，建立一种认同感、归属感。因此，相对其他功能性的媒介社区而言，在交际社区中，社区成员之间彼此包含了更多、更深入的人际沟通。目前大多数虚拟社区属于交际社区的范畴，在天涯社区中的 BBS 论坛区中，绝大多数板块的主题是关于情感沟通和社会交际的，只有很少的主题是关于学

---

① 马红亮：《虚拟学习社区的社会学分析》，《中国远程教育》2006 年第 9 期。

② 齐香香、赵莎莎、张红艳：《虚拟学习社区中学习共同体的建构》，《中国现代教育装备》2007 年第 1 期。

习、商务和幻想的。当然这也是与天涯社区的"媒体平台"特征以及其打造"国内第一人文社区"的初衷有关，目前在市场和资金压力下，天涯社区正在进行SNS①的转型。

幻想型社区是指这样的社区：社区能够产生一个新的环境、个人个性空间以及虚构的故事，让成员可以在这样的环境中设定及扮演期望的角色来和社区中其他成员互动。现在，大多数的网络游戏都属于幻想型社区的范围。网络游戏一般分全生活体验型和局部生活体验型，前者以美国大型3D游戏"第二人生"最为典型，后者是目前角色扮演类游戏的主体，比较典型的是《剑侠情缘》和《仙剑奇侠传》系列。两者的不同主要在于，全生活体验型是根据自己的意愿设置一个全角色的数字人，在一个类似现实的虚拟世界学习、工作和生活；后者大多数是在一个特定的虚拟世界，扮演一种特定类别的角色，根据游戏的总体框架进行游戏。一般而言，前一种游戏的自由度更大。

"第二人生"是目前美国最受欢迎的三维网络游戏，由美国旧金山的"林登实验室"（Linden Lab）技术公司开发而成，创始人兼首席执行官为菲利普·罗斯戴尔（Philip Rosedale）。据称，"第二人生"是"一个完全由其居民建设和拥有的三维虚拟世界"，并且是一个"充满人群、娱乐、体验和机会的数字大陆"。在此，"居民"们购买虚拟土地，打造虚拟房屋、商店、俱乐部、宫殿、庙宇和海底洞穴，甚至重建古罗马。它以虚拟现实技术所构建的高度拟真体验，完全颠覆了人们对于互联网社区和社会性网络的想象。②"制造一个相互交往、实现欲望的平台，而非一款单纯的游戏"，是"第二人生"的基本理念和重要特质。"第二人生"在很大程度上就是为了鼓励用户进行更深层次的人生参与和生命体验，让人们可以实现在现实世界中难以实现的愿望。正因为如此，"全生活"体验型游戏将是未来网络游戏的发展方向，"全向度虚拟"是网络虚拟社区的高级发展阶段。

（三）两者的分野与联系

媒介社区是由于媒介的作用逐步形成的社会精神共同体，在这个社

---

① SNS，全称Social Networking Services，即社会性网络服务，专指旨在帮助人们建立社会性网络的互联网应用服务。

② 刘畅：《"第二人生"与虚拟自我》，《甘肃社会科学》2008年第2期。

区形成与发展的过程中，信息的传播与沟通起重要的决定作用。商务型社区与生活型社区在很多方面是相似的，首先两类社区的形成媒介、沟通媒介可能没有截然的区别，目前因特网是最为普遍的形成媒介和沟通媒介；其次，其构成成员的人口学类型没有太大的差别，某一些人可能同时属于生活型社区和商务型社区；最后，从社区成员互动的方式来看，无论是生活型社区，还是商务型社区都可能分别采用同步、异步沟通方式，也可能同时采用同步、异步混合互动方式。

两者的根本分野其实在于沟通信息的类型，以及信息沟通的结果。对于生活型社区而言，社区内的沟通信息主要是一些新闻信息、知识信息、经验信息和情感信息，而信息沟通的结果是成员获得了参与感、认同感，产生了情感依附和群体归属感；对于商务型社区而言，社区类的沟通信息主要是一些商品信息，信息沟通的结果是成员实现了对商品的认知以及可能的商品买卖。

在当前媒介社区的版图上，尽管生活型社区占绝对多数，但是商务型社区的发展速度明显加快，时间对商务型社区的发展有利。也就是说，在今后的一段时间，除了新增商务型的社区之外，一些商务行为将逐步侵蚀目前没有商务功能的媒介社区，虽然不敢贸然断言，未来商务功能将成为所有媒介社区的必备功能，但是随着植入式广告的发展以及网络口碑营销的拓展，未来的大多数媒介社区恐怕难以置身于商务之外。

植入式广告是广告的一种新形式。所谓植入式广告，就是将产品融入到其他非广告媒介产品中，使人们在消费其他媒介的过程中潜移默化地接受了广告传播信息的一种新颖的广告方式。我们生活中的任何事物都可以成为植入的载体，各种标示牌、娱乐活动、电影、电视、游戏等。只不过，不同的载体广告价值不同，价值较大的载体莫过于大众媒体。在我国，一般民众对植入式广告的了解很多是从 2004 年的贺岁电影《手机》开始的，从电影开场高速旋转的 388C，到结尾令严守一观之色变的 A760C——片中所有的手机都姓摩，叫托罗拉。电影中严守一用彩信 388C，费墨用 T720，沈雪用 V860，大段用 V70，吕桂花她女儿脖子上挂着 E380，武月用以要挟严守一的超级武器，则是 E365。无论角色是正面还是反面，摩托罗拉总归凭借《手机》红了一把，388C 也名声大噪——观众还是理性的，手机无错，《手机》也成为手机厂商成功宣传的典范。① 目前，已经有相当多的广告开始进入媒介社区。一些商业型社区中论坛的签名档，消费体验等都是很明显的植入式广告，大型互动网络游戏也成为植入式广告的天堂。互动游戏式广告（Interactive Ganmes），就是在一段页面游戏开始、中间、结束的时候，广告都可随时出现，并且可以根据广告主的产品要求，为之量身定做一个属于自己产品的互动游戏广告。例如当消费者在玩赛车游戏时，会看到路旁有广告看板；或者是游戏中出现飞碟，则让飞碟载上广告。"宠物王online"是宏碁戏谷继戏谷麻将馆后，另一款自制的大型 RPG 游戏。在游戏中，打中怪物就有机会获得怪物身上掉下的"必胜客餐券"。当人们在游戏时，有关品牌的信息就会作为一个背景投影到脑海里。② 正是由于植入式广告神奇的"柔性"宣传效果，通用汽车、丰田、戴尔、路透社和 IBM 公司已经纷纷在"第二人生"上"落户"，仅 IBM 就购买虚拟"岛屿"24 座。它们利用这个虚拟世界展示产品、检测性能和推销理念，通过在"第二人生"上放置公司的电子商务网站链接而扩大自身产品的线上销售。③

网络口碑营销，英文为 Internet Word of Mouth Marketing，简称为 IWMM。网络口碑营销是口碑营销与网络营销的有机结合。口碑营销实际上早已有之，地方特产、老字号厂家商铺及企业的品牌战略等，其中都包含有口碑营销的因素。网络营销则是互联网兴起以后才有的一种网上商务活动，它逐步由门户广告营销、搜索广告营销发展到网络口碑营销。由口碑营销与网络营销有机结合起来的网络口碑营销，旨在应用互联网的信息传播技术与平台，通过消费者以文字等表达方式为载体的口碑信息，其中包括企业与消费者之间的互动信息，为企业营销开辟新的通道，获取新的效益。

网络口碑营销是指消费者或网民通过网络（如论坛、博客、播客、相册和视频分享网站等）渠道分享的，对品牌、产品或服务的相关讨论以及相关多媒体的信息内容。"网络口碑——IWMM"所探寻的也正是 WEB2.0 网络中最有效的传播模式。IWMM 网络口碑在国际上已经盛行

---

① 林子：《手机广告漫游大银幕——盘点电影中的植入式手机广告》，《夸克日报》2008年12月29日（http：//www.quacor.com/show.php? contentid=23373）。

② 莫梅锋：《无所不在的置入式广告》，《中外管理》2003年第9期。

③ 刘畅：《"第二人生"与虚拟自我》，《甘肃社会科学》2008年第2期。

了很久，美国甚至有 WOMMA 协会来对此领域进行专门的权威的探讨。不过迄今为止，网络口碑还只是传统广告媒体传播的有效补充，其模式和传播信息形式的特定性，还不足以使其成为完成品牌塑造的主导传播方式，但是毋庸置疑，IWMM 网络口碑有着传统广告不可比拟的优势，他对于一个品牌知名度和美誉度的改变是潜移默化的，也是深入人心的。

"社区就是互联网的未来。" 2007 年 5 月 15 日，在第二届互联网社区大会上，众多互联网专家对互联网的发展趋势做出了这样的判断。专家们认为，随着网民上网的行为模式向互动交流转变，社区平台的应用越来越深入广泛，未来的成功的商业模式，都将建立在社区基础之上。据艾瑞数据的调查显示，现在网民停留在三大门户网站上的有效浏览时间只占其总上网时间的 19%，其余大量的时间都是消磨在社区类网站上，社区已成为聚合网民主流的互联网平台。"领导中国互联网的实际上已经不是新浪、搜狐、网易三大门户，而是以百度、腾讯、阿里巴巴为首的新势力，这些新势力能够迅猛崛起，主要是他们均拥有强大的社区。"①

三 互动模式视角

互动是一个社会学概念，指各种因素之间相互影响，相互促进，互为因果的作用和关系。在媒介社区中，形成媒介的聚合作用以及沟通媒介的互动作用都不可缺少。其中，沟通媒介的互动是媒介社区成员之间的信息、情感、思想和理念的分享与交流，是媒介社区中不可缺少的黏合剂，离开了互动，媒介社区中的传播就成为单向传播，媒介社区也就不复存在。

由于互动的时效不同，对互动参入的双方以及多方的时空要求不同，互动的效果和影响也就不一样。即时互动或者同步交互，不仅要求互动的媒介社区成员在客观上同时处于一个共有的沟通平台，而且要求双方或多方在主观上还有即时沟通的愿望，两者缺一不可；延时互动或者异步交互的要件在于沟通的双方或多方在主观上有沟通的愿望，至于对是否同时处在某一个沟通平台则没有要求。同步信息交互是一种实时性的交互，即在接收信息的同时反馈，反馈即为信息的再发布，无须在

---

① 陆俊：《互联网的未来是社区化》，《信息时报》2007 年 5 月 22 日第 8 版。

时间上对传者和受众的角色进行区分，也无须对传播与接收行为进行分割或制定顺序；异步信息交互的接收与反馈行为则是发生在信息发布之后的一段时间内完成的。异步即是指时间延迟、延宕所造成的时空不同步。同步交互可以及时获得信息的分享与交流，交互者不仅有亲身交流的现场感、而且还有即时交流的兴奋感，在一定程度上增加了交流的信任度，缺点是时间局限性较大，难以经常性、持续性地进行；异步互动不受时间限制，信息交互的时间被拉伸了，而信息流动的时间被压缩了，保证在大范围异质人群中过滤、聚合出同质人群，缺点是信息交往呈现出琐碎化、片断化和游戏化的趋势。

正因为互动的时效不同，带来信息交互和传播的结构和效果的迥然差异，那么以不同互动时效形成和维持的媒介社区也将会有很大的不同，因此本书据此将媒介社区分为同步互动社区和异步互动社区。其中，同步虚拟社区包括：网络聊天室 IRC（Internet Relay Chat）、多人网络在线游戏也就是俗称的泥巴（MUD）、ICQ、一般的在线游戏等；异步虚拟社区包括：电子邮件列表（email）、电子布告栏（BBS）、新闻讨论群组（newsgroup）、网络电子布告栏（usenet）。

（一）同步互动媒介社区："我就在你身边"

从媒介社区的起源来看，最早的社区互动模式是同步和异步同时存在的。作为最早的媒介社区，读者俱乐部最为主要的交流沟通方式，当属于面对面的沟通方式，除此之外，还有书信沟通方式。对于面对面沟通，从互动时效方面来说，属于即时、同步交互方式；对于书信、信笺沟通而言，其时效就是延时、异步交互。

在平面媒介社区时代和电子媒介社区时代，无论是报刊读者联谊会还是广播电视的粉丝群，也都同时采用同步和异步沟通方式。例如：报纸的读者见面会是采用同步沟通方式，报纸在相应的读者反馈栏目传播的各种资讯则属于异步沟通方式；广播电视直播互动节目的场内面对面互动、场外短信互动属于即时互动，而网络 BBS 的互动以及传统的书信互动则属于异步互动。只有在网络信息时代，沟通的时效才发生了完全的分离，一些社区，诸如网络聊天室 IRC（Internet Relay Chat）、多人网络在线游戏也就是俗称的泥巴（MUDs）、ICQ、一般的在线游戏等形成的社区才开始相对单一地使用同步互动。

IRC 是 Internet Relay Chat 的英文缩写，中文一般称为互联网中继聊天，简称网络聊天室。它是由芬兰人 Jarkko Oikarinen 于 1988 年首创的一种网络聊天协议，经过近 20 年的发展，目前世界上有超过 100 个国家提供了 IRC 的服务。在国内人气最旺的 QQ 和 MSN 上，您可以看到数以万计的使用者在同一时间使用 IRC。IRC 是继 BBS 后的一种即时闲聊方式，相比于 BBS 来说，它有着更直观，友好的界面，在这里每一个社区成员可以畅所欲言、而且可以表现动作化，也更具人性化，由于是即时式的聊天，因此更接近真实的聊天情景。以 IRC 作为沟通媒介的社区就是同步互动媒介社区。

新浪网络聊天室就是典型的 IRC 聊天室。登录新浪网的二级子网——网络 UC 聊天室（见图 3—2），可以看到中央大概有 22 个分类板块，点击其中"成熟男女"板块，会弹出一个新的页面，可以看到将近 150 个聊天室（见图 3—3），不同的聊天室有不同的名字，进入的成员根据聊天室的主体进行群聊或私聊。一般来说，进入聊天室子网的网民都会进入一个或几个固定的聊天板块，与具有同样兴趣和爱好的人进行即时聊天，这些相对固定的网名就构成了同步互动媒介社区。由于网络聊天的匿名性，加上身体缺席和场景隔离，很少的会话能像现实面对面交流那样完整、深入。其中的群聊在很大程度上只是社区成员的一种自我宣传与话题营销，其最终目的在于发现和自己有共同兴趣和爱好的人进行私聊。一般的开放聊天室，成员很不固定，流动性很大。

图 3—2　新浪 UC 聊天室的主界面

图3—3 新浪网都市男女板块下的聊天室列表

多人网络在线游戏，也就是俗称的泥巴（MUD）游戏，其中 MUD 是 Multiple User Dimension（多用户层面）的简称，实际上是一个多人参与的文字幻想互动游戏。MUD 主要是依靠文字进行游戏的游戏，图形作为辅助。1978 年，英国埃塞克斯大学的罗伊·特鲁布肖用 DEC－10 编写了世界上第一款 MUD 游戏——"MUD1"，是第一款真正意义上的实时多人交互网络游戏，这是一个纯文字的多人世界。其他有影响的 MUD 游戏还有《侠客行》和《万王之王》（见图3—4、图3—5）。一个泥巴游戏的所有玩家就构成了一个媒介社区，在这个社区中，所有的玩家或者说社区成员可以同时扮演一个和几个角色，由于 MUD 游戏也是一种 RPG（Role Playing Game）角色扮演游戏，因此在 MUD 中，你所接触到的，是一个由电脑构造出的广阔的虚拟世界，在这个世界中的每一个游戏角色背后，都有一个现实中的人在操作，他的七情六欲、喜怒哀乐、价值观念，无不完全投射到游戏角色身上，并影响游戏的进程。MUD 玩家所面对的不再是那些呆头呆脑的在电脑控制下的机器人物，而是一群有血有肉有个性，具备真正人的智慧的游戏伙伴。在 MUD 游戏这个媒介社区中，每个成员通过文字和图片即时互动，传递着自己对角色的理解和培育，并通过角色和机器后面的真正的人互动，去实现在现实世界不能实现的行动、愿望和幻想，在一定意义上说，MUD 就是这类媒介社区成员第二个生存空间。

图 3—4 《侠客行》游戏界面截图

图 3—5 《万王之王》游戏界面截图

ICQ 即 "I SEEK YOU（我找你）" 的意思，是目前互联网上最流行的即时信息传递软件。它支持在 Internet 上聊天、发送消息和文件等。使用新版本 ICQ，你可以查看、查找和打印消息历史，设置随机聊天，使用多种方式查找并添加别的用户，获得更详细的用户信息，接收你朋友的生日并把你自己的生日提前通知大家，创建你自己的 ICQ 主页，当你在线的时候别人就可以访问你的主页，利用贺卡、语音邮件等 ICQ 插件发送贺卡和语音邮件，利用 ICQ Email 发送、转寄和复制电子邮件，使用你喜欢的字体、字号和颜色发送消息，为不同的事件选择声音以及配置打字的声音效果，把你的名单分成不同的组，让 ICQ 提醒你将来的事件和活动，利用记事功能把你的备忘录或记事贴到屏幕上，通过 ICQ 进行网页搜索，进行实时聊天并且可以回放保存的聊天内容，可以在聊天中插入动作和表情，等等。目前国内使用较多的 ICQ 分别是 MSN、QQ 和网易泡泡。与 IRC 相比，ICQ 不仅可以进行单人或多人的即时聊天，而且还能使用搜索功能，查找你需要查找的好友或者之前聊过天的人，能够提示你何时朋友和同事连接到互联网上，并可以通过这个软件相互交流。正因为 ICQ 具有这些优点，使得目前 ICQ 的发展快于 IRC，MSN、QQ 和网易泡泡的同时在线用户人数远远多于任何一个网站的 IRC 同时在线人数，如果将 IRC 比作"固定电话式"的网络人际聊天，那么 ICQ 就是"移动电话式"的网络人际"面对面"。

QQ 是目前国内使用人数最多的 ICQ 交流平台，QQ 网站上有不同的聊天室、不同的群和不同的聊天个体，经常出入某个群或某个聊天室的人就形成了一个稳定的群体，这个群体就是借助 QQ 媒介形成的媒介社区。在这种媒介社区中沟通有两种方式，也就是群聊和私聊两种。群聊，即多人参与的讨论，由于参与人数多，说话内容比较繁杂，要保持连贯性也较为复杂。但是由于在网上聊天，所有聊天记录都有被保留的可能。因此在聊天室或 QQ 群的群聊过程中，发话者有机会对每一个受话者发来的信息反复查看，之后做出相关的回答，这样就可以保持会话的连贯性。同时，参与者可以通过呼叫对方名字（昵称）的方式来保持会话的连贯。私聊是一种一对一的聊天方式，与自然会话更为接近。由于在 QQ 上，加入群聊或者私聊一般需要通过验证，这样就便于在大量异质人群中结晶出同质人群，逐渐形成稳定的媒介社区，另外一些现实的群体也通过建立 QQ 群的方式来加强彼此的联系，进一步强化了媒介社区的凝聚力。

一般的在线游戏，主要是指除了 MUD 游戏以外的其他即时互动游戏，包括单人游戏和多人游戏，RPG 游戏和一般益智类游戏。这些游戏共同的特点是使用非文本的方式，往往是使用 2D 和 3D 模拟现实空间，同时使用语音和图像等多种传播符号，最大限度地模拟现实游戏环境，是现实游戏或现实生活的网络化。无论是单人或多人的益智游戏、多人在线的角色扮演 PK 游戏，还是大型虚拟空间的体验生活游戏，在游戏的过程中，除了游戏角色之间的即时"面对面"的沟通之外，还有游戏角色和系统的即时沟通，不同游戏区域之间的成员之间的即时沟通。所有这些即时沟通使整个游戏空间的成员形成了一个有共同兴趣爱好，并通过互动逐步建立了紧密的联系，对游戏群体产生了一种依赖和归属心理，于是基于游戏空间的媒介社区就形成了。在所有的媒介社区中，由于在线游戏过程中涉及游戏成员的个人形象、资历和声望等变量元素的消长，大多数成员在游戏的过程中都非常投入，有的甚至对游戏过程本身产生了一定程度的依赖，因此从某种意义上，在线游戏形成的媒介社区，群体的稳定性以及成员对社区的忠诚度是最高的。

从口头语言经过固定电话到移动电话，从 BBS 经过 E-mail 到 ICQ，人类一直在努力克服时间和距离对传播的限制，同时也在追求互动的及时性。同步互动社区利用现代网络通信技术，使分别处在不同地域的成员能够随时进行信息传播和情感交流，好像对方就在自己身边一样，正所谓"社区有知己，天涯若比邻"。

（二）异步互动媒介社区："我的时间我做主"

从虚拟社区的起源来看，最早网络社区是基于 BBS 技术形成，所谓 BBS，就是 Bulletin Board System，翻译为中文就是"电子公告板"。BBS 最早是用来公布股市价格等类信息的，当时 BBS 连文件传输的功能都没有，而且只能在苹果计算机上运行。早期的 BBS 与一般街头和校园内的公告板性质相同，只不过是通过电脑来传播或获得消息而已。随着 WEB 服务的兴起，基于 WEB 的 BBS 开始强调主题性和交流性，于是诞生了 Forum（论坛）。诞生之初的 BBS 主要有四项功能应用：发布新闻、发布交易信息、发布个人感想、互动式问答。[①] 尽管现在的 BBS 从形式上已经与诞生之时的 BBS 有很大不同，早期的 BBS 是纯粹的电子布告板，现在的 BBS 大多数是由主帖和跟帖组成的有特定话题组成的会话系列。但是，现在的 BBS 在功能上并没有比早期的 BBS 有多大拓展，而且在大多数情况下四种功能的 BBS 在信息的发布与信息的反馈上都不是即时的，都存在一定的延时，也就是说互动是异步的。现在社交网站已经取代 BBS 成为网络虚拟社区的主要形式，据中国互联网络信息中心第 29 次

---

① 潘敏、凌惠、于朝阳：《国内外 BBS 论坛发展及管理比较研究》，《思想理论教育导刊》2007 年第 7 期。

统计显示，论坛/BBS 由上一个统计的 32.4% 降至 28.2%，用户量也略有减少，但是社交网站使用率止跌回稳，达到 47.6%。① 相对于书信而言，BBS 是快捷的。在一定条件下，BBS 也可以实现几乎同步的互动关系。但就一般状态而言，BBS 互动仍是一种有迟延的互动方式。当然，迟延虽延缓了互动过程，但却使互动者能够"三思而后行"，因而使 BBS 互动相比 ICQ 互动多了一分"成熟"②。在 BBS 之后，依次出现了电子邮件列表群（email）、新闻组群（newsgroup）、博客圈子。

新闻组群（newsgroup），NewsGroup 即新闻组，它通过 Internet 的电子邮件发表个人关于某个问题的观点和看法，也可能是对某人的观点和看法的回复。这些信息都是以电子邮件的方式发送到某个新闻组服务器（News Server），并以不同的新闻组名组织起来。然后由这个服务器再通过 Internet 向世界各地的新闻组服务器传送。要获取新闻必须要有一台连接到 Internet 上的新闻组服务器，用户可以通过终端仿真到服务器主机上使用字符方式的新闻组阅读器，或者以 SLIP/PPP 的方式，使用基于 Winsock 的新闻组阅读器来阅读其上的内容。国内外著名的新闻组有：

（1）新凡：[url] news：//news. newsfan. net [/url]

（2）济南万千：[url] news：//news. webking. com. cn/ [/url]

（3）宁波：[url] news：//news. cnnb. net [/url]

（4）奔腾新闻组：[url] news：//news. cn99. com/ [/url]

（5）微软：[url] news：//msnews. microsoft. com [/url]

（6）前线：[url] news：//freenews. netfront. net [/url]

在国外，新闻组账号和上网账号、E-mail 账号一起并称为三大账号，由此可见其使用的广泛程度。由于种种原因，国内的新闻服务器数量很少，各种媒体对于新闻组介绍得也较少，用户大多局限在一些资历较深的老网虫或高校校园内。不少用户谈到互联网时，往往对 WWW、E-mail、文件下载或者 ICQ 甚至 IP 电话头头是道，但对新闻组则只知其名，不知其实。新闻组是一种高效而实用的工具，它具有四大优点。

1. 海量信息

据有关资料介绍，目前国外有新闻服务器 5000 多个，据说最大的

---

① 中国互联网络信息中心：《中国互联网络发展状况统计报告》，2012 年第 1 期，第 32 页。

② 白淑英、何明升：《BBS 互动的结构与过程》，《社会学研究》2003 年第 5 期。

新闻服务器包含 39000 多个新闻组，每个新闻组中又有上千个讨论主题，其信息量之大难以想象，就连 WWW 服务也难以相比。

2. 直接交互性

在新闻组上，每个人都可以自由发布自己的消息，不管是哪类问题、多大的问题，都可直接发布到新闻组上和成千上万的人进行讨论。这似乎和 BBS 差不多，但与 BBS 相比它有两大优势，一是可以发表带有附件的"帖子"，传递各种格式的文件；二是新闻组可以离线浏览。但新闻组不提供 BBS 支持的即时聊天，也许这就是新闻组在国内使用不广泛的原因之一。

3. 全球互联性

全球绝大多数的新闻服务器都连接在一起，就像互联网本身一样。在某个新闻服务器上发表的消息会被送到与该新闻服务器相连接的其他服务器上，每一篇文章都可能漫游到世界各地。这是新闻组的最大优势，也是网络提供的其他服务项目所无法比拟的。

4. 主题鲜明

每个新闻组只要看它的命名就能清楚它的主题，所以我们在使用新闻组时其主题更加明确，往往能够一步到位，而且新闻组的数据传输速度与网页相比要快得多。

一个新闻群是由多个新闻组构成的，一个新闻组下有一个邮递列表，是一组邮件的名称清单。在一个新闻组下，参与者既可以选择订阅新闻，也可以对收到的新闻进行评论，还可以选择与邮件列表中的任何一个人进行互动，从互动模式上说是属于典型的异步互动模式，这样基于共同的兴趣和爱好，借助邮件列表这种传播形式就形成了一种异步互动的媒介社区。在新闻组群的这种媒介社区中，尽管沟通实际上是通过网络邮件实现的，但是由于一方面通过邮件列表不仅可以实现 1 对 1、1 对多和多对 1 的沟通，而且现在大多数邮件客服端都可以实现新邮件提醒服务，从这些沟通方式来看，新闻组群实际上兼容了 BBS、ICQ 和电邮等的优点，是功能形式比较强大的一种网络社区形式。但是，由于多方面的原因，目前新闻组群在我国还不流行，一般只有少数专业人士使用，其专业研究和专业信息沟通的倾向性比较强，娱乐休闲方面的倾向性比较弱。

博客圈子是一个显性精英的媒介社区。所谓博客，是指一种采用简便的软件生成个人主页、能够按照时间顺序不断更新、实现个人信息的历时积累和传播的互联网个人出版方式。[①] 而博客圈则是指若干个博客用户基于共同的话题、爱好或者志向搭建起来的一个交流互动、展示自我的平台。博客圈具有和现实生活中的组织类似的结构和功能，如管理员、好友、发起共同话题、辩论等。同时由于加入同一博客圈的用户通常在这一领域具有相似爱好，因此如果两个博客圈拥有相当数量的共同成员的话，可以认为这两个博客圈之间存在某种内在的联系，博客圈里的博主以及这些博客的固定读者构成了以博客为媒介的媒介社区。[②]

在博客圈子构成的媒介社区里，有两个层面的互动：一是博主的写博与游客的看博与评论；二是不同博主在自己博客中的相互引用与评介，以及具有相同兴趣爱好的游客在同一个博客圈子里的来回游逛与读评。所有这些互动都是通过发帖和跟帖的形式实现的，而发帖和跟帖也就是 BBS 常用的信息传播形式，其互动模式在总体上是异步模式。这种异步模式的最大好处是，沟通双方打破了时间重合的限制，给写阅双方带来了极大的自由和便利，使博客能够打破 ICQ 和 IRC 等同步互动的时间限制，真正做到"我的时间我做主"，从而使在互动时间上存在差异的群体能在内容兴趣同质的基础上实现最大限度的聚合。

（三）两者的分离与融合

生活在现实社区的人们，从沟通符号方面来看，是视听结合的；从互动模式来看，是同步和异步融合的。全方面、立体化的沟通方式，密切了社区成员之间的关系，增强了社区的凝聚力和认同感。

随着科技和传播的发展，在身体媒介之外，产生不同的外资媒介形式，书籍、报纸、刊物等文字媒介打破了时间和空间的限制，拓展了信息传播的地域广度和时间长度；电报、电话、广播等声音媒介极大地提高了信息的传播速度；而电视和多媒体网络则使各种传播符号融为一体。也就是说，从媒介和传播的发展史来看，传播符号走了一个从复合

---

① 刘津：《博客传播》，清华大学出版社 2008 年版，"前言"第 5 页。

② 王建冬、王继民、田飞佳：《博客圈的特征及其演化机制初探》，《现代图书情报技术》2008 年第 4 期。

到分离、再从分离到融合的过程。那么，社区的互动模式是否也要经历这样一个"合久必分、分久必合"的历史循环呢？

从早期的读者俱乐部、报刊读者联谊会到电子媒介粉丝群，其最初的原始沟通形态都是以面对面沟通为主的，互动模式是同步的；除了面对面沟通方式之外，这些媒介社区还通过书信以及纸质媒介本身进行沟通，这种借助体外纸质媒介进行沟通的互动模式属于异步沟通方式。只有当网络媒介作为独立、单一的形成媒介和沟通媒介时，社区成员之间的互动模式才开始出现完全的分离，早期的 BBS、博客圈、新闻群组都是单一的异步互动模式，而 ICQ、IRC、MUD 和一般在线游戏都是单一的同步互动模式。

然而，单一的同步、互动模式都有自己的优点，比如同步能够获得即时反馈、信息流比较顺畅，沟通双方能够获得比较准确的理解，信息的情感维度比较情感化；异步沟通能够打破时间的限制，双方沟通比较自由，信息的情感维度偏向理智，等等。但是，毋庸置疑，每一种互动模式都有一定的缺点，比如同步沟通需要沟通的双方同时在一个公共的沟通平台上，否则沟通就不可能实现，而异步沟通由于信息沟通的片段性和断裂性，沟通双方难以建立深入的联系，等等。只有将同步和异步互动模式结合起来，取长补短，才能最大限度地发挥媒介社区的沟通效能，促进媒介社区的稳定和发展。

目前各种媒介社区都纷纷采用相应的手段，开始完善自身的互动沟通模式，互动模式开始走向融合。首先是异步沟通模式开始采用同步沟通。以 BBS 为例，现在一些网络论坛在帖子中加入了即时联系的标签，如果双方同时有即时联系方式，而且同时在线的话，就有可能建立同步的互动。比如，淘宝网的网络论坛就有即时联系方式，如果发帖、回帖以及阅帖的人希望获得即时交流，就可以点击贴主图像下面的"和我联系"标签，如果双方同时在线又都下载了淘宝网的即时沟通软件"阿里旺旺"，就可以实现即时的沟通了（见图3—6）。一些没有同时开发即时沟通软件的 BBS 社区，允许论坛成员在帖子里公布第三方即时通讯软件，比如 QQ、MSN 以及其他软件的账号，那么只要沟通双方同时在线又共有一款即时通信软件，也可以实现同步互动。另外，对于一些比较成熟的 BBS 社区，由于成员比较固定，一些人就可能同时登录该 BBS，即时进行连续的回帖，由于发帖和回帖的时间被压缩得很短，本身异步的交流方式获得了同步交流的效果。

图 3—6　淘宝网兼容即时通信功能的 BBS

其次是同步沟通模式开始兼容异步沟通模式。几乎所有的即时通信工具，无论是 ICQ、还是 IRC 都设置了会员不在线的留言功能，这种迟延得到回复的沟通显然就是一种异步沟通。对于一般的某一种在线游戏，一般是某游戏网站众多游戏中的一个，对于益智类游戏还有一个统一的大厅，游戏管理方会不时在公告栏中发公告，游戏玩家也可以和其他玩家通过同一个聊天室进行沟通，由于众多玩家共同使用一个聊天室，加上游戏玩家更多的时间和精力是集中在游戏本身，所以聊天常常会发生迟延甚至中断，同步沟通工具实际上发挥着异步的功能（见图3—7）。另外，大多数游戏网站设置了与游戏分类几乎相同的分类论坛，这样有些游戏玩家就可以边论坛发帖、阅贴、回帖，边进行游戏，前者是一个典型的 BBS 工具，因此是一种异步沟通方式。对于 MUD 和大型 RPG 游戏，不仅在游戏中设置了 BBS，而且在游戏之外网站之内设置了 BBS，这也是同步沟通和异步沟通的一种融合方式。

总之，网络信息时代是一个融合的时代，这种融合不仅体现在传播技术、传播媒介层面，也表现在传播形态和互动沟通方式层面。未来的媒介社区，无论在沟通媒介方面，还是在功能和互动方式方面，都将随

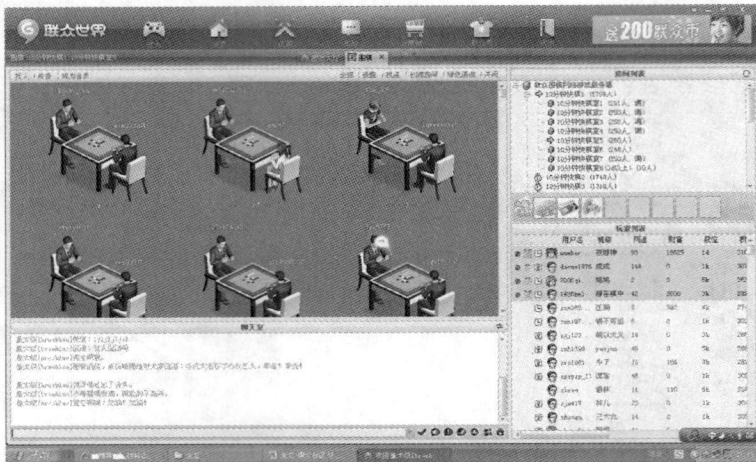

图3—7　联众游戏的公共聊天室

之发生融合，融合是未来媒介、未来社区的发展方向。

第四章　聚众传播的特征与内涵

　　如果将人类社会的发展史划分为三个阶段，那么依次是农耕社会、工业社会和信息社会。在不同的历史阶段，有不同的传播媒介、传播类型以及各自对应的传播方式和传播形态。

　　在农耕社会，使用的传播媒介是甲骨、金石、竹简、兽皮等自然物，以及后来的纸张，其中的传播类型依次是人际传播、群体传播、组织传播，对应的传播方式有书籍、信笺、报纸。由于尚未出现工业化，商业化也还没有成为社会的主旋律，农耕时代不同地域的人们还保持着频繁的人际接触，面对面的沟通、交流是社会的主要信息沟通方式，人们之间的关系较少地受到经济等价交换的牵制，人们因此能够以血缘、感情、伦理和宗教为纽带，建立起家庭、乡村和城市，这种"礼俗社会有共同的利益与目标，居民能够为共同的目标而合作，并结成高度整合的社区"。① 在礼俗社会的社区中，人们彼此之间经常面对面沟通与交流，这种交流和沟通，不仅是生产和生活的需要，更是联系情感、深化友谊的需要，通过这种平等和泛中心的传播方式，人们彼此之间建立牢固的联系；社区成员由于这种传播形态而彼此更加亲密，社区因此更加稳定。如果从传播对于社会成员的结构作用来看，这种农耕时代的传播形态不是将整体的人分散开来，而是将分散的人聚合起来，在"物以类聚、人以群分"的过程中发挥媒介的粘连和聚合作用，因此我们可以姑且称之为"聚合传播"。

　　在工业社会，由于科学技术的大幅度进步，使用的媒介除农耕时代的自然物之外，还有机器制造的纸张、电影、广播、电视等新型媒介，这一时代使用的传播类型几乎囊括了人际传播、群体传播、组织传播和

---

① ［德］斐迪南·滕尼斯：《共同体与社会》，林荣远译，商务印书馆1999年版。

大众传播等所有的传播类型，对应的传播方式增加了广播、电视、电影等传播方式，传播的广度和速度达到了前所未有的水平。在工业时代，随着商业化的全方位渗透，社会的结构和社会关系都深深打上了经济的烙印，人们的关系常常基于常规、政策、公众舆论和特殊利益，而社会的形式则表现为股份公司、大城市、民族国家以及整个市民经济社会和工业社会。农耕时代的"礼俗社会"日益让位于工业社会的"法理社会"。在"法理社会"中，盛行个人主义，凝聚力不如"礼俗社会"，个人表现其特定的作用。由于人口的增长与集中，随着城市的迅速兴起，以交换为基础的市场关系的不断侵入，原有的共同社会关系遭到破坏，人们日益感到孤立，缺乏情感依附和群体归属。在"法理社会"中，社区尽管还存在，但是已经不是"礼俗社会"中的"社区"，人们之间的关系日益表现为一种经济关系，彼此之间缺乏面对面沟通与交流，社区由于缺乏认同而显得冷漠、凝聚力不强，社区的发展呈现离散状态，社区成员对于外界的信息了解主要通过大众传播途径来进行，大众传播是工业社会的主要传播形态。如果从传播对于社会成员的结构作用来看，这种工业时代的传播形态不是将分散的人聚合起来，而是趋向于将整体的人分散开来，在"物以类聚、人以群分"的过程中发挥媒介的区隔和分流作用，因此我们可以姑且称之为"分众传播"。

在网络信息时代，除了所谓的网络媒介之外，并没有出现大量的全新媒介，许多所谓的新媒介只是原有媒介的某种改良，比如：从模拟电视到数字电视、卫星电视、移动电视、手机电视、网络电视，从固定电话到移动电话、卫星电话、3G 手机等。但是由于网络技术可以形成一个兼容性很强、几乎没有传播时空限制的全球性媒介网络，其对媒介的整合导致了传播媒介、传播类型和传播方式都发生了前所未有的融合，结果导致人们的传播思想、传播观念、传播方式和传播行为都发生了系统的变化，这种变化往往不能用一种角度或一种概念来描述。在网络信息时代，社会一方面按照"工业社会"的发展惯性继续发展演变，另一方面，人们开始借助各种媒介建立"媒介社区"，这种媒介社区在某种意义上是"礼俗社会"的"社区模式"，满足了人们之间进行直接交流、获得文化认同、情感依附和群体归属的愿望和要求，在这样一个时代，信息是高度冗余的，人们逐步把自己的"触角"从大众传播的媒介转移到媒介社区中的媒介，媒介社区最终将成为人们的主要生活领域，媒介社区中的媒介将成为社区成员的"首属媒介"。如果从传播对于社会成员的结构作用来看，这种媒介社区中的传播形态将分散的人聚合起来，而不是趋向于将整体的人分散开来，在"物以类聚、人以群分"的过程中再度发挥媒介的粘连和聚合作用，因此我们可以姑且称之为"聚众传播"。

从农耕社会到工业社会、网络信息社会，社会经历了"部落化—去部落化—重回部落化"的过程，如果说部落就是"礼俗社会"，去部落化时代是"法理社会"，按照滕尼斯的"社区"和"社会"的二元分析框架来分析当今世界范围内的社会发展趋势，那么就可以说，从农耕时代到工业时代，人类是从"社区"迈向"社会"，也就是说社区向社会化发展；从工业时代到网络信息时代，人类则从"社会"回到"社区"，也就是说社会向社区发展。当然，这种回归不是一种简单的重复，而是一种"螺旋式"上升，是一种飞跃，网络信息时代的社区是媒介社区，是一种克服地域、血缘限制的新型社区。相对应的，人类的传播形态也经历了一个从聚合传播发展到分众传播、聚众传播的历程。

在媒介社区中，综合了多种传播媒介、传播类型和传播方式，是一种综合传播、融合传播，但是这种综合与融合既不是简单的叠加，也不是原有传播形态的小幅度改良，而是一种思想、观念、传播模式的全新革命，是一种传播形态的新范式。

第一节 主体的融合与自由

根据经典传播理论，传播的主体就是指过程中涉及的人，是传播者与受众的总称。无论是大众传播还是在分众传播的理论框架下，传播者和受众都是彼此具有明显确定的边界。所谓传播者，就是信息的编码者，而受众就是信息的解码者。大众传播的传者是组织化的个人，是有着明确传播目的，受过专业训练的职业传播者；而大众传播的受众则是一群无核的大众，一群高度同质化的个体聚合。

在媒介社区中，社区成员是出于共同的兴趣与爱好，在一定媒介场作用下，逐步聚合在一起的社会精神共同体。在媒介社区中，每个社区成员既是传播者，又是受传者，传播主体的界限开始模糊，相对应的是传播主体的身份开始走向融合。物以类聚，人以群分。媒介社区是在人的个性化得到发展、传统社区类"社会"化的双重背景下兴起的，追求人际的、社会的自由沟通交流，寻求文化认同、情感依据和群体归属是人们加入社区的主要目的，也是人们进行信息传播的内在动力。正是在这种背景下，聚众传播的主体开始从限制走向自由、从被动走向主动。从某种意义上说，在聚众传播模式下，既没有施拉姆的传播者和受传者的严格界限，也不存在曼纽尔·卡斯特所言的"从事互动者"和"被互动者"的两种人口，① 有的只是平等的、自由的沟通双方。

一 从确定到模糊的主体

无论是大众传播、分众传播还是所谓的小众传播，传播媒介还是传统的大众媒介，传播者还是组织化的个人——职业传播者，只是传播组织对传播内容、传播对象进行了一定程度的细分，这依次对应于当下大众媒介的主题专业化和受众专业化浪潮。但是，无论是哪种形式，传播信息的接收者依然是受众。尽管从大众传播到分众传播、小众传播，传播者更加重视受众的需要和反馈，但是对媒介信息的生产和编码，其主动权和控制权依然掌握在传播者手里。传播者和受传者之间的界限是明晰而不可跨越的。

在媒介社区的聚众传播状态下，尽管也存在类似大众传播的单向传播形式，但是其普遍的信息传播方式是群体传播和人际沟通与交流。在媒介社区中，每一个社区成员的地位是平等的，任何社区事务都需要经过全体社区成员的共同商讨才能最终决定。在信息的传播场域中，每一个社区成员都可以提出话题，每一个社区成员都可以对话题进行讨论，在这种兼容"1 对多"、"多对 1"和"多对多"的群体传播模式下，每一个社区成员既可以是传播者、也可以是受传者，每一个社区成员既是传播者又是受传者是一种现实可能；在人际传播中，"1 对 1"的传播模式更是难以界定谁是传播者、谁是受传者，每一个社区成员既是传播者又是受传者则是一种现实的现实。

理想的信息传播应该是一种信息分享与交流，在大众传播模式下，职业化的传播者总是不可避免地附带有价值判断和利益追求，这样就不

---

① ［美］曼纽尔·卡斯特：《网络社会的崛起》，夏铸九等译，社会科学文献出版社 2001年版，第461页。

可避免地使信息传播产生某种程度的失真，难以达到真正信息分享与交流的目的。在聚众传播的状态下，社区成员参与信息的传播是一种自愿、自觉的行为，信息分享和交流本身就是媒介社区成员参与传播的目的，传者和受众身份的模糊与融合从形式上强化了信息传播的本来目的。

在20世纪后半期，大众传播媒介为了提高传播效果，纷纷提出"以受众为中心"的观点，希望据此赢得受众的青睐和关注，提高本媒介的阅听率和市场占有率，然而实际的效果却并不尽如人意。原因可能是多方面，但是其中一点不可回避的是，传者和受众的分离是一个不可克服的因素。只有在媒介社区的聚众传播状态下，传者和受众的融合，使信息传播真正做到了"以受众为中心"，因为此时，每一个社区成员都是受众，每一个社区成员又都是传者，在"我为人人、人人为我"的良性循环下，实现了信息传播的真正价值——信息的交流与分享。

在早期的媒介社区中，还存在明显的形成媒介，而形成媒介势必引入大众传播的影响，在一定程度上还存在"传者"和"受众"的分野，比如：出版社系统的读者俱乐部、报刊系统的读者联谊会、广播电视的粉丝群体。在当今网络信息时代，这些媒介社区都一定程度上开始借助网络沟通平台，为了真正发挥媒介社区联系受众的作用，对应的形成媒介应该减少对媒介社区的控制，而逐步使其成为一个自组织系统。

二　告别约束走向自由的主体

在大众传播的状态下，广播电视是由不同的节目以时间线性方式传播的，报纸和杂志是由不同的版面和栏目以空间线性传播的，这些媒介的传播内容是一个由传者定义的固定文本，受众只有在规定的时间、以规定的形式进行接收和解读，受到传播形式和传播内容的约束和限制。对于受众的反馈，同样受到反馈方式、反馈渠道的限制，信息反馈的作用受到限制。对于传播者而言，一方面由于媒介大多数是固定周期的传播媒介，截稿时间压力对传者是一个巨大的限制，许多低质量的传播内容可能由此进入了传播的渠道；另一方面，作为组织化的个人，传播者必须带着"制度化的框架"来进行信息的收集、编排和传播，而不能完全按照信息传播规律办事，结果使信息传播的价值出现偏离。

在聚众传播的状态下，各种媒介的信息传播在时间和空间上都是非线性的，人们之间的交流呈现同步和异步相融合的发展趋势，而信息文本处在一个不断被编辑和改写的状态。所有这些特点，决定媒介社区的传播主体是非常自由的。他们可以根据自己的时间随意参与媒介的交流和互动，可以根据自身的兴趣和爱好用自己喜欢的方式和语言进行信息文本的创造和编辑，人们较少地受到外部的制约，也没有明显的"价值"约束。这种情况，在网络社区中显得更加明显，在网络媒介社区，社区成员体现为一个一个"ID"，这些象征成员身份的"ID"实际上只是一种身份指称，对其背后的现实生活的人来说，具有很好的匿名作用。在这种匿名状态下，人的个性达到了最大限度的展现，人们可以比较放心地摘掉现实生活中的"面具"，让自己的"本我"或"本真"在网络社区的人际交流中充分地释放。

根据弗洛伊德的精神分析理论，人的性格可以分为三个层面，依次是"本我"、"自我"和"超我"[1]。在当下的有关虚拟社区的研究中，很多专家担心，网络传播会导致"本我"得到没有限制的发挥，最终导致人性的沉沦和社会的无政府主义。应该说，这样的担忧是有一定道理的。但是，正像现实社区存在制度和相应规则一样，在网络媒介社区中，同样存在相应的规则和制度。人们为了在网络社区中进行信息、情感交流、获得认同感和归属感，其"本我"并不像专家想象的那样不受任何的约束，"社区的规则"、"同辈的评价"和"道德的约束"等因素依然起到了一个规范网络社区行为的作用。[2]

人类从工业社会的大众传播模式到网络信息时代的聚众传播模式，传者和受众的分界变得越来越模糊，传播者和受众的身份开始走向融合。这使传播媒介所追求的"以受众为中心"从观念转为行动，从理想变为现实，传播主体因此获得了更多的自由。需要说明的是，根据罗杰·菲德勒的观点："媒介形态的演变不会出现一种媒介形态的出现导致另一种的消亡"，同样，一种传播模式的出现，并不导致原有传播模式的马上消亡，原有传播模式还将在一定范围和一定程度上存在。在网络信息时代可预见的将来，大众传播仍然会长期存在。另一方面，媒介

---

① ［奥］弗洛伊德：《自我与本我》，转引自《弗洛伊德文集》（第四卷），长春出版社1998年版，第146页。

② 郭茂灿：《虚拟社区中的规则及其服从——以天涯社区为例》，《社会学研究》2004年第2期。

社区的发展和演变也是一个渐进的过程，早期媒介社区的形成媒介特征还将在一定程度上存在，传者和受众的界限依然存在，受众和传者争取自由的过程还没有完全终止，媒介社区的发展将伴随着传播主体争取自由的过程。在这个过程中，将有利于人个性的全面发展，有利于社会的全面发展。

三　走出被动迈向主动的主体

在大众传播模式下，由于传播者和受传者在传播中的地位和作用各自不同，他们就表现为差别较大的主观能动性。在大众传播的经典理论中，有关传播者和受众的概念可以从一个侧面反映这种差异。"所谓传播者，是指发送消息的人"，"所谓受众，是指读者、听众和观众的总称，是传播信息的接收者和传播行为的对象"①，从早期的信息传播模式也能看到大多数模式是单向的，信息是从传播者向受传者方向流动的。这些理论说明，在信息的传播过程中，受传者是"靶子"、"皮肤"和"沙发上的土豆"，他们是接收信息的"容器"，几乎没有主动性。而传播者则是"枪手"、"注射器"和"电视扫描性"，左右着信息的传播内容和传播方式，是信息传播的主动方。

在双向互动模式下，受众开始摆脱完全被动的形象，在可能条件下，也会对信息的传播进行反馈，这种反馈是主动的。只是由于渠道的限制，这种反馈相对信息的传播而言是有限的，也就是说，对受传者而言，信息的输入和输出是极端不对称的，尽管存在反馈，受传者在总体上仍然是被动的。在这种模式下，其实传者也不是"全能"的主动者。对于发送目的在于获取直接反馈信息的信息，在某种程度上就是被动的，这种被动完全是媒介市场竞争的结果，如果没有激烈的市场竞争，媒体出于成本的考虑、效益最大化的考虑，也会不自觉地倾向于减少受众反馈信息的收集与处理。

在媒介社区的聚众传播模式下，传播主体获得了空前的自由，每一个社区都可以自由地发表话题、帖子，也可以任意与社区中的其他成员进行"1对1"的人际交流。媒介社区是在媒介场的作用下形成的，社区成员彼此之间需要通过信息、经验、情感和理念的交流和分享保持联

---

① 　[美]哈德罗·拉斯韦尔：《社会传播的结构和功能》，商务印书馆1948年版。

系，形成文化认同；也就是说，媒介社区因为媒介而形成，因为传播而存在，社区成员加入媒介社区的目的和意义也在于信息传播和交流，正是出于以上原因，每一个社区成员既是传播者又是受传者，他们都是信息传播的主动者。

以网络论坛为例，经常光顾某一主题论坛的注册会员就构成了以这一主题为共同兴趣和爱好的媒介社区。社区传播主体的主动性首先表现为一种自愿参加。在目前绝大部分类型的 BBS 上（内部论坛除外），没有强制性的进入规定，任何网民只需要简单注册 ID 信息，就可以加入论坛，大多数论坛成员都是根据自己的了解和判断，选择加入某论坛的，几乎不存在外力的强制。其次，表现为一种经常性的自发阅帖和跟帖，大部分注册会员都会定期登录到网络论坛，随机地翻阅论坛中的各种帖子，并对其中自己感兴趣的帖子进行回复，发表自己的看法与见解。最后表现为一种自觉的发帖。发帖往往意味着提出新的话题，话题的更替是网络论坛保持"负熵"的一种途径，也是网络论坛保持生机和活力的一种体现。

传播主体的主动性首先意味着信息传播的创造性，只有媒介社区成员的主动传播，才能不断推出一些新的话题、新的信息、新的情感和新的思想。其次，传播主体的主动性意味着传播信息的数量和质量得以提升。最后，传播主体的主动性还意味着沟通双方的亲密性和社区的凝聚力的加强。

在当今网络信息时代，由于社会经济地位的不同，不同的社会阶层具有不同的媒介的接近权和媒介素养，这在一定程度上影响了处于劣势地位的阶层的媒介社区参与程度以及媒介传播的主动程度。另外，媒介信息社区与现实地理社区之间缺乏有效的关联，也在一定程度上影响着人们主动的程度和互动的深度，这些需要社会和政府采取必要措施，来逐步消除阶层间的媒介素养差异以及随之而来的媒介接近权差异，从而保证全体社会成员有同等的加入媒介社区的机会和使用媒介的技能和素养。

第二节　媒介的类型与整合

在大众传播模式下，每一种具体的媒介组织，其所使用的媒介往往是单一的，报社使用报纸，杂志社使用期刊，电台使用广播，电视台使用电视。毋庸置疑，每一种媒介都有自身的优点，每一种媒介又同时具有自己的弱点，单一的媒介在传播的过程中总会遇到一些问题，从而影响受众的接收与参与，并最终影响该媒介的传播效果。

在聚众传播模式下，媒介社区往往会采用多种传播媒介、多种传播方式、多种传播类型，从而实现传播的整合，最大限度地满足社区成员的不同信息传播需求。与商业化的整合传播不同的是，这种媒介的整合不是多种媒介的简单相加，也不是机械的统一，而是一种有机的融合。依据媒介社区中各种媒介的地位、作用和功能，我们可以将媒介社区中的媒介依次分为传授式媒介、参与式媒介、互动式媒介、自助式媒介、自媒介以及首属媒介。

一　单向度媒介

在大型 RGP 游戏中，游戏玩家经常会在游戏界面中看到系统消息，这种系统消息可以出现在游戏界面的互动群口中，比如"传奇"游戏的弹出文本窗口，也可以出现在游戏环境中的虚拟社会的广播系统，比如"第二人生"的路边公共广播站，这些"电子布告"或者"网络虚拟广播"其实扮演着一种大众传播媒介的角色（见图 4—1），其目的是将系统信息迅速告知给媒介社区中的每一个成员，是一种典型的信息单向传播。这种执行单一告知功能的媒介就是单向度媒介。

这种单向性媒介实际上是传统传受式媒介在媒介社区中的一种形式，正如在大众传播模式下，传受式媒介主要是针对媒介的功能和传播模式而言的，并不一定专指某一种传播媒介类型。实际上，在媒介社区中，书籍、报刊、广播、电视、网络、手机等媒介都可以成为单向度传受式媒介。但是，任何媒介类型一旦成为某媒介社区的传受式媒介，那么它就一定具有下述两个基本特征。第一，该媒介的信息只是少数人能够授权发布，并不是所有的社区成员都有权力和机会使用该媒介。第二，该媒介的信息发布是针对所有社区成员的，成员对此一般只有接受的权利，不能对该信息进行同步反馈和即时修改。

媒介社区是具有一定成员规模的群体性组织，其间的群体传播、"1对多"交流的最为便捷与有效的方式就是使用传受式媒介，传受式媒介是媒介社区内的"大众传播"媒介。与传统大众传播媒介不同的是，

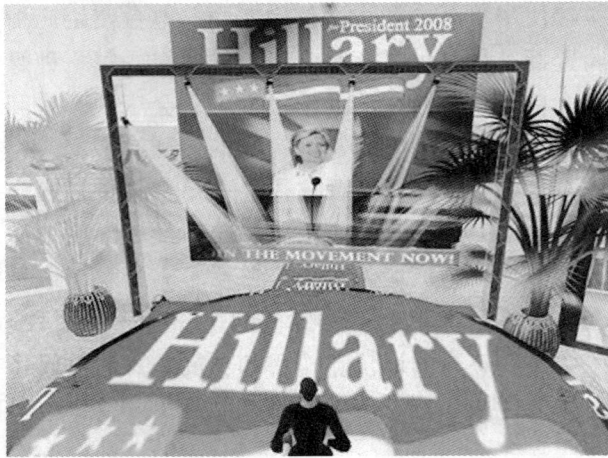

图4—1　希拉里竞选团队在"第二人生"开展的
广告宣传

媒介社区中的单向度传受式媒介的每一个受众都是确定的，而且不存在信息传播的盲区，传受式媒介对于每一个受众的传播关系是一致的、平等的。大众传播模式下的大众媒介一旦进入媒介社区，需要进行一定的改造，期间的对象化和内容、形式的"软化"将是不可缺少的。

二　双向度媒介

战国时代，有一个叫公明仪的音乐家，他能作曲也能演奏，七弦琴弹得非常好，很多人都喜欢听他弹琴，人们很敬重他。公明仪不但在室内弹琴，遇上好天气，还喜欢带琴到郊外弹奏。有一天，他来到郊外，春风徐徐地吹着，垂柳轻轻地摇着，一头黄牛正在草地上低头吃草。公明仪一时兴致来了，摆上琴，拨动琴弦，就给这头牛弹起了最高雅的乐曲《清角之操》来。老黄牛却在那里无动于衷，仍然一个劲地低头吃草。公明仪想，这支曲子可能太高雅了，该换个曲调，弹弹小曲。老黄牛仍然毫无反应，继续悠闲地吃草。公明仪拿出自己的全部本领，弹奏最拿手的曲子。这回呢，老黄牛偶尔甩甩尾巴，赶着牛虻，仍然低头闷不吱声地吃草。最后，老黄牛慢悠悠地走了，换个地方去吃草了。

公明仪见老黄牛始终无动于衷，很是失望。人们对他说："你不要生气了！不是你弹的曲子不好听，是你弹的曲子不对牛的耳朵啊！"最后，公明仪也只好叹口气，抱琴回去了。真是自找没趣。在我国，有很多的成语与典故涉及信息的传播，"对牛弹琴"是其中之一，这一方面说明传播一方面需要传受方面有共同的经验范围，另一方面说明对传播者而言，受众的必要反馈以及相应的传播效果是传播的目的和传播的期待。互动媒介在很大程度上满足了传播者对反馈的需求，而通过反馈在一定程度上也可以判断传播的效果。

如果说互动媒介是指媒介在传播过程中存在一定的受众反馈与参与，那么几乎所有的媒介都是互动媒介。因此从传播理论上讲，任何完整的传播过程都是一个闭合的环路，信息不仅从传者流动到受者，也会从受者回流到传者。从口语传播、印刷传播到电子传播，无不如此。

从受众的参与和反馈的发展过程来看，随着传播技术的发展及传媒市场化的推进，各级各类媒体越来越重视与受众的互动。受众对于某一媒体的直接参与和反馈的比率和深度，无疑能够表明受众对于该媒体的认可和接受的程度。另外，通过不断加强与广大受众的互动，媒体就可以不断扩大自身对于市场的覆盖率。因此，在受众"注意力"日益稀缺、"注意力经济"日益提升的大背景下，传播媒体建立双向度的传播通道，使受众能够广泛、及时地参与和活动就变得尤为重要。

那么，所谓的媒体与受众的互动，是不是因为报刊刊登几篇读者文章或者读者来信，观众手拿遥控器或电话而随意点播节目，在电视播出时参与回答问题，可以用手机的短消息选择对某一问题的答案，可以通过这样的"参与"而获得奖品等，就算是"互动"起来了呢？这些其实只是互动的表象，互动的本质并不如此简单。从根本上说，现代意义上的媒体互动，归根结底是为了更加有效地抵制和削弱媒介霸权，最大限度地提高广大公众在民主社会中的话语权，不断强化受众在传播活动中的主体地位。①

综上所述，所谓双向度媒介不是简单地指媒介具有受众参与功能，也不是指一种单一的媒介物质外形，而是指一种新的媒介传播形态，一种新的媒介传播环境。在这种媒介形态或者媒介环境下，互动媒介能够使传播者和受众的界限不再截然清晰，两者的地位彼此平等，传受之间

---

① 郝雨、邢虹文：《互动：媒体如何让受众做主》，《今传媒》2005 年第 1 期。

的信息通道和信息流量大致一致。在此概念下，口头传播媒介属于双向度媒介，印刷媒介就不是双向度媒介了，大众传播模式的电子媒介也不是双向度媒介，而媒介社区中的大多数网络媒介都是双向度媒介。

单向度媒介与双向度媒介的本质区别在于，传播者和受众各自的地位与作用。单向度媒介的传者和受者界限分明，传者拥有信息发布的绝对主导权，受众只能被动地接收，这种传播模式是一种典型的"有核"模式；而双向度媒介的传者和受众界限模糊，传者和受众是一种协作关系，他们通过互动媒介进行信息的交流与分享，这种传播模式是一种典型的"无核"模式。

无论是在"礼俗社会"还是在"法理社会"中，最为典型的双向度媒介就是口头传播媒介，互动模式单一，在运用过程中受到时间和空间的限制，影响着社会成员沟通的广度和深度。在"媒介社区"中，双向度媒介具有种类多，功能齐全，使用方便，互动深入等特点。

在媒介社区中，各种双向度媒介种类多，社区具有较多的选择性。以基于 ICQ 软件为基础的 QQ 群为例，在一个功能齐全的 QQ 群中，就有 BBS、即时会话、视频聊天、电子邮件、短消息等多种互动媒介，如果存在线下互动，那么还有面对面的、全语境下的身体媒介。如此之多的互动方式与互动渠道，给了社区内成员很多的选择，使不同性格、不同使用习惯的人总能找到一种适合自己的互动媒介，从而实现与社区其他成员进行有效的沟通与交流。虽然早期的媒介社区，比如读者俱乐部仍然主要以面对面的、全语境下的身体媒介作为互动的媒介，但是由于群体范围小，群体关系紧密，群体成员之间的沟通仍然十分充分，而且在当今网络信息环境下，传统的媒介社区都不同程度地融合网络技术，网络系统的多互动媒介正越来越多地整合进媒介社区中的沟通媒介体系之中。

在媒介社区中，双向度媒介功能齐全，社区成员之间互动深入。在媒介社区的沟通媒介群中，互动媒介不仅种类多，而且功能齐全，不仅有同步互动的媒介，也有异步互动的媒介；不仅有文字媒介、声音媒介，而且有视频媒介；不仅有信息分享作用，也有情感交流作用。如果说在口语传播时代，还存在"智者"和"萨满"，由于信息占有量的巨大差别，使得互动还存在现实的不平等，那么在网络信息时代的媒介社区里，大量同质化的人群，是一个高度的自组织系统，无核去中心化是其典型群体特征，人们之间的互动无论是在形式上还是在内容上都实现了平等。正因为媒介社区中互动媒介的种类齐全，而且媒介社区成员之间的互动地位平等，文化认同推动下的交流与传播就更加深入。

三 协作式媒介

协作在字典中的解释，是协同合作的意思。所谓协作性媒介不仅包括传播者和受传者内部的协同、合作之意，而且还包括传播者与受传者之间的协同、合作之意。尽管广播电视相比报纸而言，其采写制作是一种团队模式，需要不同工种的协同与合作，但是这仅仅是传播者内部的合作，因此大众传播模式下的广播电视媒介不是协作性媒体。而网络新媒介，比如威客、维客等，由于其传播过程中既涉及传者和受者各自内部的协作，又涉及传受之间的协作，因此属于协作性媒介。协作性媒介的传播文本在本质上是一种开放的意义系统，随着互动和协作不断地进行修正与完善。而传统大众媒介则是一种封闭的意义系统，一旦经过"把关人"的层层过滤和意义编码，最终进入媒介系统的文本就是一个相对固化的意义系统，比如报纸的某一篇文章，广播电视的某一个节目。

威客和维客等协作性媒体，其贡献不在于传播行为本身，而是拓展了传播内容中知识性信息的部分，使大众可以轻松分享彼此的智慧成果。根据编辑的开放模式，这些协作性媒体可以分为选择性编辑和修改性编辑两种类型。

所谓威客，按照威客（witkey）模式创始人刘锋给出的定义，威客（witkey）是通过互联网把自己的智慧、知识、能力、经验转换成实际收益的人，他们在互联网上通过解决科学、技术、工作、生活、学习中的问题从而让知识、智慧、经验、技能体现经济价值。[①] 威客按照参与的方式不同可分为 A 型威客（知道型威客）、B 型威客（悬赏型威客）、C 型威客（点对点威客）和 M 型威客（威客地图）。我们熟悉的百度知道属于 A 型威客，根据百度官方的定义，百度知道"是一个基于搜索的互动式知识问答分享平台。和大家习惯使用的搜索服务有所不同，百度知道并非是直接查询那些已经存在于互联网上的内容，而是用户自己

---

① 刘锋：《互联网进化论》（http：//www. intevl. com/download. html）。

根据具体需求有针对性地提出问题，通过积分奖励机制发动其他用户，来创造该问题的答案。同时，这些问题的答案又会进一步作为搜索结果，提供给其他有类似疑问的用户，达到分享知识的效果"。[①] 威客的开放式文本实际上是一种选择性编辑，也就是说某一用户提出问题，网络上所有的其他用户都可以提供自己的答案，其中最优的答案由提问者从这些众多的答案中挑选出，当然也可以通过网络投票的方式筛选出最佳答案，不论哪一种方式，提问者一般只做选择，而不对提供的文本本身进行修改，因此这种协作性媒介整体上变现为一种选择性编辑。与大众传播媒介的选择性编辑不同的是，这种筛选的决定者不是少数的职业传播者，而是非职业的大众，是网络媒介的使用者。

维客（Wiki）是一种超文本系统支持面向社群的协作式写作，用户可以在互联网的基础上对维客文本进行浏览、创建、更改。与其他超文本系统相比，维客系统可以帮助我们在一个社群内共享某领域的知识。最典型的例子就是成立于2000年1月15日的维基百科，它以颠覆"大英百科全书"为代表的学院精英式的知识诠释方式，让所有网民参与编撰一部网络百科，目前已经拥有超过100万个词条。始于2006年4月的百度百科也属于维客，上线一年来词条总数高达72万，平均每天编辑修改的词条数为3327条，平均每天被创建的新增词条为1256条。[②] 这些编写词条的工作都是由普通网民进行的，它打破了以往学术精英对知识的垄断，使普通人也有机会向大众分享他们的智慧。维客的开放式文本实际上是一种编辑性文本，也就是说，某一用户提出问题帖子，网络上所有的其他用户都可以跟帖，提供自己的意见和答案，也可以直接对帖子中的内容进行修改，在某一时间内如果没有新的修改，那么最后的文本就是一个最佳的文本，也将是网络搜索中被检索几率最高的文本。当然，如果时代发展了，原文本中某些不适合的内容会在新的环境下得到进一步修正，这个过程是一个不断延伸，没有止境的过程。在这个过程中，每一个参与者都对文本的意义进行了一定的影响，从而获得了一定的参与感、成就感和群体意识。

---

① 百度：《百度知道》（http：//baike. baidu. com/view/402. html？wtp＝tt）。
② 佚名：《1年编7本大英百科全书　百度百科威胁传统词典》（http：//info. 52z. com/html/15123. html）。

　　协作性媒体不仅具有大众传播媒介不同的信息选择与编辑特点，还具有与大众传播媒介不同的传播机制、评价介质和功能机制。对于传播机制而言，协作性媒介，无论是威客，还是维客，信息的传递根据信息的作用主体可以分为三个不同的层面。第一，信息搜寻者。一条问答信息或者一个词条界定之后，以后会有不同的人有类似的问题或词条提出，通过网络搜索就可能获得对应的回答或词条界定，所有的信息搜寻者构成了协作性媒介的第一传播层面。第二，信息提供者。当每一问题或词条提出之后，会有不同的人通过威客、维客网站或者其他网络搜索方式等途径了解这一信息，根据自己的认识和理解对问题或者词条进行回答、整理或者修改，这其实是一个信息的互动过程。在这个互动过程中，协作性媒介就将其信息传递给信息提供者这第二个层次。第三，信息浏览者。在媒介社区中，社区成员会定期浏览本社区的威客、维客网站，从而在这种自发的过程中了解这些站点上传递的某一些信息，这就构成了协作性媒介的第三个传播层面。一般来说，这三个层面是从内向外传播的过程，是信息逐步扩散的过程，也是受众群体逐步拓展的过程。

　　对于信息的评价而言，协作性媒介一般有三种方式，第一种是原始提问者或词条创建者的原始评价，第二种是答案和词条使用者的投票累计评价，第三种是威客、维客网站或者媒介社区综合评价。对于原始评价，一般使用简单的文字语言，对答案或词条解释进行分析、评价，有时也会使用简单的网络语言符号进行评价，比如"竖大拇指"，这些原始评价往往成为后续评价的一个基础，并在一定程度上影响着后续评价的价值走向。累计评价是信息使用者对答案或者词条解释的集中好与坏的一种价值判断，与原始评价相比，累计评价相对客观，因为后者是群体评价的一个量化反应，如果说原始评价是一种软性评价的话，那么累计评价就是一种硬性评价。综合评价一般是网站或者媒介社区的管理者根据前面两种评价，结合当下的信息需求特点，适时将问答和词条置顶或者置于搜索界面上的一种间接评价方式，虽然综合评价并没有明显的好与坏的判断，但是置顶或弹出界面的这种方式无疑大大增加了这些答案或词条的传播效率，本身对信息的传播起了一个很大的促进作用，这恰恰包含了管理者的"价值判断"。

　　对于协作性媒介而言，不仅具有信息功能，而且具有经济功能和情感功能。协作性媒介通过对信息的互动与交流，满足了不同人对于信息的不同需求，通过协作性媒介平台，无论是信息搜寻者、信息提供者还是信息浏览者都获得了自己所需要的信息，如果说网络信息时代，人都是信息人的话，那么协作性媒介就在一定程度上缓解了人的信息"饥渴"①。在几乎所有的威客中，会使用虚拟财富来激励人们参与信息的互动，随着人们对信息依赖的日益加深，以及网络虚拟财富与现实财富的某种对接成功，不排除未来有人会以做"职业"威客作为自己谋生的一种手段，从这个意义上，协作性媒介具有经济功能。具有同样信息需求的人会通过协作性媒介形成一个媒介社区，在这个社区里，人们通过信息的交流与分享逐步建立一种认同感，通过深入的互动还会彼此建立一种情感依赖和群体归属，这种情感功能是日益商业化的单向大众传播所不能企及的。

四　自媒介

自媒介是相对"它媒介"而言的，所谓"它媒介"就是由职业传播者把关的单向性传播媒介，比如报刊媒介、大众传播模式下的广播电视媒介等。自媒介（We Media）"是一个普通市民经过数字科技与全球知识体系相连，提供并分享他们真实看法、自身新闻的途径"。②按照传播的四要素来分析，自媒介的传播者是普通的个人，而非编辑、记者等职业传播者；自媒介传播的内容广泛，除了新闻信息外还包括其他非新闻信息，如知识、意见等，这些信息可以是原创的，也可以是转载的；自媒介传播通过数字技术来实现；自媒介传播的受众是不确定人数的大众。当下，最为典型的自媒介当属博客和播客了。

在互联网迅猛发展的网络信息时代，博客、播客、微博、轻博客等新媒体的发展极为迅速。以微博为例，自2009年"博客"的概念被引入国内后，经过短短两年的发展，它已经逐渐从一个透着时尚气息的新鲜事物成长为日益成熟的网络传播平台。据中国互联网信息中心的最新调查报告显示，"截至2011年12月底，我国微博用户数达到2.5亿人，

---

① 李德昌：《信息人社会学——势科学与第六维生存》，科学出版社2007年版，第14—21页。

② 邓新民：《自媒体：新媒体发展的最新阶段及其特点》，《探索》2006年第2期。

较上一年底增长了 296.0%，网民使用率为 48.7%。微博用一年时间发展成为近一半中国网民使用的重要互联网应用……当前微博的发展道路较为多元，各大门户均根据自身优势，为微博赋予不同的功能和特性，其突出表现便是微博社交网络功能和社会化媒体功能的侧重"[①]。可以预见，随着技术的成熟微博的影响力会进一步加强，其迅猛的发展是其他传统媒体望尘莫及的。

自媒介的特点是低技术门槛、低成本消耗和高度的开放性。一个博客传播者的诞生只需要几个简单的注册步骤，一个播客节目的发布只需要将视音频文件上传，任何具备这些初级网络技能的人都可以进行大众传播活动。自媒介使普通人第一次可以进行自主的大众传播，在传播过程中既可是信宿又可是信源，摆脱了过去单纯的作为"受众"、依附于主流传播的尴尬身份。自媒介一般只需要使用者用一个网络终端，一个接入国际互联网的有线或者无线通道，就可以进行信息传播，而且这种信息传播还是跨越时空限制的，具有几乎无限的拓展性。相比传统的大众媒介需要大量的办公室、机器、厂房以及几乎不断增长的耗材成本，自媒介是一种成本几乎可以忽略不计的，任何一个网民都可以支付得起的传播媒介，正是这种低成本，使得这种媒介的接近权具有相对最小的壁垒，是人人可以使用而且可以经常使用的媒介。相对大众媒介而言，自媒介的传播平台是因特网络，由于网络的全球性和开放性，使得来自地球任何角落的人，不分国家、民族、阶层、职业、年龄、性别，都可以使用自媒介。不仅媒介的接近权是开放的，而且自媒介的文本也是开放的，任何阅听人都可以对自媒介进行分析、评价，从而使自媒介的文本意义得到修正。

从最本质的角度来看，自媒介出现的意义不仅在于上述传播技术和传播效果的进步，更深层的意义在于对公共领域的构建。与公共领域相关的一个概念是公共性，所谓"公共性"，在政治学的视野里，是指社会个体能够平等地表达个人的愿望、倾向、意见和信念的一种民主原则。汉娜·阿伦特认为，公共性首要的是指"凡是出现在公共场合的东

---

① 　中国互联网络信息中心：《中国互联网络发展状况统计报告》，2012 年 1 月，第 32 页。

西都能够为每个人所看到和听到，具有最广泛的公开性"①。公共性在一个社会中的普遍存在，就意味着该社会具有公众广泛参与的社会舆论结构和相应的治理结构。哈贝马斯对公共性的分析与论述是从公共领域开始的，在他看来，公共领域就是公共性。所谓"公共领域"，就是以公众为主体，与以家庭为核心的私人领域相对，进行公开讨论和批判，反对公共领域的社会基础是市民社会。它的构建需要相应的社会环境，即允许公共领域存在政治体制和法制系统，有长期以来形成的普遍参与公共事务的文化传统，具有理性、批判力、知识素养和对公共事务抱有关怀的公众。正如哈贝马斯所言："具有政治功能的公共领域不仅需要法治国家之极致的保障，它还依赖于文化传统和社会化模式的合拍，依赖于习惯自由的民众的政治文化。"② 在原始的"礼俗社会"中，共同的文化认同，牢固的地域和血缘关系，使得社区成为一种公共领域。在工业社会的"法理社会"，政治和经济逐步侵蚀了公共领域，使得社会成为政治和资本控制下的法制产物，大众媒介因此成为"精英"话语的平台，普通民众逐步丧失了"话语权"，公共领域也就不复存在。在网络信息时代，自媒介为普通民众提供了话语权，任何网络都可以根据自己的意愿建立自己的博客或者播客，并根据自己的习惯和自己喜欢的方式传播信息，由博客或播客圈子组成的媒介社区实际上是一个精神共同体，人们在其中自由地发表看法、意见和观点，共同维护社区的运行与发展，自媒介因此成为一种构建公共领域的平台和工具，而媒介社区就是一种公共领域的现实存在。

自媒介促进了公共领域的构建，这不但是对传统媒体剥夺大众话语权的反思，也是对互联网内在含义的反思，事实上，最开始的计算机网络是用于资料传输共享的，每台主机之间是平等关系，直到万维网（World Wide Web）的出现才使得网络上的计算机有了服务器与客户机之分。所以自媒介的出现其实是部分还原了互联网的本来面目。

---

① ［美］汉娜·阿伦特：《公共领域和私人领域》，转引自汪晖、陈燕谷主编《文化与公共性》，生活·读书·新知三联书店 2005 年版，第 57 页。

② ［德］哈贝马斯：《公共领域的结构转型》，曹卫东等译，学林出版社 2002 年版，第 29 页。

五　首属媒介

网络信息时代，信息总量以几何级数飞速增长，人们浸淫在信息的海洋中，如果不加有效的选择，要么就会渴死，要么就会淹死。曼纽尔·卡斯特认为，所谓信息爆炸是一种社会现象，对于社会个体而言，一个人需要的信息是有限的，如果一个人具有足够的媒介素养，那么他就可以在信息的海洋中轻松地吸取信息的营养。[①] 从媒介的角度，如果存在一种媒介，这种媒介所传递的所有信息都正好是某人所需要的，那么这种媒介就是该社会个体最欢迎和最满意的媒介。

当今网络信息时代，无论信息还是媒介都是高度冗余的，人们寻找信息和使用媒介需要支付较高的时间成本。当前大众媒介的受众群体不断萎缩，为了改善这种状况，一些媒介开始实行所谓的媒介专业化，期望为受众提供更为专业化的信息服务，借此获得较好的社会效益和经济效益。受众专业化的极限就是尼葛洛庞帝在其专著《数字化生存》中率先提出的"我的日报"（The Daily Me）的概念，他认为当读者面对"我们的日报"时，浏览报纸只是过滤信息，从传送给成千上万人的共同比特中，撷取符合个人需要的部分。大多数人对整版整版的报纸，会看也不看一眼就丢进垃圾桶，对剩下的一些版面稍作浏览，真正细看的部分寥寥无几。而"我的日报"是个人"界面代理人"根据每个读者的兴趣动态状况，[②] 从全球范围的信息源中，自动选择用户所需要的材料，个人日历和电子信箱也能与新闻版面结合起来，因此"我的日报"的主标题可能是这样的："今晨的会议已经取消。"或者甚至是："今天是你母亲的生日。"正因为这份报纸综合了要闻和一些"不那么重要"的消息，后者比如可能和你认识的人或你明天要见的人有关，或是关于你即将要去和刚刚离开的地方，也可能报道你熟悉的公司。但是，所有这些，对个人都是不可或缺的消息，个人将消耗掉"我的日报"上的每一个"比特"。

将先进的个人代理应用于以电脑为媒介的传播技术，最终将使个人

---

① ［美］曼纽尔·卡斯特：《网络社会的崛起》，夏铸九等译，社会科学文献出版社2001年版，第349页。

② 这里所说的个人界面代理人是指人工智能，其实是一个可以根据用户使用情况进行自动修正的搜索、定制软件系统。

可以绕过或取代传统的信息与娱乐看门人，当然也可以帮助个人从信息的海洋中准确获取自己需要的那一小部分信息。这种想法很快成为媒介技术研究公司和媒介受众孜孜以求的现实追求。例如美国的 CPointcast（点播公司）采用"推入投递"（Push）技术，让用户根据个人的需要，选择不同的大众传媒、不同的信息种类和内容，24 小时不间断地自动把信息传送到用户的电脑桌面。CNN 也在试验将新闻直接推入到用户的电子信箱的服务。此外，美国的微软公司（Microsoft）和全国广播公司（NBC）合作创立的 MSNBC 则提供一种"新闻提示"（NewsAlert）服务，上网用户可通过免费下载软件获得提示；当日重大新闻标题将自动出现在电脑桌面，并获得 24 小时不断地更新内容，需要知道详细内容时，轻击鼠标即可。这些媒体把传统的图文媒介和声音、视像媒介相互融合，他们使用网络图文媒体的超文本技术，读者可以通过多层次全球性的链接获得新闻、娱乐、购物、旅游、体育等信息服务。从理论上讲，网络媒体所具有开放性、平等性及交互式互动性使完全竞争市场成为可能，利用网络的搜索引擎，或类似"代理人"的软件，人们可以轻点鼠标，找到理想的信息产品。①

大众媒介的专业化发展特别是依据目标受众生活方式来设置的传播内容和传播形式，将促进社会阶层的进一步分化，逐步构建所谓的"首属媒体社区"。当传播媒介能够将与某种生活形态相切合的特定信息传达到高度精准的目标群体中，使这些观众感觉这样一个专业媒介抵达的是和他们同样类型的媒介使用者，感到这些媒介内容与他们的个人信念产生共鸣，并且帮助他们在一个更大的世界里确定自身坐标的时候，"首属媒体社区"就形成了。"首属媒体社区"的概念是美国学者约瑟夫·塔洛（Joseph Turow）在《分割美国：广告主与新媒介世界》中提出的一个概念，其主要意思是指与社会群体甚至个人形成了亲密和重要关系的媒介所构成的总体。"首属媒体"将以一种精神归属感来吸引人们阅听，长此以往，这些媒介将培养观众必须观看、必须分享的一种心智状态，使得他们觉得自己是特定社会群体中的一员，使得他们依恋于媒介的主持人、其他观众甚至媒介内容中的人物和赞助商。

通过塔洛的观点，我们很容易推断出，首属媒介将成为媒介未来发

---

① 葛丰：《网络时代的媒介市场细分化》，《新闻实践》2001 年第 12 期。

展的方向。媒介变革、传播变革因此将以营造"精神归属感"作为主要的努力方向。客观地说，由于受到技术和市场多方面的限制，目前还没有专业化的大众媒介能够成为现实的"首属媒介"。但是，随着媒介社区的发展，媒介社区与现实社会的高度互动，在不久的将来，人们获取信息的主要方式和途径将是通过自己专属的"媒介社区"中的媒介，媒介社区中的媒介将成为社区成员的"首属媒体社区"，媒介社区因此成为作为特定社会群体成员的精神家园。一些具有网络依赖的网民，无论是网络游戏依赖，还是网络聊天依赖，其所在的网络社区媒介就已经是一定程度的"首属媒介"。"网络的未来是社区"，媒介社区将成为社会的基本结构、商业化营销的重点、媒介发展的未来。媒介社区中的媒介最终将成为社区成员了解外界社会的窗口，社会中的所有信息将通过这种特定的中介——"首属媒介"，然后经过一定的译码传递给社区成员，首属媒介因此成为一种真正意义上的"人的延伸"。

第三节 过程的介入与凸显

人类社会的信息传播具有动态性、序列性和结构性，任何完整的传播活动或传播行为都体现为一个过程。人际传播、大众传播如此，聚众传播也如此。按照美国学者拉斯韦尔在《传播在社会中的结构与功能》一文中所提出的"五 W 模式"，可以认为，一个基本的传播过程是由传播者、受传者、信息、媒介、反馈五个要素构成的。从这五个构成要素看，传者和受众是两个重要因素，受众从传者那里获取信息，与世界发生联系，从而了解世界、改进世界。因此，媒体对报道内容的选择必须与受众的需求相一致，让受众的各种信息获得满足，才能取得良好的传播效果，更好地发挥媒介的作用，这样媒介才能获得长足发展。同时，作为信息反馈的主体，受众绝不是被动地接受新闻信息，而是新闻传播的积极参与者与制约者。因此，是否重视受众，是否把受众摆在正确位置上，会直接影响传播效果。

在媒介社区的聚众传播中，有些传播行为没有说服倾向，有些传播行为甚至都没有明确的目的，也就是聚众传播并不一定追求传播效果，这与大众传播相比，是传播观念的一次重大变革。经典的传播理论都是基于大众传播实践建立的，在大众传播理论的框架下，所谓传播效果，是指传播行为产生的有效结果。广义上说，是传播行为所引起的客观结果，包括对他人和周围社会实际发生作用的一切影响和后果；狭义上讲，是传播者的某种行为实现其意图或目标的程度。因此，传播效果具有双重含义：一是它指带有说服动机的传播行为在受传者身上引起的心理、态度和行为的变化；二是它指传播活动尤其是报刊、广播、电视等大众传播媒介的活动对受传者和社会所产生的影响和结果的总体，不管这些影响是有意的还是无意的、直接的还是间接的、显在的还是潜在的。[①] 自大众传播理论诞生以后，传播效果研究一直是传播学研究的出发点，效果研究是大众传播研究的重中之重。

在聚众传播模式下，大众传播效果特别是说服性效果不再成为必要元素，或者说，在聚众传播模式下需要对传播效果重新定义。一般认为，传播效果不仅包括传播者接受信息后，在感情、思想、态度和行为等方面所发生的变化，还包括传播过程中的信息共享、兴趣养成、知识承接、情绪反应、审美愉悦、认同一致等。也就是说，大众传播的主要目的在于传播效果，而聚众传播的主要目的在于传播过程本身。之所以从大众传播到聚众传播，传播的目的会发生巨大的变化，主要是因为聚众传播的传播过程发生了巨大的变化。

一　传播过程的中心转换

在工业社会时代，传播特别是大众传播，传播者是传播过程的中心，传播者根据自己的职业信仰、行为习惯从社会采集信息，然后进行编码，通过一定的媒介渠道传递给广大的受众，受众只能被动地接收信息，整个传播过程是一个单向的线性过程，如图4—2所示。

图4—2　大众传播的线性单向过程

20世纪初至30年代末，是传播效果研究的初始阶段，也是大众报刊、广播、电影等媒介迅速发展和普及的一个阶段，人们对大众媒介的

---

① 郭庆光：《传播学教程》，中国人民大学出版社1999年版，第188页。

作用和社会影响既给予了高度期望也表达了深深的忧虑。这一时期的传播学者认为，在大众传媒有组织、有计划的传播活动面前，受众不过是一大群被动的无防护力的个人。"传播被视为魔弹，它可以毫无阻挡地传递观念、知识和欲望……传播似乎可以把某些东西注入人的头脑，就像电流使电灯发出光亮一样直截了当。"① 早期传播学研究中的"子弹论"、"靶子论"或"皮下注射论"不仅影响了后来传播的理论研究，也影响了传播实践，在以后相当长的时期内，受众的心理、受众的诉求没有得到理论界和实务界应有的重视。

"电视越来越像一个万花筒——它有如此众多的频道，通过不断变换频道，观众可以构建属于自己的万花筒。从某种意义上说，每个人看到的电视都会有所不同。"② 20 世纪 80 年代以后，世界各国相继进入了信息时代。由于传播技术的发展，大众媒介得到了迅猛发展，媒介的种类和数量达到了前所未有的高度。加上媒介的市场化、商业化、数字化、集团化、全球化，媒介之间的竞争空前激烈，一些媒介为了提高自身的阅听率和市场占有率，相继采用各种市场和受众调查方式，了解受众的需求和习惯，使自身的传播内容和传播形式最大限度地满足受众的需求，从而提高媒介的传播效果。大众媒介的传播观念由此发生了重大的变革，即"以传者为中心"的传播模式，逐渐走向"以受众为中心"的传播模式。

"受众中心"理论在很大程度上，是基于传播效果研究的"使用与满足理论"。"使用与满足"假设受众的个体差异会导致每个人寻找不同的信息，有区别地使用信息，通过分析受众接触媒介的动机以及这些接触满足了他们什么需求，来考察大众传播给人们带来的心理和行为上的效用。正如麦奎尔所说："不是研究传媒对人们做了些什么，而是让我们研究人们通过传媒做了些什么。""使用与满足"理论把能否满足受众的需求作为传播的动力和目的，其前提是承认受众是传播的真正主体，它对于满足受众需求，发挥受众在传播中的能动作用有着积极的意义。然而，在大众传播模式下，受众并不可能成为完全主动的受众，一

---

① 转引自张隆栋《大众传播总论》，中国人民大学出版社 1993 年版，第 156 页。
② 转引自詹宁斯·布莱恩特、苏珊·汤普森《传播效果概论》，陆剑南等译，中国传媒大学出版社 2006 年版，第 107 页。

方面在于受众往往并不清楚自己需要什么，而且不知道如何在使用媒介中满足自己的需求；另一方面，受众对于媒介的接近权和使用权是有限的，他们现实的媒介与信息的选择性并不充分，不能按照自己的愿望，根据自己的心意对媒介和信息进行取舍。

综上所述，传播模式从"传者中心"向"受众中心"转移，只是一种观念的转变，传者相对主动、受众相对被动的状况并没有得到根本的转变，媒介的价值倾向和利益追求使得它不可能把受众放到真正的"第一位"。甚至从某种意义上，"以传者为中心"只是大众传播媒介在激烈的市场竞争条件下的一种营销策略。

在媒介社区特别是网络媒介社区中，由于传播者与受众界限的模糊，每一个社区成员既是传播者也是受传者，社区成员直接从社会采集信息，然后进行编码，通过一定的媒介渠道传递给社区的其他成员，其他成员接收信息后可以同步或异步地与信息发送者进行互动，整个传播行为是一个双向的循环过程，如图4—3所示。

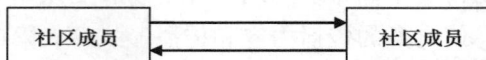

图4—3　聚众传播的双向循环过程

在聚众传播模式下，无论是身体媒介，还是 BBS、ICQ、Blog，都打破了职业传播者对"信源"的垄断，媒介新技术带来的转变体现为新闻人物（Newsmakers）、新闻读者（Audience）和职业记者（Professional Journalists）的三角结构的变化，原来处于新闻制造和传播边缘的读者个体现在成了中坚力量。在媒介社区中，每个社区成员都可以把身边事情记录下来，也可以把自己的体会和感想甚至心理状态，转换为媒介信息，通过社区媒介传给其他社区成员，在一定程度上起到了新闻收集和传播的作用；他们也可以随时通过网络搜索来检查报纸新闻是否属实，也可通过与目击者和其他社区成员进行交流（比如，阅读 Blog，网络聊天）来确证。实际上，"新技术给原先新闻过程的黑盒子投入了光，使其变得透明"[1]。由此可见，从大众传播到聚众传播，信息的传

---

① 刘晗：《网络时代新闻的未来》，《21 世纪经济报道》2006 年 2 月 12 日。

播过程正在发生改变，原来信息的接收者现在借助新的传播模式和新的传播媒介也成为信息的制造者和传播者，以"个人为中心"不再只是口号，作为社区成员的个体在传播中的主体地位伴随传播模式和传播技术的发展成为现实，聚众传播使作为社会传播实践主体的"社区成员"传播需求和传播权利得到了最大限度的保障，"社区成员"所具有的能动性得到最大限度的满足。

二　传播过程的延伸与循环

在大众传播模式下，无论是报纸，还是广播、电视，每一次的传播行为都是"单回合"的、有限的。在没有反馈的情况下，信息从传播者经由传播媒介，被受众所接收，受众根据自己的经验框架对接收的媒介信息进行理解，形成最后的意义文本。在存在反馈的情况下，受众对接收的信息进行理解、吸收，会将自己的评价、建议通过一定的渠道反馈给传播者，传播者收到反馈以后，一般会在一个较长的迟延时间里，将这些评价和建议用于下一次的信息传播，也就是说，无论传播者和受众如何加强沟通，每一次传播的原始文本在"白纸变成黑字"之后就再也无法改变了。

在媒介社区中，除了传受式媒介之外，每一次互动媒介的信息传播都不是一个简单的"单回合"过程。以天涯社区中的天涯杂谈论坛区为例，当 ID 为"中央陆军 123"的网民发起"躲猫猫"话题——"云南男子死在看守所　民警称其玩'躲猫猫'撞到墙"之后，截止到 2009 年 2 月 28 日，该讨论区共有 161 个主题帖，跟帖将近 15000 个，平均每个主题帖有将近 100 个跟帖。① 如果把主题帖与跟帖之间的交流称为一个传播回合的话，那么这个传播过程就是一个平均 100 个回合的过程；如果把每一次新主题帖的出现，作为一次与旧主题帖互动的话，那么这个传播过程就是一个 161 回合的过程。需要说明的是，当每一个话题的讨论暂时告一段落，并不意味着其传播过程就此终结，在一定条件下，这一传播过程会重新启动，比如某一社区成员对老话题的应用将会引起人们在新的传播环境下对该话题的再次讨论。媒介社区中的聚众

---

① http://www.tianya.cn/New/PublicForum/SearchSubmit.asp? flag = 1&vid = 1505706&vtitle = 躲猫猫 &vwriter = &vitem = free&idwriter = 0&key = 0.

传播行为因此表现为一个多回合的循环过程。

在聚众传播模式下，传播过程的延伸与循环可以使意义传递得更加清晰，信息接收者把握得更加准确。从简单的理解来看，单回合传播受众有疑惑也不能得到及时、有效的回应，而多回合的传播则可以通过多次互动使疑问和分歧逐步消失。为了从理论上对此加以论证，我们可以分别从"结构主义"和"接受理论"的角度来分析媒介文本的意义。

20 世纪 60 年代兴起的结构主义认为，在信息接收过程中，语言意义中的关键元素是二项对立，语言中的声音、概念和词汇永远处于对立状态，即单独的一个元素不可能表达任何意义。这种二项对立使得文本中存在着若干的结构。我们应该怎样阅读呢？传统的阅读是一种时间上的延续，人们不可能同时把所有文字全部读完，只能一字一句地读，而语言本身又是一种共时性系统，当一字一句读的时候，语言中的非时间性的二项对立就明显地显现出来。所以，结构主义假设，意义潜伏于文本之中，必须被解码。[①] 同时，一些结构主义理论非常强调文本中的"潜在的意义"，并认为一种结构具有一个中心，一个根本的基础，阅读文本时必须要找到其潜在的中心，因为这才是"确定性"和"一致"的原因。[②] 大众传播的单回合传播让受众很难找到这个"潜在的中心"，而聚众传播的多回合传播则比较容易找到这个"潜在的中心"。这如同打靶，一枪如果不是碰巧打着靶心，人们很难从一个随机的"弹着点"判断它的"潜在的中心"，但是如果是几十个"弹着点"，那么稍微有一点统计学知识的人就能够凭借这些"弹着点"的"散点图"判断出"潜在的中心"。

接受理论则认为，文本总是不确定的，对人、地点和事件的描述总是不完整的，受众为了理解文本，需要填补空白，个体本身的差异导致了各种各样的解释。对此，费斯克认为："文本不再被看成是具有自身意义和对所有读者产生相似影响的一种自足的独立体，相反，它被认为具有多种潜在意义，有很多方式能够激活这些潜在意义"，"读者是根据文本制造出意义的主动制造者，而不是已建构成功意义的被动接受

---

① ［美］弗里德里克·杰弗逊：《后现代主义与文化理论》，唐小兵译，北京大学出版社1997 年版，第 17 页。

② 赵华：《论媒体在传播过程中意义的嬗变》，《江苏社会科学》2002 年第 6 期。

者"①。在聚众传播模式下，人际沟通的丰富背景信息，不仅填补了"意义的空白"，也在一定程度上激活了"潜在的意义"；而多回合的互动，不断增加的信息也在一定程度上填补了"意义的空白"，激活了"潜在的意义"。

三 传播过程的对称与平衡

从大众传播向聚众传播转换，首先是传受双方的信息趋于对称与平衡。无论是报纸、广播、还是电视，大众媒介所掌握的信息与最后通过媒介传播的信息是不一样的，通常前者的量远远大于后者，通过"把关人"的层层筛选，最终与受众见面的信息只是冰山之一角，对于任何一个新闻事件而言，传播者与受众对该事件的了解是不对称的，前者对信息掌握的及时性和全面性要远远高于后者。在媒介社区中，社区成员发起话题，由于没有特定媒介组织的限制，社区成员一般是知无不言、言无不尽，持续的互动很快就会填平传受双方之间的"信息鸿沟"，聚众传播的结果是社区成员建立了某种认同，实现了信息的交流与共享。另一方面，聚众传播除了"1对1"的传播方式之外，还存在"1对多"、"多对1"和"多对多"的传播方式，在群体传播模式下，比如公共论坛BBS，参与的所有社区成员各自贡献自己的信息、经验与思想，最后汇集成一个相对完整的"意义文本"——一个话题下的所有帖子，而"意义文本"对所有社区成员是开放的，也就是群体传播的结果是通过信息的汇集，最终实现了信息的共享与信息的平衡。

从大众传播向聚众传播转换，其次是传受双方的地位趋于对称与平衡。在大众传播环境下，一般是"我写你看"、"我讲你听"、"我播你看"，受众缺少媒介信息的选择权。对于广播电视等时间线性媒介，还必须在制定的时间收听或者收看，否则"过了这个村就没有这个店"。在大众媒介的商业化浪潮下，受众往往被当作"市场"，作为"被说服的对象"，传播者和受众不是一种平等的合作的关系，而是一种利用和被利用的关系，传播总体上表现为一种"控制"。在媒介社区中，各种沟通媒体大多数是互动媒介，职业传播者的消失，传者和受众的界限模糊，每一个人都可以成为传播者，信息交流双方的地位彼此平等。无论

---

① ［英］费斯克：《英国文化研究和电视》，转引自艾伦编《语语渠道》，第254页。

是在面对面的口头传播，还是在基于 web2.0 技术的网络新媒体，每一个社区成员都可以有机会发表自己的观点，发出自己的声音。从博客中国的"木子美"、天涯社区上的"流氓燕"、清华大学校园 BBS 上的"芙蓉姐姐"到美国"9.11"、亚洲海啸、伦敦连环爆炸等事件，都是通过网络新媒体发布的，经过媒介社区和聚众传播的传播和扩散，其总体发布信息之多、速度之快使传统的媒体深深感受到来自新兴媒体和新兴传播模式的冲击与挑战。

在网络信息时代，从大众传播向聚众传播转换，在一定程度上是草根与精英对传播的话语权之争，传统意义上的精英已经感受到来自于草根阶层对信息的掌握与迅速传播，传统意义上的抢新闻已经不仅仅是在传统媒体之间展开，现在又加入了新的力量，那就是普通的大众，由于他们广泛分布于社会各个角落，所以对于精英达不到的地方，或者对于需要时间才能进行传播的信息上，普通大众通过媒介社区、聚众传播能够及时进行传播，在新闻源的争抢上，传统媒体已经丢失了一部分阵地。但是，由于大众对于新闻发布有时候仅仅限于对事件的简单描述而不能满足社会对新闻的进一步要求，而传统媒体中的精英就能够从大众的信息传播发现有价值的新闻，然后对新闻事件进行加工、归纳、整理、二次报道，满足人们对于事件更为深入的了解，一些传统大众媒体现在越来越多地报道媒介社区中的人和事，因此可以说，在媒介社区和聚众传播迅速发展的条件下，个人的作用得到最大化的发挥，在信息的传与受过程中，个人原来的信息弱势地位得到改善，传受双方的关系逐步走向平衡。

传播过程中信息交流的双方逐步趋向对称与平衡，传播的主体就由"单向度"的人过渡到"双向度"的人，传播双方的互动更加主动、积极与频繁。在大众传播模式下，传播首先是传播者单方面的信息输出，在某种意义上是对受众的说服与控制，其次传播还是经济利益的制造，在媒介流通的过程中，不仅是信息的流通也是资本的流通。在聚众传播模式下，传播首先意味着信息交流，其次是情感的交流，媒介社区和聚众传播因此成为人们的一种生活方式。

四 传播过程的地位和作用凸显

从传播主体的意识程度来看，传播可以分为有目的的传播和无目的的传播。一个人主动跟另一个人招手，并大声说"你好"，他是在跟人打招呼，是一种有目的的传播。一个人长久地仰头看天，结果引得一群人也跟着仰头，后来的人都以为天上发生了什么事，结果发现那人之所以仰头只是为了止住鼻子里的血，显然该人的传播是一种无意识的传播或者无目的的传播。有目的的传播一般都需要有传播效果，比如主动打招呼的人希望对方也向自己打招呼来回应；而无目的的传播则不追求特定的传播效果，显然流鼻血的人不希望引起别人的误会。

大众传播都是有目的的传播，职业化的大众媒介都需要自己的传播有期待的效果，比如，较高的阅听率、可靠的忠诚度、强大的舆论引导和广告宣传效果等。至于传播过程，由于"黑箱"的存在，职业的大众传播者很难控制也不想控制。在唯"阅听率"的时代，众多的大众媒介更是采取多种方式和手段，来提高和强化自身的传播效果——阅听率，至于信息如何流动，受众真正的需求则很少考虑或者不予考虑。比如，大多数电视台都会在晚上播放电视剧，并在片头、片尾和剧中播放长时间的广告，这一方面大大降低了喜欢看其他类型节目受众的选择权；另一方面，长时间播放广告打断了电视剧的正常流程，不仅影响了观众观看电视剧的心情，也在一定程度上影响了观众对电视剧的理解。总体上说，传播效果是大众传播的出发点和最终追求，而传播过程只是实现传播效果的手段和途径。

与大众传播重视传播效果、忽视传播过程相比，聚众传播则更加重视传播过程，而相对忽视传播效果。聚众传播是媒介社区中的群体沟通方式，信息的交流和情感的分享是聚众传播的出发点，而文化认同和群体归属则是信息交流和情感分享的自然产物。也就是说，聚众传播中包含大量的无目的的传播，其中有目的的传播也由于下面两个方面的原因而使传播过程的地位逐步凸显。

第一，传播过程的透明化。在聚众传播模式下，无论是面对面的互动交流还是网络互动交流，信源的获取、信息的发布、信息的流动与扩散都是相对显性的。在面对面互动模式下，社区成员在同一个时空里存在（present），人们不仅通过口头语言传递信息，而且还通过表情、体态等丰富的语言背景传递信息，"传者"和"受者"共处在一个透明的"白箱"中，信息的传递和流动过程不仅可以明显感知，甚至可以清晰可见。在网络互动模式下，无论 BBS、IRC 还是 ICQ，参与交流的社区成员的 ID 或者对应的虚拟图像在传播过程中都清晰可见，发帖或者聊天记录不仅同步可见而且还异步可见，也就是信息交流的双方是透明的，传播的内容以及传播的反馈、话题的提出与讨论等都是"有案可查"的。也就是说，任何一个社区成员进入社区、参与聚众传播，他首先感到的是传播信息的流动，是传播的过程，其次才是自身的参与，以及随之产生的传播影响与效果。

第二，群体的联系与互动。在大众传播模式下，受众是"大众"，是一群"规模巨大"、"匿名性"、"无组织"、"流动性"以及"分散性和异质性"的社会成员。① 大众不仅对于传播者而言是匿名的、未知的，在其内部也是"相互隔绝，孤立无援"② 的。这种状况使得传者与受众，受众内部缺少必要的联系与互动，传者与受众逐步形成两个相互对立的群体。在聚众传播模式下，传播的主体是媒介社区成员，彼此之间不仅相互了解，而且还可以通过各种互动媒介，进行联系与沟通。而这种联系与沟通又是社区成员之所以参与社区的主要目的，社区成员之间的联系和互动得到了自主的强化，很自然就使传播过程的地位和作用凸显出来。

在聚众传播模式下，传播过程首先表现为媒介社区成员的参与过程。在大众传播模式下，受众参与传播是零碎的、有限的。在媒介社区中，每一个社区成员既是传播者同时又是受众，这使得聚众传播表现为整个社区成员的共同参与。正所谓"众人拾柴火焰高"，群体的积极参与使得聚众传播的信息传播更加充分，这反过来又促进了社区成员的进一步参与，如此形成了良性循环，使传播过程无限延续下去。

其次表现为认同感的形成过程。文化认同是媒介社区形成的基础和维系的纽带。在聚众传播的作用下，社会异质性的人群逐步汇聚，形成一个媒介社区。在媒介社区形成之初，可能并没有一个明显的、稳定的文化认同。在社区成员之间不断的沟通与交流的过程中，兴趣和爱好得到了聚焦，文化取向逐步集中，最终形成了稳定的认同感。这个过程既如同社会阶层的分化，也如同铁棒的磁化。在社会阶层的分化过程中，

---

① 郭庆光：《传播学教程》，中国人民大学出版社 1999 年版，第 168 页。

② ［美］梅尔文·德弗勒、桑德拉·鲍尔·洛基奇：《大众传播诸论》，杜力平译，新华出版社 1990 年版，第 184 页。

由于社会政治、经济和文化的作用，原有的阶层被打破，碎片化的社会个人经过摩擦、碰撞，会根据自身在新的政治、经济、文化环境中的地位重新组成，从而形成新的阶层。在一个未经磁化的铁棒中，铁原子的磁极方向是杂乱无章的，在外界磁场的作用下，通过磁力的传递，铁棒中铁原子的磁极方向开始区域一致，最后使铁棒在整体上具有类似磁铁的磁性效果。媒介社区的文化认同，是一个逐步凝结的过程，在这个过程中，同时也是社区成员之间的信息、经历、情感、思想、理念的交流与碰撞过程，是媒介信息的聚众传播过程。

最后表现联系和纽带的结构过程。媒介社区是聚众传播的结果，也是聚众传播的场所、空间和对象。如果说是媒介技术给聚众传播的过程投射了阳光，使聚众传播过程"白箱化"，那么可以说是信息与信息的传播把社区成员紧紧联系起来，并构建起稳定的媒介社区。从某种意义上说，媒介社区是一个基于信息生活的社区，媒介社区成员为信息传播而来，也为信息传播而生，社区的各项活动都表现为一定的信息传播。聚众传播形成各种各样的信息联系网络，就像一个复杂结构的黏结剂，把各种元素紧紧地结合起来，最终形成一个牢固的整体。因此，聚众传播不仅是信息传播的过程，更是媒介社区的形成与存在方式，是社区成员的一种信息生活方式。

第四节　信息的流动与控制

相对大众媒体的单媒介传播系统而言，聚众传播是一种多媒介系统下的融合传播形态。在聚众传播这个复杂形态中，无论是在传播主体、互动模式、传播空间，还是在传播类型、传播方式等方面，相比大众传播都有很大的融合性。对传播主体而言，没有固定的传播者和受传者，传播者和受传者的界限模糊；对于互动模式而言，既有同步互动，也存在互动方式；在传播空间方面，既存在地理空间，也存在虚拟空间；在传播类型方面，既存在内向传播、人际传播，也存在群体传播和大众传播；在传播方式方面，既有口头传播、文字传播，也有声音传播和影像传播；在信息扩散方向与模式来看，既有"1对多"、"1对1"，也有"多对1"和"多对多"模式。这些传播元素的多元化使得聚众传播中传播主体之间的可能信息连接呈现出一个复杂的拓扑网络空间，信息的流动可以始于网络中的任何一个节点，中间经过信息的传导，最后在一定拓扑网络空间形成激荡，产生共振，并最终形成一定的文化认同。

一 基于网络节点的信息流动

（一）聚众传播的拓扑结构

由于聚众传播的融合传播形态，使得其传播过程不是简单的线性模式，而是一个复杂的立体网络形式。"网络是一组相互连接的节点。节点是曲线与己身相交之处。具体来说，什么是节点根据我们所谈的具体网络种类而定。"① 在媒介社区这个网络中，网络的节点是社区成员——信息传播的主体，网络曲线则是信息的流通路径，由于传播类型与互动模式的多样性，使得任意两点之间的连线呈现出一个双向度的矢量，而任意一个网络空间的横截面将包容多个维度的矢量，这些多维矢量的连接构成了聚众传播的拓扑空间结构。

在这个拓扑网络中，信息流动 S 是一个关于节点 n 和关系矢量 x 的函数，其中 n 是参与传播的社区成员数量，x 是与传播模式和互动模式相关的多元矢量，信息流动函数 S② 的最小值是当 n 等于 2 的时候，关系矢量为 1 的时候，此时的传播表现为"1 对 1"的单向传播；信息流动函数的最大值是等于社区成员总数的和，而 x 为包含人际传播和大众传播的互动模式的多元双向矢量，此时的传播表现为一种全社区的参与，人际传播与大众传播、同步互动与异步传播的多元化融合传播模式。显然，在信息函数取最小值时，聚众传播的信息扩散程度最低，影响最小；而信息函数取最大值时，信息的扩散程度最广，影响最为深刻。

任何实际的传播处在上述最大值和最小值之间，因此实际的信息流动空间只是整个网络拓扑空间的一部分。以一个四人组成的媒介社区为例，由于信息流动形成的网络拓扑空间，类似于一个"三菱椎体"。任何"1 对 1"的单向传播，都是这个媒介社区中信息流动函数取最小值的情况，实际的信息流动是该"三菱椎体"的一条单向度的边线。除

---

① ［美］曼纽尔·卡斯特：《网络社会的崛起》，夏铸九等译，社会科学文献出版社 2001 年版，第 570 页。

② 信息流动函数 S = F (n, x)。

此之外，作为节点的"三菱椎体"的任何一个顶点，还可以"1 对 2"的传播模式和另外任意两个节点进行信息传递，由此构成一个类似"角"的网络空间，如果另外两个节点也存在信息传递，则形成了一个类似"三角形"的网络空间。当然，任何一个节点还可以一种"1 对 3"的传播模式进行信息沟通，如果是单向传播，那么所有这些可能的连线就是单向度矢量，如果是互动传播，那么所有这些可能的连线就是双向度的矢量，由此构成四个节点的多元拓扑空间。

媒介社区的网络空间是开放的，每一个新的社区成员加入，就在聚众传播的拓扑结构中增加了一个节点，由此带来了一系列新的连接矢量，增加了网络空间的信息函数值。另外，以网络为基础的媒介社区也是开放的，能够在新成员加入之后促进社区意识和社区文化的发展与变化，而这些反过来将带动现实社会的发展与变化。"由于网络是多重的，在网络之间操作的符码和开关机制，就变成了塑造、指引与误导社会的基本来源。社会演变与信息技术的汇集，创造了整个社会结构活动展现的新物质基础。在网络中建造的这个物质基础标示了支配性的社会过程，因而塑造了社会结构本身。"①

（二）信息的触发

信息最初总是诞生于拓扑网络的某一个节点：在面对面沟通形式中的言语，在 BBS 中以某个 ID 发出的帖子，在 IRC 中某个注册用户发布的一段音、视频，等等。信息的诞生节点，是媒介社区中的社区成员，也是大众传播模式下所说的传者，信息触发之后经过关系向量将其送入网络中，就构成了信息的流动与激励。因此，信息传播结构的起点，是信息的触发阶段。

作为信息传播主体的节点，其信息触发方式大致可以分为两种：一种是外部触发，另一种是内部触发。根据马克思主义哲学原理，人类传播的信息总体上属于意识，而意识是物质的产物，是对外部客观世界的反应，从这种角度而言，所有的信息触发都属于外部触发。但是，由于外部世界在人头脑中反应的时间和方式不同，我们可以把广义的外部触发分为狭义的外部触发和狭义的内部触发两种模式。所谓狭义的外部触

---

① ［美］曼纽尔·卡斯特：《网络社会的崛起》，夏铸九等译，社会科学文献出版社 2001年版，第 571 页。

发，是指作为传播主体的社区成员在现实生活中受到环境的刺激，进而产生意识，通过沟通媒介将这种意识转化为媒介信息的触发方式。从时间上来说，这种触发与现实世界的变动是即时的；从形式来说，是对现实世界变化的一种直接叙述。比如，对伦敦地铁爆炸案的网络报道，对某个报纸新闻的转帖等。所谓内部触发，是指作为传播主体的社区成员内部心理和思想活动的一种外化。从时间上讲，内部触发是对现实世界变动的延时反应；从形式上讲，是对现实世界变化的一种抒情或者评论。比如，个人的一种紧张感或者个人的一种忧郁情绪。

从内容的性质来看，触发信息可以分为两类：一类是个人生活，另一类是公共话语。个人生活，在文本上表现为关于"我"的叙述，包括"我"的衣、食、住、行，喜、怒、哀、乐，学习、工作、消遣与娱乐，亲情、友情和爱情，等等。公共话语，在文本上表现为关于"群体或社会"的叙述，包括"群体或社会"的政治、经济、文化，自然环境、社会环境和人文环境，等等。

以信息触发的模式为横轴，以信息触发的内容性质为纵轴，可以形成一个二维的相空间，具体的信息触发形态往往会落到这个相空间的四个不同象限内，这四个象限依次是内部触发的公共话题、外部触发的公共话题、内部触发的个人生活、外部触发的个人生活，如图4—4所示。

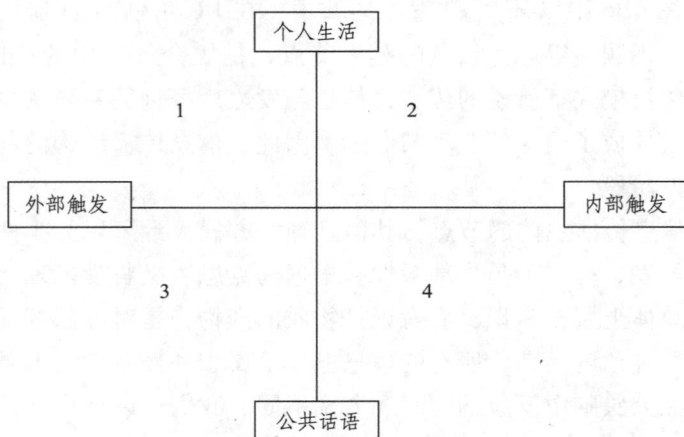

图4—4　信息触发模式类型的相空间

信息触发的模式在一定程度上决定着信息进入关系网络的方式，影响着网络曲线的矢量方向，并最终干预着其他节点的信息接收量和传播的效果。信息触发是网络信息流动的起始，不同的信息触发模式对于信息此后的流动起着重要作用。而且，信息在拓扑网络中的流动过程，也是关系矢量的传导过程，信息触发模式实际上在每一次信息的扩散中起着非常重要的关键作用。从某种意义上说，信息的触发启动了信息的完整和部分网络的连接状态，影响到信息的扩散方向与扩散速度，这也是信息发布形式之所以重要的原因之一。一般来说，位于第四象限的内部触发的公共话题，主要采用"1 对多"的互动传导模式；位于第三象限的外部触发的公共话题，主要采用"1 对多"的单向传导模式；位于第四象限的内部触发的个人生活，主要采用"1 对 1"的互动传导模式；位于外部触发的个人生活，主要采用"1 对 1"的单向传导模式。

（三）信息的传导与振荡

在聚众传播中，信息的触发引起信息的传导。在聚众传播模式下，由于关于任意主题的帖子和会话都不是单一回合的信息，信息的触发往往呈现连续状态，这种决定了信息在传导过程中呈现一种队列性。以BBS 为例，即信息是按一定的原则，如发帖的时间顺序等，来依次排列的。虽然不同电子论坛决定网络文本（俗称帖子）排列顺序的原则是不同的，但从总体看，信息间的关系在时空中是线性的，在时间上表现为顺次的发布，有先后之分；在空间上表现为对某一场域的占有，有前后之分。社区成员的接收与阅读过程一般也是线性的，越是靠前的信息，通常被接收的可能性越大。队列式发布的排序原则还有关注度原则，表现为点击量多的帖子即使发布较早也会在网页版面上靠前排列。无论是时间原则还是关注度原则，都在一定程度上沿用了新闻价值的衡量标准，即网络文本所负载的信息价值越大，越能引起人们的普遍关注。这些原则符合人们长期以来形成的信息消费习惯。

队列性的信息传导，一方面势必在拓扑网络中产生信息的相互叠加与干涉；另一方面队列性的信息传导大都会引起一定的信息反馈与互动，这些将导致节点的振荡。队列性的信息在不同网络节点之间的传导，意味着社区成员之间不断地进行信息分享与交流，随着信息交流的加深，人们达到了信息沟通、经验交流、情感分享、群体依附目的，在一定程度上实现了传播的效果，使社区成员产生了一定的文化认同，这正像机械振动在传播过程中对质点的作用一样。

关于某一话题的信息不可能在拓扑网络中长期驻存，信息的振动在经过一个或长或短的时期后会逐渐减弱，并最终消失。当然，这种振动的减弱并最终消失，是需要一定的外部条件的：第一，触发节点的停振或退出。比如，在 BBS 中，发帖人的回应，在很大程度上是推动讨论继续进行的动力，如果发帖人在很长的一段时间里不回应跟帖，那么参与跟帖的用户就会停止跟帖，网络讨论将逐步减弱并最终结束。第二，事件或问题的解决。信息得到触发，在很大程度上是个人和社会的变化，打破了原有的平衡，从而导致事件和问题的产生，人们进行信息的交流和传递是为了解决这些事件或问题，一旦这些事件或问题得以解决，传播的目的就达到了，传播也就失去了继续的动力。第三，新话题的出现。新话题由于具有较强的时效性，势必影响社区成员的注意力，相应地减少对老话题的关注度，并逐步触发社区成员从个人或者社会角度对新话题的叙述，从而引起新一轮的信息传导与信息振荡。

二 信息流激发情感流

语言具有三种基本功能，它们分别是叙述、抒情和议论，其中叙述是语言的基础功能，其他两种功能必须依托叙述而存在。情感交流是人类交流的主要内容之一，主要指人们利用多种"表意语言"传达、分享、沟通内心情感的过程与结果。由于文字的抽象性，一般很难承担情感交流的具体任务，而形体语言则能较顺利地进行情感交流，比如笑、哭、叹息、气恼、挤眼、皱眉、轻吻、拥抱等。在聚众传播的信息流动中，当某一信息在作用于网络传播节点后，个体对此信息产生美感、爱意、信念和生命的关注，从而触发情感的产生。

美感是激发起"情感"的第一个影响因子。当人们面对每一个动人的对象——自然或人时，那种形式上的极度适意，比如线条、色彩、神韵、意境等，会使人的内心产生无法抑制的冲动和激荡，这种对自然、社会与人的美的欣赏使人"触景生情"。爱意是激发起"情感"的第二个影响因子。这里说的爱意不仅只是男女之情，也指亲人之爱、故土之爱、友谊之爱……作为社会中的人，时常会感受到人性的可贵和充实而在心里涌出一股暖流，这种温馨之情不仅建立在具体的伦理上，而且也扎根在具有永恒性的普遍的人性之中。爱意往往会引发人类一种圣洁的感情，推动人们去赞美人性中纯洁无私的情怀。信念是激发起"情感"

的第三个影响因子。所谓"信念"，主要是指涵盖世界观、人生观在内的价值观念，具体地说，即"真"与"善"。当社区成员通过学习和修养，建立起"真"与"善"的信念之后，他的心中必然充溢着美好人性与人格的激情而随时可以抒发出来。生命是激发起"情感"的第四个影响因子。生命是伟大的，生命是万物、万事之源。生命的存在足以让人情绪盎然，生的激情一直在激励着人类为生命的美好、力量以及永恒的存在而放声歌唱。匈牙利爱国诗人裴多菲曾在自己的诗中写道："生命诚可贵，爱情价更高，若为自由故，二者皆可抛。"其中就包含有情感的多种触发因子，是一首饱含激情的诗篇，故能流传多年，以至几乎人人耳熟能详。

情感的产生是情感流动的第一步，不过此时的情感还只是网络节点的内部振动，并没有通过关系网络进行传导与流动。情感的传导与流动需要一定的外部条件，拓扑网络的近似节点是促成情感传导的必要因素。所谓近似节点，就是指在某些方面具有一定同质性的媒介社区成员。在信息传播过程中，存在一种"自己人"效应。当信息的接收者感到信息的传播者在职业、性别、年龄、性格、爱好等方面具有一定的相似性时，比较容易接受信息发送方传达的意见和观点，这种现象就是"自己人"效应。在大众传播中，情感类节目的主持人往往由年轻单纯的女性担当，新闻记者到车间、农村采访，往往不化浓妆，衣着朴素，这就是传播者自觉对"自己人"效应的一种运用。在媒介社区中，一个社区成员不会随便就跟另一个社区成员进行情感表达，而是通过一定的前期沟通和交流，在彼此有一定了解的基础上，如果觉得彼此是"自己人"，便会在信息交流的基础上进行情感交流。

情感的单向传导在反馈与互动的条件下会形成情感振荡，这正如声音的混响需要回音、电流的振动需要反馈一样。其中情感的真实性与适宜性是反馈发生的条件；情感的深度决定互动的频率与振荡的幅度。所谓情感的真实性，主要是指情感语言的意义指向与情感信息发出人内心指向的一致性，如果两者一致，那么情感就是真实的；如果两者存在较大差异，那么情感就是虚假的。判断情感的真实性，往往需要借助"风格符号"来判断。所谓风格符号，是指除了语言符号之外的其他符号，比如声调、表情、体态以及背景环境等。在面对面沟通状态下，人们进行信息沟通，不仅可以从语言的本来语意把握信息，而且还可以通过讲话人的"声调、表情、体态"等"风格符号"来判断信息的真实性。比如，一群人正在讨论群体之外的一个人 A 某，一个群体成员说："A 某是个老实人！"语调飘浮，面带笑容，那么该成员实际想表达的意思可能是："A 某太不老实！"在网络沟通特别是 BBS 沟通模式下，由于身体的缺席，使得风格符号在很大程度上受到了传播的阻隔，交流双方只能利用文字或简单图形符号来传递情感。例如，一个人只需要敲击键盘，就可以做出各种各样的表情，: - D 是张嘴大笑；1 - D 是舔着嘴笑；8:】是做着怪脸笑；: - ! 是鄙夷不屑地笑；: - / 是犹豫不决地笑；: - 6 是平淡无味地笑；: - e 是失望地笑；: - i 是暧昧地笑；: ~) 是喜极而泣地笑，等等。① 网络模式下沟通中"风格符号"的缺失，使得对情感真实性的判断主要落在互动信息的整体文本之中，互动的双方，根据对方连续信息的整体分析，从而判断出情感信息的真伪，这就需要一个相对较长的互动过程。情感的深度可以从两个方面来判断，一是有固定联系的两个社区成员，由于彼此熟悉，相互了解，其原有的友谊和情感程度；二是使用语言的意义深度。其中前者，是情感振荡的稳定决定因素，后者是情感振荡的非稳定决定因素。

三　情感流强化意见流，最终形成文化认同

意见是信息流对网络传播节点的触发结果。拓扑网络中意见的自由流动与传播，不是简单的复制或信息量上的增减过程，对传播效果发生作用的要素也很多。因此，需要从不同层面来进行结构的解释。大体上可以分成：微观层面上意见的形成阶段；中观层面上意见的冲突阶段；宏观层面上意见的流动阶段。其中，微观层面上的意见形成，指信息在作用于网络传播节点后，社区成员对此信息的意见形成及表达过程。个体意见的形成是网络意见流形成的起点。根据意见的发布渠道，意见发布可以分成直接式意见发布与间接式意见发布两种形式。直接式意见发布指意见发布渠道是由信息发布者所提供的，例如，最简单的直接式意见发布形式是网上受众调查，这种意见发布实际上是有参照环境的。而间接式意见发布则没有参照环境，受众为自己寻找一个适合的发表意见的场所，间接式发言渠道，包含更多个体的主动选择与判断。意见冲突

---

① 屠忠俊主编：《网络传播概论》，武汉大学出版社 2007 年版，第 256 页。

指的是在网络中某一特定的具体区域，在网络结点间，各种意见的相互交锋，以及该区域内主流意见的形成过程。围绕一个事件或主题，参与讨论的网络传播结点间的意见分散，各执一词，自由的意见表达所受传播环境限制较小，主流意见的提取过程开始。意见流开始从网络中的个别区域向其他区域扩散，并出现意见的交叉运动，即是意见流进入流动阶段的标志。在没有网络传播以外的力量介入的情况下，意见会自由地流动。在很大程度上来说，它与信息自由流动的规律是相似的。促使意见进行自由流动的动力主要包括：欣赏与认同；相互利用；树靶批判。初始意见发布后，后继意见在动态中形成有代表性的总体意见，经过流动最终形成具有准统计学意义上的意见流，为形成公共舆论做准备。这几个阶段之间的关系，不是简单的分层关系而是相互交叉、彼此融合的。[①]

文化认同是指在差异性社会关系中，个体寻求自我生命意识和价值观念与同一个文化群体中的"他者"，在体验和判断层面上的"同一性"归属感。文化认同在个体的层面而言，具体地切入现实的生活状态之中，是对生命意识和生存价值的"同一性"的认识。因此，个体的文化认同不介入宏大而宽泛的整体利益关系，也不同于一切国家政治、意识形态以及族群认同等紧密关联，它只关注于个体生活的方式与生存的价值。[②] 在聚众传播中，信息流激发情感流和意见流，情感流反过来强化意见流，从而促进媒介社区中舆论、理念的形成，引导思想和文化的集中与提纯，最终形成特定媒介社区的文化认同。

四　聚众传播的规则：自由与控制的融合形态

存在规则，就意味着管理和控制。控制是按照给定的条件和预定目标对一个过程或一系列事件施加影响的一种行动。控制过程是一种信息过程，没有信息，控制就是盲目的，就不能达到控制的目的；信息是控制的基础，控制要从有关的信息中寻找正确的方向和策略。媒介社区以及相应的聚众传播拓扑网络是开放的，相比现实社区和大众传播网络，

①　牟邵义：《网络异步传播对虚拟社区的影响》，硕士学位论文，吉林大学，2007 年，第 12—13 页。

②　杨效宏：《媒介话语：现代传播中的个体呈现》，四川大学出版社 2007 年版，第 198 页。

信息的流动是自由的、开放的。因此媒介社区的信息极端丰富，信息传播自由，这一方面改变了社区成员获取信息的途径和方式，提供了信息共享的广阔天空，促进了信息的沟通与交流，另一方面也导致了信息的过度膨胀和泛滥，需要加以控制和管理，使之符合社区成员的共同目标，促进信息、情感交流以及文化认同感和群体归属感，维持媒介社区的稳定与发展。控制作为一种行为，是贯穿整个信息系统的，通过信息的产生、收集、加工、保存及传递，对信息过程各个环节加以人为的控制。其实，从广义上说，控制等同于管理，聚众传播的信息控制就是对媒介社区中的信息传播进行管理。

由于聚众传播具有不同的传播过程与传播特征，因此其信息控制的内容也有所不同。首先是对信息源的控制与管理。信息都是从信息源发出的，信息源的优劣直接关系到信息的优劣，聚众传播中各种信息的触发与传播都是从各种信息源——网络节点开始的。一般来说，任何媒介社区都是开放的，任何社会成员只要主动申请，就会被接纳。然而在一些媒介社区中，实际上还是存在一些限制条件的。比如，读者俱乐部，需要对某类书籍感兴趣，并且切实有过相关的阅读经历。另外，从主观上，社会成员只会对自己感兴趣的主题社区产生参与愿望。主客观方面的原因，使得能够进入聚众传播网络的节点具有一定的同质性，这样就从信息传播的源头对信息传播进行了控制。目前，在一些新闻组社区中，还有一些网络节点不是现实人或象征其身份的 ID，而是具有一定智能的信息搜索机器人，相比社区成员而言，信息搜索机器人触发的信息量大面广，但信息的质不高，需要经过一定程度的人工校正，才能保证高价值信息的浓度。

其次是对信息内容的控制。尽管在聚众传播模式下，没有现实大众媒介那么多的清规戒律，但是一般媒介社区中都有一些几乎共同的规则。这些规则大体是：

（1）发布信息尽量简明扼要。

（2）每条信息要集中于一个主体。

（3）不要猜测信息发布者的社会身份。

（4）不要在新闻组、聊天室中进行以赢利为目的的信息发布活动。

（5）不得将别人发给自己的电子邮件，在未获得发信人的许可的情况下，径直转送到公告板上公布。

（6）在讨论组中发表评论、提出问题都要与同讨论组的主题相关。

（7）不得冒用别人的身份参与网上传播。

（8）不得以多个身份上网进行传播活动。

一个刚刚加入媒介社区的成员，可能在聚众传播过程中会在无意之中做出违反规则的行为。这时其他社区成员或者社区管理者会向他提出劝告，一般情况下，该新成员会随即按照规则行事。对于一些多次不听劝告的新成员，社区管理者会依次采用暂停发言甚至清除成员身份的手段来保证传播内容的适宜性。

最后是对传播渠道的控制。在聚众传播模式下，由于存在多种信息传播方式，各种传播方式各自对于信息的流动效率是不同的。大众传播方式，属于"1对多"的方式，信息从触发节点触发，很快就会到达媒介社区的全体成员。另外，由于信息在媒介社区存在的"势能"不一样，其信息对于可以导通的关系曲线的数量就不一样。一般来说，处在较高"势能"区的信息可以接通更多的信息连接矢量，相反，则只能连接较少的关系矢量。比如，在一个面对面的群体沟通场合，一般来说，位于群体中心位置发言的成员，其话语能够被更多的人所重视，也能够被更多的人所听见；在BBS社区中，置于网络精华帖子中的话题，以及置于话题列表的顶部位置的话题或者帖子能够被更多的人关注到，其接收的成员数量也就相对较多。对于传播渠道的控制，主要就是对于这种"势能"的赋予。在具体的媒介社区中，对传播渠道的控制权一般掌握在媒介所有者或媒介管理者的手里。以关于《梦想中国》的网络论坛为例，其形成媒介是《梦想中国》，其沟通媒介主要是网络媒介。那么，如果某论坛成员能够在电视节目中出现，并明确告诉所有的社区成员，其在社区中的知名度就能得到显著的提升，其实这种变化归根结底在于形成媒介的传播者将该社区成员置于一个较高的"势能区"——电视这种大众传播模式之中。

聚众传播的信息控制具有特殊性，首先在于这种控制是集体的控制。在聚众传播模式下，尽管存在社区管理者和所谓的"社区精英"，但是总体上，社区成员之间彼此是平等的，其作为社区信息生活共同体的特征也决定媒介社区是一个"公共领域"，只有社区成员的全体参与与互动，社区才能保持稳定和发展。因此，社区规则以及相应的信息传播控制总体上表现为一种集体控制，这种集体控制一方面表现为规制和约定是集体共同作用的结果，另一方面文化认同是社区内信息聚众传播的结果。在授予部分信息高"势能"地位时，尽管表面体现为媒介所有者和媒介管理者的具体行为，但是这些行为总体上只是规则和文化的一种体现，如果上述具体行为长期偏离社区规则和文化，那么这些媒介所有者或管理者就会逐步失去社区成员的支持，进而失去自己的地位和功能。

聚众传播的信息控制具有特殊性，其次在于这种控制是内部的控制。与大众媒介不同，广播电视的媒介控制，在很大程度上表现为一种外部控制，国家的法律、法规，媒介市场的经济和舆论压力等，在"显性"或"隐性"状态下对媒介的信息传播起控制作用。媒介社区是一个自组织系统，它的形成与发展在某种程度上是自发的，因此其信息传播也是一个相对自控的过程。例如：读书俱乐部，选择什么样的书，在什么时候进行读书体会交流，完全是社区成员自己的意见决定的。

聚众传播的信息控制具有特殊性，最后在于这种控制是道德的控制。在传统大众传播模式下，社会对媒介的控制方式多种多样，有政治的、经济的、法律的、行政的。其中法律和行政是一种硬性规定，作为被控制主体的大众媒介及其组织化的个人必须服从，而经济和政治的则是一种软性规定，被控制客体虽然可以不即时反应，但是如果拒绝反应，将给本身带来巨大的经济和政治风险，相应会带来硬性规定的强制性执行或者因为经济和政治资源不足而逐步被逐出市场。对于聚众传播，大部分情况下，社区成员彼此是匿名的，身体的"缺场"是信息传播主体能够逃脱社区几乎所有的现实惩罚，其硬性规定所起的作用并不十分显著，相反，人们的信息传播行为在很大程度上取决于"客我"对"主我"的一种内向控制，其中个人的道德观等因素起决定作用。有研究认为，"在虚拟社区中，人们也会出于道德的考虑，主动地去遵守社区中的相应规则。这虽然比较符合中国一脉相承的'德治'话语传统对中国人的影响，但是其重要性似乎还是有点出人意料"[1]。虚拟社区是媒介社区中的一种，社区成员在网络上的行为主要是信息传播，关于虚拟社区的规则主要是关于信息传播的管理规则。从这种角度上

---

[1] 郭茂灿：《虚拟社区中的规则及其服从——以天涯社区为例》，《社会学研究》2004年第2期。

说，聚众传播的控制主要是一种道德控制。

从根本上说，信息控制只有两个方面或者说两种形式：思维形式与规则形式。两者的不同在于，前者注重实践性而后者注重服从性，前者主动而后者被动。只有将思维形式的道德修养同调控与传导信息的工具与规则有机结合，才能实现完全意义上的信息控制，才能提高聚众传播的效率与效益。

在网络信息时代，信息的存量和增量都是巨大的，而人的注意力是有限的。在媒介社区中，每个社区成员面临着同样的困境。如何使聚众传播的信息更加适合社区成员的需要，并最终使社区媒介成为社区成员"人体的延伸"，是信息控制的目的与意义所在。

信息控制的意义首先在于能够对信息进行过滤与提炼。如果不加控制，媒介社区的开放性聚众传播将带来大量的无用信息、垃圾信息、有害信息，从而使适宜信息处在被淹没状态。进行信息控制，可以建立或形成一套挑选和过滤机制，将上述不适宜信息排除在媒介社区之外；进行信息控制，还可以有效浓缩或提炼聚众传播的信息。伯恩斯坦认为，人们所使用的语言代码与他们在世界里的位置是相对应的。代码分为详尽代码和有限代码两类，详尽代码提供了表达某事的范围较广的不同方法，从而使其使用者能明确表达自己的思想与意图。有限代码所提供的表达某事的方法范围较小，从而使其使用者不可能对自己的表达有很大的延伸或具体化。在看法、观点差异较大的群体内，社会交往要使用详细代码；而在看法、观点同质性很强的群体内，社会交往使用有限代码就足以进行。重视个性超过重视群体认同的人倾向于使用详尽代码，而重视群体认同超过重视个性的人倾向于使用有限代码。在一个开放的多元社会里，详尽代码发展得比较充分；而在一个闭塞的极权化社会里，往往通过有限代码来实施控制。[①] 在媒介社区里，其开放性特征适于使用详尽代码，但是传播规则要求使用有限代码；共同的文化认同允许使用有限代码，个性充分发展的个体倾向使用详尽代码，这种表面上的悖论实际上是人个性化和社会化双重发展的一种体现。

其次在于能够为传播主体提供一个相对舒适自由的环境。无规矩不成方圆，任何群体在开展活动时，必须有一个可供参考和执行的规则，

---

① 屠忠俊：《网络传播概论》，武汉大学出版社 2007 年版，第 258 页。

否则由于个性的多样性会导致活动的杂乱无章，并最终导致群体的解体。一个杂乱无章的传播环境，势必影响信息的触发、传导和流动。另外，在一个有多人存在的媒介社区里，如果每个人只考虑自己的绝对自由，而不考虑别人的自由，那么到头来，谁也没有获得自由。只有在一定规则的管理下，社区成员在遵循这些简单规则的基础上获得最大限度的自由。而自由与开放正是媒介社区不同于现实社区的一个重要特征，也是社区成员能够彼此畅通地进行信息交流，并逐步分享情感，建立文化认同和群体归属的一个重要前提条件。

最后，信息控制的意义在于"信息流"、"情感流"、"意义流"三流相互协调，融合发展，使信息发生裂变与聚变，从而达到聚众传播的和谐进行、媒介社区的和谐发展。"做一个网站并不难，难的是做一个能吸引上万人来看一眼的网站；做一个能吸引上万人看一眼的网站也不难，难的是做一个拥有特定人群愿意时不时进来看点什么、做点什么、用点什么的网站。"媒介社区是一个基于信息生活的社会共同体，聚众传播的信息控制，在于提供高质适量的信息服务、情感交流与理念分享，信息控制做好了，就会拥有大量的精品信息，自然会拥有特定的用户群。这就要求我们多研究一下信息控制论，掌握信息控制的基本理论和方法，有效地控制媒介社区的信息，使聚众传播和谐发展。[①]

自由和控制都是相对的，只有实现两者的有机融合，才能保证最大限度的自由和有序的控制。一方面，在媒介社区的聚众传播中，社区成员获得了极大的自由，在网络环境下这种自由达到了最大限度；另一方面，由于聚众传播的控制是一种集体控制、内部控制、道德控制，因此是一种对自由限制最小的控制，但是从长远来看，却是一种最为有效的控制。

第五节　聚众传播的内涵与本质

聚众传播是媒介社区中的一种特有传播形态，它在传播媒介的运用几乎涵盖了迄今为止的所有媒介；在传播类型上结合了内向、人际、群体、大众传播等类型；从传播形态来看，聚众传播结合了人际传播、大

---

① 赵志荣：《网络信息控制——ICP 的根本任务》，《情报杂志》2001 年第 2 期。

众传播、分众传播等的特点，但是总体上又不同于这几种传播形态。那么聚众传播到底是一种什么范畴？其内涵和特征又分别是什么？

一　聚众传播的内涵：一种具有"聚众"效应的传播形态

聚众传播首先是一种传播形态，是一种具有"聚众"效应的传播形态。"聚众"是与"分众"相对应的一种概念。"分众"的概念首先由美国的未来社会学家阿尔文·托夫勒在《第三次浪潮》中提出，在该书中，托夫勒以农业革命、工业革命、信息革命划分了人类社会进程的三个阶段。对应于三个社会阶段的不同特点，托夫勒划分了三种信息传播系统：人际传播、大众传播、分众化传播。① 喻国明教授认为，信息的价值可以划分为三个层面，依次是使用价值、交换价值和符号价值。在第一个层面，人们注意和强调的是普遍意义上的信息价值，即有用性；而在第二个层面，人们则不仅关心信息的一般价值，而且尤其关注信息对于特定目标受众的有效性和可用性；在第三个层面，信息的符号价值包含着信息所隐含的对于特定社会群体生活方式、行为规范、意志诉求、价值认同及精神归依等一系列文化区格的标志，对于人们具有某种专属意义。② 对应于喻国明教授关于信息三个价值的划分，本书认为，信息的使用价值开发对应于大众传播，信息的交换价值开发对应于分众传播，信息的符号价值开发对应于聚众传播。也就是说，当信息的传播与分享不再涉及商业化操作，而直接关注"从生产到流通，从内容到呈现方式越来越成为目标受众生活的组成部分，成为他们的社会标志之一"时，这时的传播模式就是聚众传播。与聚众传播相近的还有几个类似概念，比如社区传播、融合传播、聚合传播和众传播。

"社区传播"目前还是一个相对混浊的概念，在当下大众媒介专业化、细分化的浪潮中，在大多数情况下，社区传播是指针对某一现实社区的传播。余奇敏、陈剑和乔飞则通过对湖北电视台经济频道《经视直播》社区传播实践进行分析研究，提出了地方电视节目在进行社区传播时可以采取的传播策略和方法。他们认为，大众媒介参与社区传播、融

---

① ［美］阿尔文·托夫勒：《第三次浪潮》，黄明坚译，中信出版社 2006 年版。
② 喻国明：《传播市场的三种价值竞争与渠道依赖》，《新闻爱好者》2004 年第 9 期。

入社区文化既是当前激烈的市场竞争使然，也是传媒超越单纯的市场逐利动机，张扬自身文化构建功能的必然要求。一些学者针对社会转型，对社区传播的社会功能进行了探讨。① 徐明明认为，建设和谐社区关键是要形成社区的主流价值观念、道德观念并能被大多数社区成员所认同，社区在精神文化上有较大的共融性和一致性，较少核心价值观念的冲突，在精神生活中有社区的黏合剂。而社区传播在培育和增强社区居民的核心价值和社区归属感方面具有独特的作用和重要的意义。电视媒体和电视民生新闻已成为当前我国社区传播最主要的传媒载体和节目形态。② 在虚拟社区兴起的大背景下，一些学者，针对特定的网络社区或具体的网络传播案例，对网络社区传播机制进行了探讨。黄海靓针对"粉丝文化"现象，从网上和网下两个方面探讨了社区的传播机制。她认为，发帖与回帖、个人短消息、社区公告等网上传播方式在粉丝社区当中被赋予了新的功能，推动了网上"粉丝"文化发展；网下的传播方式同样占据了较为重要的地位，网上"粉丝"文化不能脱离现实基础。正是"网上"和"网下"两种传播方式的"合力"，最终促进了网络"粉丝"文化社区的发展和繁荣。③ 庄向阳通过解析"金领辞职当全职'猫妈妈'"这一网络新闻的传播过程，认为网络社区的传播具有放大效果，也就是美国学者卡茨和拉扎斯菲尔德所说的两级流动模式。新闻有两种传播效果，好的或者坏的，在第二级传播过程中传播效果都会有放大效应：完美的报道可以带来巨大的社会反响和声誉回报，而有瑕疵的报道带来的则是放大了的不信任。④ 从现实社区走向虚拟社区的社区传播，是一个从大众传播走向分众传播，再从分众传播走向聚众传播的过程，不过在虚拟社区的传播中，学者们还使用大众传播分析的模式，还没有意识到聚众传播实际上是一种不同于分众传播和大众传播的全新的融合性群体传播模式。

融合传播是应用传播学领域的一个概念，也称整合传播。所谓融合

① 余奇敏、陈剑、乔飞：《经视直播：社区传播的实践与思考》，《中国广播电视学刊》2006 年第 3 期。

② 徐明明：《社区传播：构建和谐社会的传播学思考》，《中国广播电视学刊》2007 年第 5 期。

③ 黄海靓：《网络"粉丝"文化社区传播机制初探》，《天府新论》2006 年第 12 期。

④ 庄向阳：《对一条可疑社区新闻在网络社区传播的解读》，《今传媒》2006 年第 5 期。

传播，是指融合各种传播方式、传播手段，使这些不同的传播方式和传播手段能够彼此取长补短，相互协调、相互配合，从而使整体传播效果最优化。曹芳华认为，新媒体层出不穷，媒介种类日益众多；受众不断细分，媒介数量与日俱增，媒体充斥着人们生活中的每一个时间间隙和空间碎片。受众的注意力越来越成为一种稀缺的资源，大众传媒市场正在瓦解成一个个"碎片"市场。网络整合营销传播（EIMC）就是以品牌策略为导向，以创意为核心，线上线下相结合在消费者的每一个接触点进行品牌传播，形成多维度的跨媒体营销传播体系，通过营销传播活动网站聚合传播效果和深度演绎品牌内涵①。融合传播在整合媒介与传播方式方面，具有与聚众传播类似的趋势，但是前者是以商业营销为目的，而后者则是以满足人的社会性需求为目的。

　　明确提出"聚合传播"概念的是博研科技的研究人员，他们认为，博客潜含着巨大的商机，博客营销应主要定位于建立在聚合效应基础上的口碑营销。博客在营销环节中同时扮演了两个角色，既是媒体（blog）又是人（blogger），既是广播式的传播渠道又是受众群体，能够很好地把媒体传播和人际传播结合起来，通过博客与博客之间的网状联系扩散开去，放大传播效应，实现受众的聚合。BLOG的聚合效应，也就是人们所说的"圈子"概念，即有相同爱好、兴趣或者为了某个特定目的而联系在一起的人群，实际上就是"物以类聚，人以群分"。比如汽车发烧友可以加入"汽车圈子"，数码产品发烧友可以加入"数码圈子"，甚至喜欢喝酒的人都可以加入"品酒的圈子"，等等。而这种圈子的划分，实际上就是对博客高端人群进行了一次分类划分，即分众的模式。从营销角度来讲，这样就极易形成一个定向准确的广告投放受众人群，更易实现营销效果②。但是，研究者并没有对聚合传播做出明确的界定，任晓敏认为，技术的聚合以及媒介实体的聚合为社会文化奠定了坚实的物质基础。文化的聚合是建立在媒介实体聚合的基础上的。没有媒介实体的聚合，网络媒介是无从谈起的。展望未来，随着全球经济一体化的加快，以网络为中心的文化媒介必定能使人类形成一定的群

---

①　曹芳华：《网络整合营销传播：聚合"碎片化"受众》（http：//blog. vmarketing. cn/？uid－375－action-viewspace-itemid-747）。

②　艾瑞市场咨询：《分众广告和聚合传播对品牌的影响巨大》（http：//www. boyan. cn/News/20073/boyan_ N_ 349. html）。

体意识，乃至建构人类共同的文化规则。同时，网络也会在融合的过程中起到越来越重要的作用。在媒介文化传播中，网络媒介的文化传播具有强大的"聚合力"和"扩张性"，从广度和深度上渗透到了人类社会生活中的各个领域。① 聚合传播强调了网络媒介的重要融合作用，也非常关注媒介在异质人群中的同质人群聚合作用，是一个非常接近聚众传播的概念。

众传播是一个基于"众媒介"的概念。"众媒介是一个以企业信息流为主线，整合管理、营销、广告和商务的一体化运作的平台。众媒介强调以个人媒体或消费者为中心，传统媒体以及其他新兴媒体只是众媒体可以借用的媒体渠道，但并不是唯一的渠道，广告可以通过传统媒体进行传播，也可以绕开传统媒体通过个人媒体直接向消费者进行传播。当个人媒体和消费者合二为一，当媒体跟着广告走，当广告都和商务联姻，必将改变传统的广告运作模式。"② 众传播是指信息通过个人媒介以及个人的社会网络向更广的人群传播，以网络平台为基础，个人媒体及其社会网络构成了一个信息传播的体系，能够将信息传播到它所能够到达的人群和需要到达的目标受众。众传播是基于传统广告宣传理论的一种突破，它充分利用"媒介事件"和"引发争议的创意广告"，通过大众媒介与社会消费者的参与和传播，通过所谓信息的"自我繁殖"和"自我发展"，从而达到扩大企业商务宣传和销售的目的。"众传媒"和"众传播"虽然是针对广告宣传、商务营销提出的两个范畴，但是其中蕴涵的"融合媒介"、"融合传播"以及"自媒介"的"人际社会网络"的概念，与聚众传播具有共同的地方。

通过对上述相关概念的阐述，我们开始在多个侧面向"聚众传播"的内涵挺进，在综合分析这些概念的基础上，我们进一步明确了"聚众传播"这种传播形态的独特内涵。在我看来，作为一种信息传播形态，"聚众传播"的独特内涵主要包括以下几个方面：

聚众传播是一个自媒介传播系统。大众传播媒介对于信息的接收者而言，是一个"它媒介"系统，由于所处的社会阶层、文化、价值观

---

① 任晓敏：《媒介文化传播中网络媒介的"聚合力"和"扩张性"分析》，《科教文汇》2008 年第 2 期。

② 刘千桂：《众媒介理论——广告解放运动宣言》，中国传媒大学出版社 2008 年版，第 4 页。

的不同，职业化的媒介组织与组织化的职业传播者所传播的信息很难与其受众的需求一一对应。"自媒体信息生产，截然不同于传统的专业媒体，其本质差异在于，前者的生产单位一般为博客个人，而后者的生产单位一般为媒介组织。这决定了两者在生产系统诸多方面的不同"。①这就是说，区别"自媒体"和"它媒体"的重要标志，在于媒介生产者的性质。聚众传播所对应的媒介，无论是面对面沟通的"身体媒介"，还是依托网络的 BBS、IRC、ICQ、MUD、RGP、博客、播客，其信息的触发者都不是职业的传播者，也不属于某个专业化的组织，而是一个个零散的个体，这些个体既是信息的发布者，同时也是信息的接收者，他们参与聚众传播的整个互动过程，从互动过程本身获取一种参与感、交流感、认同感和归属感。因此，聚众传播的媒介是一个"自媒体"的系统，由于传播者和受传者界限的模糊与融合，加上"媒介社区"成员的同质性，使得信息发布与信息接收很容易实现协调一致，另外，由于互动的及时与频繁，也使得沟通双方能够使信息传播更加准确与适宜。"自媒体"和"它媒体"的本质区别在于，前者的传播目的是信息分享和情感交流，后者则是信息服务、效益生产。

聚众传播是一种融合传播形态。②任何传播都是特定条件下的传播，传播的主体不同、传播的环境不同，就会有不同的最佳传播形态。媒介社区的成员虽然具有某种同质性，但是他们毕竟是一个一个的个体，每个人都有不同于他人的个性特征，这就必然要求在具体的信息交流环境中采用不同的媒介、不同的传播方式以及不同的传播类型。在印刷媒介时代，媒介社区成员受媒介的限制，使用最多的是"身体媒体"、人际传播，同时也会少量地使用"印刷媒介"、群体传播、大众传播；在当今的网络信息时代，媒介社区几乎使用了迄今为止的所有媒介、所有传播类型和传播方式，使得传播的自由性、便捷性、深入性、广泛性等方面得到前所未有的提升，使社区成员获得了最大限度的参与感、交流感、认同感和归属感。相比单一的大众传播、分众传播而言，聚众传播的融合性特征使传播真正成为"人体"的一种"自然功能"。

聚众传播是文化认同的天然温床。文化认同是指在差异性社会关系

---

① 刘津：《博客传播》，清华大学出版社 2008 年版，第 93 页。

② 从总体上说，聚众传播是一种群体传播。

中，个体寻求自我生命意义和价值观念与同一个文化群体中的"他者"，在体验和判断层面上的"同一性"归属感。"很明显，在文化认同上若要取得同一性，要么改变个体的社会角色；要么采取具有文化性的策略。"① 在现实社会中，异质性的不同个体天然地集聚在一起，如城市社区、社会组织，这些异质性的人群在社会生活中分别处在不同的社会阶层，其承担的社会角色不一样，要逐步改变这些不同的社会角色，难度很大，因此在社会高度差异性群体中建立文化认同相对比较困难。聚众传播是媒介社区中的传播形态，人们首先是由于具有某种同质性才会加入社区，加入社区之后，在不断的信息沟通和交流中，通过各自展现自我的生活体验和生活意识，逐步构建了与社区整体同一性的生存意志和价值判断，从而确立了自我在文化意义上的身份认同和自我价值的实现，并最终提炼、凝结为社区整体的文化认同。由于媒介社区和聚众传播具有双重开放性，相比社会组织的文化认同而言，这种文化认同是一个相对自然、相对弹性的过程，因此一旦形成也会更加稳定。

聚众传播是个人社会性的一种传播体现。在网络信息时代，现代都市人一天可以不打电话，但是不可一天没有手机，人可以一天不看电视，但是不可以一天不上网，人们对信息的依赖越来越强，变成了"信息人"。对于"信息人"来说，它不仅需要接收信息，也需要发布信息；其中接收信息从某种意义上说，是满足"信息人"作为生物个体的需要，而发布信息从某种意义上说，就是满足"信息人"作为社会群体成员的需要。在大众传播模式下，无论是综合性媒介，还是专业性媒介，都只在一定程度上满足了人作为生物个体的需要，而不能满足人作为社会群体成员的需要。在聚众传播模式下，自媒体系统的运用与传播，使广大的社区成员既是信息的消费者，又是信息的生产者，实现了信息传播的相对平衡，使人的个性和社会性得到了协调发展。相比大众传播、分众传播促进人个性发展而言，聚众传播就在很大程度上促进了人的社会性的发展。

综上所述，聚众传播是指人们在其社会化过程中，基于自媒介体系建立的，融合多种传播类型和传播方式的，以建立社会文化认同为目的

---

① 杨效宏：《媒介话语——现代传播中的个体呈现》，四川大学出版社 2007 年版，第 200 页。

的一种群体传播形态。聚众传播是融合大众传播和分众传播两种模式的一种新型传播形态，是媒介社区中的信息传播方式，其中"聚"不仅表示媒介、信息、传播方式的聚合，更是同质化人群的聚合。

二　聚众传播的本质特征：社会结构方式

"人类的社会传播是在一定社会关系中进行的，又是一定社会关系的体现。"[1] 人类社会离不开信息，就像离不开物质和能量一样，信息的交流、交换和扩散，是人们生产、生活必不可少的内容与元素。通过传播，人们增加了彼此的认识与了解；通过传播，人们建立了某种关系；通过传播，社会得以存在和发展。

在口语传播时代，由于受到身体媒介的限制，传播的时间只能是即时的，传播的空间只能是人的视力和听力能及的范围，信息远距离传播的速度只能是人体运动的速度。传播的发展，从某种意义上说，就是传播对传播时空和速度的拓展，在电子媒介传播时代，卫星电视不仅能够完全突破时空对信息传播的限制，而且其传播速度也完全突破身体运动的限制，实现了与光同样的速度。

信息就是生产力，信息传播的质量和效果在很大程度上影响着社会的发展速度，口语传播时代对应原始社会，文字传播时代对应农耕社会，印刷传播时代对应工业社会，电子传播时代对应后工业社会，网络传播时代对应信息社会。

信息传播还在很大程度上影响着社会的结构形式，人际传播使原始社会的游猎家族形成早期的原始村落，文字的出现导致了国家的出现。在我国，正是"车同轨、文同书"造就了我国历史上第一个大一统的封建王朝。在漫长的印刷文明中，社会结构开始发生缓慢地变化，社会逐步形成"资产阶级、工人、农民"三大阶级。在电子传播时代，由于传播的发展，信息传播的速度、广度、深度得到了很大的提升，人的个性化在很大程度上得到了满足，社会的阶层开始进一步分化，大量的中产阶级开始出现。在网络信息时代，传播经历了数字化、市场化、集团化、全球化、多媒体化等变革，大众综合媒介日益向专业化、分众化、小众化发展，受众的个性得到了前所未有的重视和发展，加上人际

---

[1]　郭庆光：《传播学教程》，中国人民大学出版社 1999 年版，第 5 页。

关系的经济化，传统的社区和社会出现了严重的解构，社会阶层出现了严重的"碎片化"，文化认同出现了"散焦化"，社会个体在获得个性极大的满足的情况下出现了情感和精神的严重空虚，孤独感日益加剧。

人毕竟是社会性的人，在传统社区和传统社会中不能获得的群体归属感必须以某种形式获得满足，否则社会将分崩离析，不复存在。因此有学者认为："越是个体离散、阶层碎片化的社会，越需要文化认同。"而建立文化认同的最佳温床和最佳方式就是媒介社区与聚众传播。

聚众传播形态的出现在很大程度上促进了社会阶层、社会群体的"重构"。聚众传播是一种融合传播形态，不仅融合了传者和受众、融合了传播方式和传播类型，而且也融合了传播的功能。聚众传播不仅具有一般意义上的生产服务、娱乐消费等功能，更重要的是具有文化认同、群体聚合的功能。

在"部落化"时代，人们传播的主要目的是进行生产。在这一时期，人们的主要生存威胁来自自然界，获取足够的食物、躲避可能伤及自身的危险是人们进行信息交流与传播的主要目的。这从早期的岩洞文字可以得到一定程度的证明，很多文字是关于捕鱼和狩猎的信息，人们传递信息，就是要告诉其他人这里有鱼或者有大型猛兽，提醒人们顺利获取实物并及时躲避危险。

在"去部落化"时代，由于科学技术的发展，社会的物质财富相对比较丰富，人们从对物质财富的追求逐步转移到对精神财富的追求，社会开始出现一阵接一阵的娱乐浪潮，电视媒体的出现与普及更是造就了"娱乐致死"。在各种媒介的调查中，受众对于"消遣娱乐"的需要始终放在媒介需求的榜首。这一时期的传播，从某种意义上是一种娱乐的传播。

媒介社区的形成与聚众传播的发展，人类进入了"重回部落化"的时代。据调查，在美国，人们对娱乐的消费比例正在降低，而参与，特别是有助于自我提升的参与正逐步提高。[①] 人们通过广泛的参与，不仅实现了信息的分享与交流，更为重要的是基于自媒介系统，在展现个性的同时，获得了全方位的互动，实现了情感分享、群体归属和文化认

---

① ［美］曼纽尔·卡斯特：《网络社会的崛起》，夏铸九等译，社会科学文献出版社 2001年版，第 457—458 页。

同，媒介社区由此形成。从这种意义上说，聚众传播在本质上是一种社会结构方式。

在网络信息时代，传统社区的解构、媒介社区的重构还在持续发展，聚众传播的社会结构作用还在向广度和深度两个方面挺进。随着网络技术、多媒体技术、移动通信技术以及仿生技术的发展，聚众传播将成为传播的主流形态，成为社会结构的主要方式，媒介社区的"第二人生"将和现实社区的"第一人生"出现融合，两种人生的界限将进一步模糊，其范围将出现重叠，"第一人生"在一定条件下将成为"第二人生"的一个场景。

第五章　聚众传播的价值体认

尼葛洛庞帝（N. Negropont）认为："互联网络用户构成的社区将成为日常生活的主流，其人口结构将越来越接近世界本身的人口结构……网络真正的价值正越来越和信息无关，而和社区相关。"① 网络的未来是社区，基于现实和虚拟相结合的媒介社区将成为未来社会的基本结构形式，在传统社区向媒介社区过渡的过程中，聚众传播将发挥越来越大的作用和影响。

第一节　传播实践的新路径

一　媒介困境的本质是信息的质量问题

从某种意义上说，人类社会的发展史就是一部媒介的发展史、传播的发展史。在人类社会的发展过程中，作为信息载体的媒介和作为信息扩散方式的传播都在不断地进步。社会的发展归根结底是社会生产力的发展，而生产力的核心要素是劳动者、生产工具和科学技术，科学技术是第一生产力。

科学技术的发展导致了社会生产力的发展，从而促进了社会政治、经济、文化的变革，社会的结构方式和社会性质也随之发生变化。媒介技术的发展是科学技术发展的一个侧面，通过媒介技术的发展可以审视人类社会发展的轨迹。无论是从"部落化时代"到"非部落化时代"，再到"重新部落化时代"②，还是"史前社会"、"农业社会"、"工业社

---

① ［美］尼古拉·尼葛洛庞帝：《数字化生存》，胡泳、范海燕译，海南出版社1997年版，第213—214页。

② ［加］马歇尔·麦克卢汉：《理解媒介：论人的延伸》，何道宽译，商务印书馆2000年版，第7—9页。

会"、"信息社会",① 无不打上媒介进化的印记。

在史前社会和农业社会，"身体媒介"传播的范围非常有限，传播的速度不超过人体移动的速度，信息的存储只能借助"智者"的头脑，当时的传播困境在于媒介的时空局限性以及信息数量的有限性。这一时期，人们幻想出"千里眼"、"顺风耳"、"腾云驾雾"等神灵或神通，从某种意义上就是为了打破媒介传播的局限性，追求一个高效的传播，获取尽量多样化的信息。在工业社会和信息社会，媒介非常丰富，人们生活在一个符号的世界里，周围充满了各种信息，然而，每个具体个体需要的信息却淹没在这种信息的海洋中，作为信息的受众会遭遇到犹如置身海洋的人最终被渴死的同样困境。这一时期，一些传播研究者提出"我的日报"、"我的广播"等设想，目的就是改善信息传播的质量，满足个性化的受众需求。

"1923 年，当亨瑞·露丝（Henry Luce）和布瑞腾·海顿（Briton Hadden）创立时代杂志的时候，他们已经感到读者的困惑了。当时的读者尽管整天受大量信息的轰炸，但是实际上他们仍然感到信息的贫乏。对此，当时杂志的执行主编沃特·埃斯克森（Walter Isaacson）认为：《生活》应该从杂乱无章的信息中筛选那些真正对读者有价值的信息；进而对这些信息进行一些概括和简化；另外最好能给观众提供一种看问题的视角。"② 时至今日，这些问题仍然存在。

对传播者而言，传播者在信息采集之前，会针对目标市场进行细致而科学的调查，在全面分析目标受众的基础上，确定媒介的传播内容与传播方式。为了满足不同社会阶层的阅听需要，媒介采用了分众化、小众化的传播方式，然而现实的传播效果依然差强人意。以我国的数字化电视改造为例，电视频道增多了，电视的内容更加专业化了，而观众的收视率却并没有随之上升，反而有下降的趋势。媒介传播者感到了前所未有的困惑。

对受众而言，当下的媒介空前地丰富，自身无时无处不置身在信息的海洋中。另一方面，相比大众传播时代，当下的专业化媒介更加注重

---

① Joseph Straubhaar Robert Larose, *Media Now-Understanding Media*, *Culture*, *and Technology*, Thomson Wadsworth, Fourth Editor, pp. 17 – 19.

② Ibid. , pp. 70 – 72.

与受众的沟通与互动，受众的意见和建议也可以更加便捷地在媒介中得到体现，甚至还能比较频繁地参与媒介的传播，然而仍然感到信息的饥渴和精神的空虚，这显然不是信息的量的问题，而是一个信息的质的问题。

综上所述，媒介传播的困境表现万千，但是最终可以归结为传播信息的质和量的问题。在媒介技术不发达的时代，传播实践的困境更多地表现为信息的数量问题，主要是信息传播速度慢，信息传播的范围有限，作为信息的生产者不能大量地制造信息和高效率地传播信息，作为信息的接收者不能处在一个丰富的信息的环境中，缺乏信息的选择性，可获得的信息与其所需要的信息之间还存在较大的差距。在媒介技术发达的时代，特别是当下的网络信息时代，信息的数量总量已经是天文数字，不是任何一个生物个体能够全部接受的，传播实践的困境表现为恰当的信息与恰当的信息接收者难以一一对应。作为传播者来说，媒介的竞争早已从"人无我有"过渡到"人有我精"、"人有我特"了，也就是说，从信息数量的竞争转移到信息质量层面的竞争了，传播的困境在于如何做到"人有我精"和"人有我特"。对于受众而言，早已不能满足于有书可读、有报可读、有电视可看，而是追求看"我的书"、"我的报纸"和"我的电视"，在现实大众传播的语境中，这种愿望显得有些不切实际。

二 信息质量是一个多维度指标体系

"从人的物质结构本质来看，人是物质人……从人的有机体新陈代谢的本质来看……人是生物人。从人作为社会元素之间的联系性质来看，人是社会人。从信息化时代人类生存的依赖性质来看，人是社会人。"[1] 人首先是物质人、生物人，其次才是社会人和信息人。作为物质人和生物人，人必须需要一定量的食物，从而获得必要的物质和能量。在社会的物质文明进步过程中，人们对食物数量的追求也日益过渡到对食物质量的追求，也就是说人们不再简单地要吃饱，而且要吃好。吃好的标准也日益多样化，不仅涉及食物的色香味，而且还追求食物的

---

① 李德昌：《信息人社会学——势科学与第六维生存》，科学出版社 2007 年版，第12—13 页。

口感和营养，评价食物质量的指标呈现多个维度。

作为社会人和信息人，人的生存和发展须臾离不开信息。在网络信息时代，人们对信息的数量追求同样让位于对信息质量的追求，其中评价信息质量的维度也是多元化的，它们分别是信息的"颜色"、"口味"、"质感"和"营养"。所谓信息的"颜色"，是指信息的媒介形式，不仅指涉媒介的种类，而且指涉媒介的信息呈现方式。以报纸为例，还包括报纸的纸张、版式、印刷等，普通的新闻纸与彩色铜版纸、规则版式与不规则版式、活字油墨印刷与数字激光出版两两相比，显然是后者的信息"颜色"要优于前者。所谓信息的"口味"，是指信息的内容类型，这种类型不仅指信息的题材类型，也指信息的体裁类型。以电视媒体为例，一般电视节目按内容可以分为新闻、经济、体育、文艺、娱乐、军事、法制、教育等类型，而新闻节目按体裁还可以分为新闻消息、新闻背景、新闻专题、新闻评论等。正如不同的人具有不同的食物口味一样，不同的人也具有不同的信息"口味"。一般来说，男性观众喜欢运动和感官刺激，并对时事、社会活动积极参与，因此战争题材、军事题材、运动题材、政治题材、商业题材是他们热衷的选择。而女性情感丰富、爱美、追求时尚和注重现实生活，女性较之男性观众，更喜欢情感交织、缠绵委婉的故事。少年儿童喜欢寓言、童话故事，青年人关注时事动态新闻，老年人喜欢看消遣娱乐节目。所谓信息的"质感"，是指信息的风格因素，主要指信息的"软"和"硬"。"软"信息不仅指信息内容的软化，而且指信息传播形式的软化。在内容方面，所谓"硬"信息是不包含娱乐和情感的信息，比如，时政要闻、经济信息等；而"软"信息是包含情感与娱乐的信息，比如娱乐新闻、社会趣闻等。在传播形式方面，如果传播者居高临下，采用严肃的、命令性口吻发布的信息就是"硬"信息，而采用平等、轻松的语气发布的信息就是"软"信息。所谓信息的"营养"，是指信息的功能属性，也就是信息的知识功能、休闲功能、娱乐功能、经济功能、情感功能、文化功能等属性，一般说来，如果某类信息具有的功能属性越多，该类信息的"营养"就会越丰富。报纸的时政新闻信息一般只具有知识功能和休闲功能，总体营养成分较低；一段网络聊天室的关于"什么是爱情"的对话，则依次包括了知识功能、休闲功能、娱乐功能、情感功能和文化功能，其总体营养成分较高。

信息的"颜色"、"口味"、"质感"和"营养"是衡量信息质量的四个维度。当前的媒介遇到的传播困境，在很大程度上可以通过提高信息的不同质量指标来得到缓解，但是要从根本上解决问题，还必须从根源上下工夫。

三　媒介困境的根源在于传受的分离

当下媒介传播实践的困境在于传、受双方对"信息的质"的理解偏差。为了解决传播实际的困境，无论是传播者和受传者都采取了各种各样的方法。对于传播者而言，不断地提升传播技术，改善传播内容，改进传播方式，但是最终的传播效果却并没有预期的那样理想。从媒介发展的进路来看，随着大众媒介的数字化、多媒体化，报纸版面的美化、广播电视的信息清晰度等都有了大幅度的提升，信息的质量从外在表现来看已经得到了改善，但是问题是信息的内容这一内在的"质"并没有彻底改善，受众对于媒介的满意度和忠诚度逐步下降。对受众而言，无论如何提高自己的媒介素养，无论自己浏览多少媒介，接收多少信息，但是自身的注意力毕竟有限，在有限的时间里难以获取自己真正需要的全部信息。问题的根源在于传播者和受众的分离，两者之间存在明显的不可跨越的界限。

那么，如何解决这一根源性问题呢？一些媒介对此作了尝试。以电视为例，在传统的优势节目——新闻节目、娱乐节目收视率连连走低的情况下，一些所谓的"真人秀"节目的收视率却在节节拔高，这不得不引起传播者和传播研究者的深思。经过分析，很容易发现，无论是"梦想中国"、"超级女声"，还是"我型我秀"、"超级唱响"，这些节目一个共同的特点是观众的广泛、多层次参与。比赛选手的直接参与，粉丝群的间接参与，观众的心理参与，极大地调动了人们参与节目的积极性，节目获得了巨大的成功。另外，"网络依赖"一直是社会诟病网络媒介的一个焦点，然而从传播效果来说，"网络游戏"和"网络聊天"的传播是非常成功的。那么，这种信息传播形式与传统的大众传播和分众传播相比，两者之间的本质区别是什么呢？

在"网络游戏"和"网络聊天"传播中，网民显然不是一个被动的受传者，他是一个传播的主动参与者。在"网络游戏"，特别是RGP网络游戏中，游戏参与者通过角色扮演，通过参与获得了种种满足。也就是说，只要存在传播者和受传者的界限，两者之间的信息传播就会存在某种程度的噪音，传播者发布的信息就不能恰好满足信息接收者的需要。相反，当传播者与受传者的界限消失，传播者和受传者实现了身份的融合，传者传出的信息才可能正好是受众所需要的信息。"参与式传播"以及"网络游戏"和"网络聊天"传播的成功，从传播实践上证明了这一点。这为当下的传播困境指明了解决的方向，那就是逐步消除传播者和受传者之间的界限，实现两者之间的有机融合。

四 聚众传播模式是解决困境的最终方案

在当下的传播模式中，传播理论界和传播实务界一直把分众传播作为解决当下传播困境的一种重要手段。从市场经济的角度来看，媒介的生产是为了销售，只有销售赢利它才能继续生产，进而获得长久的生存。这种经济因素决定了媒介和受众的关系。一般来说，在20世纪90年代以前，媒介总是倾向于生产能吸引尽可能多的受众，经过一定的努力，一般会达到目标。但是，在20世纪末21世纪初，无论媒介多么努力，再也不能达到先前那么大的市场占有率了，也就是说，受众的绝对数量在不断地下降。其实，这正是分众时代来临的一个标志。

在分众时代，受众的分化、广告主理性的增长使媒介从大众化传播向分众化传播转化成为一种必然的趋势；而技术的发展与成熟进一步使这种转化成为一种现实的可能。所谓分众化传播是指媒介针对特定的受众群体，这个群体只是全体受众（一般意义上的大众）的一个部分，比如高级经理人、服装设计师等等，来制作、生产特定的内容，以更好地满足这些特定受众的需要，从而获得更好的社会效益和经济效益，这种传播模式就称为分众化传播。

在当前，分众传播模式已经在各种媒介领域里开始出现。对于传统的四大媒介，报纸杂志的进程要快一些，电视的脚步最为缓慢。就美国而言，20世纪70年代，三大广播电视网统治着电视屏幕，它们几乎占有黄金时间90%的市场，也就是说在每晚6点半到10点半的这个时间里，有90%的电视观众（这里的电视观众是指开机看电视的人）在收看这三家电视网的节目，收视率最高的电视节目能达到50%（也就是说有近一半的美国人在看该电视节目）。那时候，赞助商或广告主很青睐这样的高收视率节目，因为赞助商和广告主一般销售大众化的产品，比如薯片。对这些赞助商或广告主来说，花不太多的钱就能将他们的产品推向一个很大的市场，也就是说所谓的千人成本很低。

但是现在，即使美国最好的电视节目的收视率也只有 70 年代的一半。原因是多方面的，但是媒介的分流是最为重要的原因。网络目前能够吸引相当一部分 18—34 岁年龄段的受众，而这些人以前是电视的主要受众。对于广告主而言，这一部分人群可能更为他们所看重。在大众传播时代，电视节目是为大众设计的，一个节目父辈看、子辈也看。但是，在分众传播时代，一些节目仅仅是为特定人群制作的，该节目的目标受众更可能收看这些节目。对于一般商品而言，也发生了类似的变化。以前，大家都吃一个口味的薯片，现在薯片的口味各种各样，而且薯片的脂肪含量也不一样，显然有一部分人更喜欢某一种类型的薯片。

对于杂志而言，无论是美国还是中国，分众化传播都走得更远一些。对于有线电视，美国也已经分众化了，但是对于我国才刚刚开始。对于网络，从技术上已经可以做到传播内容个性化了。促进媒介分众化传播的因素有以下几点：（1）信息技术：日益小型化的出版制作系统使出版制作的成本不断下降，这使媒介面对分众传播进而赢利成为可能。（2）受众与顾客的重合度增加：随着市场调查技术的日益完善，媒介的目标受众与广告主的目标顾客高度重合成为可能，如果从有效千人成本考虑，分众化传播可能更为广告主所青睐。比如，登载在个人电脑杂志上的软件广告比登载在人物杂志上更有效，所以对软件广告主而言，个人电脑杂志更加有效，尽管从传统的千人成本（广告价格/总发行量）来看，可能人物杂志更低。（3）实践证明：现代完备的市场研究方法以及顾客信息的电子数据库分析表明，广告主要想扩大自己的市场，争取到更大的市场份额，采购多个窄播媒体比只采购一个大众媒体更加有效。（4）受众和广告主的特色化发展趋势：受众更加喜欢有特点的媒介，作为商品经营者的广告主更倾向于开发有特色的产品。而作为服务于上述两者的媒介必须顺势而动，将大众化传播转变为分众化传播。

用分众传播模式取代大众传播模式，信息的传递更加准确，对信息接收者而言，信息的质量得到了大幅度的提高，但是这并没有从根本上摆脱当前传播面临的困境。媒介技术的每一步发展都使传播的信息质量得到了一定程度的提升，网络传播技术的发展与完善，将使分众传播的传播效果发挥到极致。但是只要存在职业化的媒介组织和组织化的传播个人，传播者和受传者之间还存在绝对的界限，传播信息的质量就不能实现最优化。

"网络的未来是社区"，网络社区中的传播是聚众传播。只有聚众传播才真正消除了传播者和受传者之间的界限，自媒体系统提供了多样化的媒介、多样化的传播类型和多样化的传播方式，使每一种信息都能以最佳的传播方式进行传播，从而为实现信息传播质量的最优化创造条件，并最终突破传播的困境。

首先，聚众传播将变革新闻传播方式。对于专业媒介而言，无论是大众传播模式，还是分众传播模式，都存在职业化的记者和编辑的双重把关，最后报道的新闻与他们获知的新闻之间存在巨大的量差，最后与阅听者见面的新闻只是很少一部分，而且职业传播者存在采编的"框架"，使得最终的新闻不可避免地打上了传播者的烙印。另一方面专业媒介要么缺少反馈，要么反馈不及时，受众的意见难以在专业媒体上得到及时地体现。由于聚众传播是建立在自媒介系统之上的一种融合传播形态，无论是博客、播客、新闻群组、还是 RSS（全称 Really Simple Syndication 或者 Rich Site Summary，指用 RSS 技术向用户提供整合的信息[①]）、BBS，新闻的原始发布者都不是职业的传播者，在整个媒介社区中，这些信息的发布者同时又是信息的接收者，传者和受众的界限相对模糊。在信息的流动过程中，既可以是"1 对多"的方式，也可以是"1 对 1"、"多对多"和"多对 1"的组合方式，互动也更加频繁、更加便捷。对报道的新闻而言，聚众传播不仅报道重大的时政新闻，也报道专业媒体通常不报道的新闻，比如政治丑闻、社会黑幕等，当然也有小人物的平常生活。在聚众传播形态下，传者和受众实现了融合，传播内容因此更加具有针对性，甚至达到真正的按需传播，传播渠道多样化，传播效果由于反馈、互动的及时与频繁而更加显著。总之，聚众传播的融合传播模式变革了拉斯维尔"5W"[②]过程模式中的每一个"W"，使新闻报道的广度和深度得到了提升，信息传播的数量和质量因

①　彭兰：《RSS 挑战网络信息生产与消费》，《中国记者》2005 年第 12 期。

②　"五 W"分别是英语中五个疑问代词的第一个字母，即：Who（谁），Says What（说了什么），In Which Channal（通过什么渠道），To Whom（向谁说），With What Effect（有什么效果）。

此有了巨大的改善。

其次，聚众传播将革新广告宣传方式。在大众传播下，广告面临两大困境：第一，广告主不能直接面对潜在客户，需要专业媒介的介入，然而专业媒介的受众与广告产品或服务的潜在客户并不是一一对应的；第二，在广告的信息传播过程中，广告永远是新闻的附庸，是不独立的，是第二位的。聚众传播与媒介社区是如影相随的，媒介社区通过聚众传播将一些具有共同文化认同的人群集聚在一起。研究媒介社区的人群属性，可以使广告商品或服务的消费者与媒介信息的消费者重合。例如，在一个关于汽车的口碑网社区，社区成员出于对汽车的喜好与关注，才加入这个社区，在社区中他们集中关注有关汽车的信息，通过互动分享意见和思想，他们中大部分有车或准备买车，是汽车生产商和服务商的潜在客户。在聚众传播模式下，信息的传播往往是主题性的，一个话题完全可以是关于某个产品或某种服务的，通过社区成员自身的互动，也就是所谓的"口碑"传播，通过成员个体的"自媒体"或个人的社会关系网络自动将广告信息扩散开来，实现了广告传播的独立，有效地提高了广告宣传的效果。从这个意义上说，媒介社区是广告的最佳场合，聚众传播是广告信息的最佳传播方式。

再次，聚众传播将使传播者不再困惑。在聚众传播模式下，针对传播者出现了两大变化。首先是受众的广泛参与，在一定程度上实现了信息传播双方的融合。信息的接收者与信息的发布者建立了多层次的互动渠道，信息接收者的反馈信息能够方便、快捷地被信息发布者所接收和采纳，从而能够及时调整信息传播的内容和方式，更好地满足信息接收者的需要。在这一变化下，重点解决的是反馈问题，结果使得信息的传播针对性和有效性得到提高。在更多的情况下，聚众传播使得专业媒体逐步解体，传统意义上的大众媒介逐步消失，使得"媒介的个人"变成"个人的媒介"，传播者相应地也从全能的"媒介的个人"逐步演变为从事信息分类服务的"个人媒介"管理者，信息的生产模式也由直接生产变为间接生产，由经营性生产过渡到服务型生产。赢利的压力不复存在，信息传播的针对性和质量得到了有效解决，传播实践不再是一种艰难的任务，而逐步转化为一种愉悦的交流。

最后，聚众传播将使受众不再迷失。在聚众传播模式下，没有完全被动的受众，作为信息接收者的受众首先是一个主动的受众以及积极的传播参与者，对于信息的获取是一个主动的"拉"的过程，一般情况下会"消化""拉"出信息的绝大部分"比特"。问题在于在众多的信息面前，如何"拉"出信息、"拉"出什么信息？在网络传播环境下，尽管网站万千，但是每个网民都有自己固定浏览的网站和固定浏览的频道和主题，问题在于大部分的网民在浏览自己固化的网站和主题的时候，总是时不时地会被其他链接信息所吸引，从而经常发生在信息的海洋中迷失的情况。随着聚众传播模式的发展与完善，人们最终会归属于一种或一类媒介社区，那么这些媒介社区就是他或她的"首属社区"，该社区的自媒体系统就是他或她的"首属媒介群"，而"首属媒介群"在某种意义上正是麦克卢汉所言的"人体的延伸"。在"首属社区"，人们的信息交流已经逐步内化为人们生命活动的一部分，信息的传播与交流是一个相对自觉的行为，信息的输入与输出在总体上是一个动态的平衡。

人类诞生以来，就一直面临着传播的困境，媒介技术的发展，解决了一个又一个传播的困境，然而新的传播困境又不断出现，正是这种困境和解决路径的交替出现，推动了人类传播的不断发展。分众传播并不能从根本上解决传播的困境？因为对分众传播而言，最多只达到了信息的精准，而没有实现信息接收者的情感依附功能。只有融合了人际传播、大众媒介与分众传播优点的聚众传播，才实现了两者的协调统一。现在，无论是在传播效果，还是在商业模式上，聚众传播都获得了巨大的成功，如亚马逊网和校内网等。在当今网络信息时代，信息传播的质量困境日益凸显，解决这一困境的路径是传受双方的深入互动并最终实现融合，因此传统的大众传播将逐步让位于分众传播，并最终被聚众传播所取代，聚众传播是传播形态发展的方向，是解决传播困境的最终途径。

第二节　传播理论的新范式

一　聚众传播是一种理论范式

范式的概念和理论是由美国著名科学哲学家托马斯·库恩（Thomas Kunn）提出并在《科学革命的结构》（*The Structure of Scientific Revolutions*）中系统阐述的，按照库恩的说法，范式是一群学者认为值得研究的一组概念和变量以及对其如何运作的专门看法。① 在 1977 年的《必要的张力——科学的传统和变革论文选》一书中有一节 "对范式的再思考"。库恩对范式的解释是："'范式'一词有两种意义不同的使用方式。一方面，它代表着一个特定共同体的成员所共有的信念、价值、技术等构成的整体。另一方面，它指称着那个整体的一种元素，即具体的谜题解答；把它们当作模型和范例，可以取代明确的规则以作为常规科学中其他谜题解答的基础。"② 此外，他对范式还有其他解释："范式是示范性的以往成就"、"范式是团体承诺的集合"、"范式是共有的范例"，等等。库恩对范式作的社会学界定是："范式是一个特定社团的成员共同接受的信仰、公认的价值和技术的总和。"

安德森（Lorin W Anderson）认为："范式是指科学家或研究人员审视他们领域的方式及其在本领域内进行的操作活动。"③ 玛斯特曼（Magaret Masterman）在《范式的本质》（ *The Nature of a Paradigm* ）一文中指出，库恩在《科学革命的结构》一书中，对于范式至少给出了 21 种不同的说法。她认为，库恩大体上同时使用了三种不同性质的范式概念，即形而上学范式、社会学范式和构造范式。（1）形而上学范式是指信念、察看方式，等等。（2）社会学范式是指普遍承认的科学成就，共同体共同遵守的惯例和成规。（3）构造范式是指更为具体一些的可资运用的工具、仪器设备、教科书或者经典著作，等等。④

我国学者董天策对 "范式" 的概念进行了推广，他认为，任何 "范式" 都意味着由一定的概念或术语、一定的世界观（主要是信念与价值）、一定的范例所构成的实践模式或理论模式。基于这样一种阐释，他进一步认为中外新闻传播存在着多种多样的范式。比如，源自西方新闻界的客观报道、解释性报道、调查性报道、深度报道、新新闻主义，我国新闻界开创的典型报道、正面报道、民生新闻，就是不同的新闻传

---

① ［美］托马斯·库恩：《科学革命的结构》，金吾伦、胡新和译，北京大学出版社 2003 年版。

② ［美］托马斯·库恩：《必要的张力——科学的传统和变革论文选》，范岱年、纪树立等译，北京大学出版社 2004 年版。

③ Lorin W Anderson, *International Encyclopedia of Teaching and teacher Education*, Columbia：University of South Carolina, 1995, p. 89.

④ ［英］伊姆雷·拉卡托斯、艾兰·马斯格雷夫：《批判与知识的增长》，周寄中译，华夏出版社 1987 年版。

播范式。①

"传播学是研究社会信息系统及其运行规律的科学",传播理论是对传播实践规律的总结与归纳。在当今网络信息时代,传播实践有了巨大的发展,传播现象又极其丰富,大众传播理论不再适用。那么是否存在一种与大众传播理论相对应的理论体系呢?相比大众传播而言,聚众传播无论是在传播思想、传播理念、传播过程、传播模式、传播效果和传播影响方面都有很大的变化,我们单一从上述任何一个维度分析当下的传播变革都是不完善的,只有上升到传播的系统和生态研究的体系层面上,才能得到准确的描述和完整的解释。总之,聚众传播不仅仅是传播方式的增多,也不仅仅是互动的频繁和深入,也不仅仅是传者和受者的融合,也不仅仅是传播过程的凸显,而是上述变化的综合,是一种观念和思维体现的变革,是一种新的理论范式。

二 聚众传播是人类传播 3.0

1989 年网络传播诞生以来,到 2005 年,网络传播从技术、传播理念等多方面发生了变化,单一因素不能解释所有的变化。因此 O'Reilly 媒体公司总裁兼 CEO 提姆·奥莱理提出了 Web 2.0 的概念,他认为:以网络作为平台(The Web As Platform)、采摘集体智慧(Harnessing Collec-tive Intelligence)、内在数据驱动(Data is the Next Intel Inside)、软件发布周期的终结(End of the Software Release Cycle)、轻量级规划模型(Lightweight Programming Models)、超越了单一设备水平的软件(Software Above the Levelof a Single Device)、富含了充分的使用者体验(Rich User Experiences)。② Web 2.0 在现有的基础上整合了诸多内容,包括互联网的、经济学的、社会学等多学科研究,例如:满足个性化条件和社会网络建立基础的六度空间的理论、长尾理论、弱纽带(弱链接)等。从 Web 1.0 到 Web 2.0 并不是单一概念、技术或单一传播方式的变化,而是技术、理念、思想体系、传播模式等一系列的变化,从某种意义上是一种传播范式的变化。清华大学熊澄宇教授基于网络发展

① 董天策:《民生新闻:中国特色的新闻传播范式》,《西南民族大学学报》(人文社科版) 2007 年第 6 期。

② Tim O'Reilly, What is Web 2.0 (http://www.oreillynet.com/pub/a/oreilly/tim/news/2005/09/30/what-is-Web-20.html)。

对于社会的影响，将信息社会分为四个阶段①：信息社会 1.0、信息社会 2.0、信息社会 3.0 和信息社会 4.0。其中，信息社会 1.0 是信息产业发展阶段，其表现形式是采购设备，构建网络；信息社会 2.0 是信息技术应用阶段，主要特点是发展有我国自主版权的软、硬件产业；信息社会 3.0 是信息经济的推进阶段，其主要特点是电子商务及信息化在相关经济领域的推进；信息社会 4.0 是信息社会建构阶段，其表现形式是电子政务为起点，向生产关系和上层建筑领域拓展。

信息社会只是人类社会中最靠近现代的一小段历史，纵观人类社会的发展史，信息的传播与发展极大地影响着社会的进步与演变。如果把全部的社会历史划分为三个时代：农业时代、工业时代和信息时代。那么每个时代都有其对应的主要媒介和主要传播方式。

在农业时代，最主要的媒介是身体媒介，最主要的传播方式是人际传播。在农业社会，绝大多数的工作是与农业有关的。相比原始社会而言，农业社会的生活更加稳定，社会结构更加复杂。人们主要通过面对面的沟通方式，实现信息的传播与交流。尽管在这一时期，出现了文字和手抄书籍，但是由于社会的大多数个体既不会读也不会写，文字的传播只限于少数的牧师和学者等社会精英。由于"身体媒介"与"人际传播"的局限性，使得信息传播的速度、广度都非常有限。这一方面是与农业经济相适应的；另一方面也在一定程度上限制了社会的发展。

在工业时代，最主要的媒介是复制媒介，包括印刷媒介和电子媒介，最主要的传播方式则是大众传播。工业时代最伟大的发明当属 1712 年汤姆斯·纽可门（Thomas Newcomen）发明了蒸汽机，人类从此进入了机器大生产时代。然而，比这更为重要的事件是 1455 年人们利用古登堡的金属活字技术印刷了《圣经》。② 从此，人类进入了"复制媒介"的时代。所谓复制媒介，也就是说，其主要的成本在于媒介的母本，增加其复制品的数量，其成本仅仅出现几乎忽略不计的增长，符合这种特征的媒介称为复制媒介。在大众报纸出现之后，依次出现了广播、电视等复制媒介。复制媒介的低成本，使得其发行量或传播范围得

---

① 熊澄宇：《信息社会 4.0》，湖南人民出版社 2002 年版，第 4—9 页。

② Joseph Straubhaar Robert Larose，*Media Now-Understanding Media，Culture，and Technology*，Thomson Wadsworth，Fourth Editor，p. 18.

到了很大的提升，不仅贵族可以享用，普通百姓也可以使用，人类传播进入了大众传播时代。在工业时代，机器和电力的大规模运用使人类的社会生产力发展到了一个顶峰时期，社会的物质财富极其丰富。

在信息时代，最主要的媒介是自媒介，包括 BBS、RSS、新闻群组、IRC、ICQ、博客、播客、威客、维客等，最主要的传播方式就是聚众传播。尽管早在农业时代前就存在职业的信息工作者——萨满和说书人，但是直到 20 世纪 60 年代，美国的信息工作者才第一次超过产业工人的数量，人类才开始迈入了信息时代。[①] 从技术角度来说，信息时代最重要的媒介是计算机和因特网络；如果从使用媒体主体的性质来说，信息时代最主要的媒介就是自媒体，自媒体的出现彻底消除了传播者和受传者之间的界限，信息的发布者与信息的接收者合二为一，信息的互动性空前加强，信息传播的针对性和有效性实现了最优化。以自媒介系统为平台，融合多种传播方式、传播类型、传播渠道、互动方式，通过信息、媒介的粘连作用，逐步将具有某种同质性的人群在异质的大众中凝结出来，这就是聚众传播。聚众传播"集"人际传播、大众传播、分众传播之大成，开创了人类传播的新时代。

无论是从网络 1.0 到网络 2.0，还是信息社会 1.0 到信息社会 4.0，都是一种范式的变革。人际传播、大众传播和聚众传播是人类传播史上三种不同的传播模式，其各自的主导时代对应于人类社会发展的不同阶段，如果说人际传播是人类传播 1.0 的话，那么大众传播和聚众传播就依次是人类传播 2.0、人类传播 3.0。从传播技术的角度来看，正是由于网络传播进入了 Web 2.0，社会传播才相继进入人类传播 3.0，现代社会才因此进入了信息社会 4.0。

三　聚众传播兴起的根源在于人性的全面协调发展

人类传播从大众传播、分众传播向聚众传播转型，实际上意味着传播范式的根本变革。第一，从传播行为本身而言，人类传播已经从过去的"内容为王"时代，逐步转变成为"过程为王"的时代。在相当长的历史时期中，"内容为王"和"媒介专业化"在传播理论界和传播实

---

① Joseph Straubhaar Robert Larose, *Media Now-Understanding Media*, *Culture*, *and Technology*, Thomson Wadsworth, Fourth Editor, p. 19.

务界都是一个非常流行的传播术语，人们往往把传播内容特征视为影响传播活动的首要因素，把传播内容主题化、传播对象类型化作为提高传播效果的"灵丹妙药"，而把传播过程则视为一种无足轻重的中间环节。在聚众传播范式下，人们在很多情况下是为了参与而传播、甚至是为了传播而传播，传播过程的地位和作用日益凸显。第二，从传播活动的社会影响层面来看，无论是大众传播还是分众传播总是针对特定的群体，只是从大众传播到分众传播，它们所指定的"群体"有逐渐缩小的趋势，也就是说，大众传播和分众传播有助于社会阶层的分化，总体上发挥着社会解构的作用。而聚众传播则是将具有某种同质化的人群从异质的大众中凝结出来，因此有助于社会的组合，总体上发挥着社会重构的作用。从其发生学意义上讲，这种传播范式转型是在媒介技术进步和社会人文发展的内外双重推动下逐步实现的。

社会的发展总是从科学技术的进步开始的，媒介技术进步有效地改变了人类传播的媒介特征，为社会个体人人参与传播创造了一种非常有利的物质条件。在农业社会时代，主要媒介是"身体媒体"，虽然人人都可以参与人际传播，但是由于受到"身体媒介"的局限，传播只能在有限的地域进行，要实现跨地域的传播，只有移动身体才能实现，这对大多数植根于土地的广大农民来说，显得非常奢侈。基于"身体媒介"的有限人际传播，给予了人人参与传播的机会，但是这种机会是非"中介"的，传播的效率极其低下，由人际传播形成的社区是基于血缘关系的地理社区——"礼俗社会"的"村落"。在工业社会时代，"复制媒介"的大量发行与广范围的传播，使得社会成员人人有利用"中介"的机会，传播从人际走向大众，传播的速度与效率得到了大幅度上升，但是普通民众只是获得了通过"复制媒介"接收信息的机会和权利，并没有获得通过"复制媒介"发布信息的机会和权利。大众传播使信息的扩散变得高效、快捷，由大众传播形成的社区因此拓展为基于经济的生产性社区——"法理社会"的"城市社区"。在网络信息社会时代，自媒介使每一个社会个体都可以成为信息发布者和信息接收者，人类传播史上第一次实现了基于大众媒介的传播者和受传者之间的融合，这使信息传播双方的互动上升到一个最高的层次，"传、受互动方式从间接互动转变为即时互动，从双向互动转变为多向互动，传播活动就从过去单极主体的自话自说模式转变为多极主体的对话和交流模式"。① 基于自媒体系统的聚众传播不仅具有信息扩散功能，而且具有情感扩散的功能，因此具有很强的文化认同功能，由聚众传播形成的社区因此浓缩为基于文化的精神社区——"重回礼俗社会"的"媒介社区"。

如果说科学技术的进步为传播形态的转型提供了客观物质基础，那么社会的人文发展则为这一范式转型提供了主观精神动力。人是社会的人，同时又是个体的人，个性和社会性是人的双重属性。在"集权社会"里，人的个性受到空前的压抑，社会性得到了很大的发展，此时的传播要么是一种"零传播"形态，要么是一种"单一大众传播"形态。前者存在于奴隶制社会和封建社会，统治阶级采用愚民政策，极力消除书籍和知识的传播，社会民众处在一个信息极度匮乏的时代；后者存在于现代的专制国家中，当权者一方面运用绝对控制下的大众媒介进行传播，对社会民众进行思想的改造与"驯化"，另一方面压制其他异己媒介进行传播，从而达到舆论一律的效果，社会民众被动地成为一致的群体。然而，人毕竟不是"行尸走肉"，人是万物之灵，是有思想的社会实践者，对个性的追求是人的本性之一，也是"自我"区别于"他者"的标志，"个性解放"因此成为一个革命的口号。在"法理社会"里，人的个性得到了空前的发展，而社会性却受到了忽视。在"法理社会"里，传播在很大程度上表现为有指向的"大众传播"和"分众传播"，社会信息极其丰富。从社会发展阶段来看，"法理社会"对应于"后工业时代"，社会物质财富异常丰富，经济关系渗透到社会的每一个环节、每一个角落，社会个体不仅可以根据自身的需要挑选符合自身的物质产品，而且可以根据自身的需要选择符合自身需要的信息产品。然而由于经济关系的渗透和商品的异化，人们彼此之间缺乏真诚的交流，文化认同消失，社会孤独感日益加深，人的社会性出现了缺失，人性又一次呈现分裂。在"公民社会"，公共空间的扩展是与自媒体系统的发展呈正相关的，自媒体系统的融合传播构成了聚众传播。在一个个媒介社区里，人的社会性和个性都得到了充分释放的空间，分裂的人性第一次得到了完善。当今的网络信息社会既是"公民社会"的前奏，同时又是"法理社会"的尾声。在这个意义上说，只有在公民社会里，"人"才

---

① 张军华：《传播过程化：当代大众传播的范式转型》，《社会科学家》2007 年第 7 期。

能发展成一个完整意义的人、和谐的人。

四　人类传播3.0的社会文化意义

从大众传播、分众传播到聚众传播，人类传播3.0不仅在当前传播实践中得到了广泛运用，而且逐步演化成为一种传播思维理念的转换，并从传播技巧和策略的意义层面，不断地穿越到传播结构和体制的意义层面上来。可以说，聚众传播既是当代传播转型中一个极其显著的特征，同时，又是当前传播研究中一个十分复杂的理论研究问题，必须正确认识、正确理解其中所蕴含的重大而深远的社会文化意义。

首先，人类传播3.0将创造更加辉煌的媒介景观。在网络信息时代，媒介新技术层出不穷，新媒介不断出现，媒介种类的数量不断增多，而且新媒介技术与原有的媒介技术不断"叠加"和"干涉"，从而又产生一系列的"混合媒介"。比如，网络技术与原有传播技术的"叠加"和"干涉"，相继产生了电子报纸、电子杂志、网络广播、网络电视；移动通讯技术与原有传播技术的"叠加"和"干涉"，相继产生了移动电视、手机报纸、手机杂志、手机电视，等等。如果说，人类传播2.0是一个信息过剩的时代，那么人类传播3.0就是一个媒介过剩的时代。在人类传播3.0时代，人们置身于媒介的海洋中，在家或工作单位有电视、网络、报纸、广播等媒介，在路上或各种生活、娱乐场所里有大型户外电视、移动电视、手机电视、手机报纸、移动广播，如此等等，不一而足；各种不断变换的色彩竞相吸引着人们的眼光，各种声调和节奏的声音频繁充斥着人们的耳朵。媒介"种群"大繁荣，带来了信息传播的级数式增长，媒介景观空前辉煌。在自然群落中，种群的丰度以及食物链的长度决定了生态圈的稳定性，种群多，食物链长，那么不会因为某一种群的减少或消失，导致生态环境的恶化和生态圈的解体。同样，人类传播3.0的媒介"种群"大繁荣，个别媒体的进入与退出不会对整个媒介生态产生太大的影响，也不会对所在区域的政治、经济、文化、技术造成太大的影响，媒体"生态系统"的"自我调适"能力大大增强，这反过来将促进媒介"种群"的进一步发展。在这种辉煌的媒介景观下，首属媒介成为隔离信息噪音、过滤恰当信息的"信息皮肤"。

其次，人类传播3.0将极大地影响传播机制。从大众传播到分众传播，再到聚众传播，人们不断改善传播策略，提高传播技巧，以追求更好的传播效果。应该说，在媒介技术不断发展、传播者主观不断努力的情况下，信息传递的速度、广度、精度都有很大的提升，人类传播3.0取得了前所未有的传播致效。除此之外，人类传播3.0还不断地从传播技巧和策略的意义层面，穿越到传播结构和体制的意义层面，影响着媒介话语权的分配与转移以及社会民主制度的发展和完善。在人类传播2.0时代，只有社会精英才具有媒介话语权；在人类传播3.0时代，媒介的组织化"枷锁"被逐步打碎，社会成员人人都有话语权。媒介话语权的普及，进一步带来了"张扬的自由意志"和"互动的平等情结"，[①]个人话语的自由流动最终汇集成为社会的正义和舆论的力量，"公共领域"由此获得了广泛的存在空间，社会逐步进入"公民社会"。

最后，人类传播3.0将广泛地改变日常生活。2009年1月30日，24岁的云南玉溪市红塔区北城镇青年李荞明因盗伐林木被刑拘，进入晋宁县公安局看守所，2月8日下午受伤住院，4天后在医院死亡，死因是"重度颅脑损伤"。晋宁县公安机关2月12日给出的解释是，当天李荞明受伤，是由于其与同监室的狱友在看守所天井里玩"躲猫猫"游戏时，遭到狱友踢打并不小心撞到墙壁所致。这一新闻事件，通过网络的传播，迅速成为全国乃至全世界讨论的热点，"躲猫猫"这三个字因此成为各大搜索引擎排名第一的关键词。网络论坛的群聚效应，不仅影响着主流媒体的话语方向，而且其本身已成为人们的一种生活方式。白天发短信，晚上写博客成为大多数现代人的生活常态，"昨天你博了没有"因此取代"今天你吃了没有"成为当下最流行的问候语。"截至2011年12月底，我国微博用户数达到2.5亿，较上一年底增长了296.0%，网民使用率为48.7%。微博用一年时间发展成为近一半中国网民使用的重要互联网应用。分析微博在2011年内的增长情况，其用户的爆发出现在上半年，到下半年用户增速回落至28.2%，可见在微博使用率步入高位后，已经结束了爆发式的增长。"[②]媒介社区特别是融合网络虚拟的媒介社区的发展，使得人们与现实社区的联系进一步弱

---

① 杨效宏：《媒介话语：现代传播中的个体呈现》，四川大学出版社2007年版，第223—224页。

② 中国互联网络信息中心：《中国互联网络发展状况统计报告》，2012年1月，第36页。

化。现代都市居民很有可能不知道自己隔壁住的是谁，但是如果有一天不能和网友沟通却会感到莫名的惆怅。

第三节　媒介生态与社会结构的新模式

一　媒介生态的发展进路：大众媒体—分众媒体—自媒体系统—首属媒介

根据媒介市场理论，在一个充分市场化的传播场域下，一个区域媒介市场所能容纳的媒介数量是有限的。以美国为例，其中等城市基本上实现了"一城一报"。在我国由于还没有实现完全的市场化，但是在一个中等城市里，其日报的数量基本上不超过三家。在聚众传播时代，纸质报纸的发行量逐步下降，传统意义的大众媒介将逐步消失。然而，媒介市场理论仍然将在某种程度上发挥效用。

在网络信息时代，信息和媒介不再稀缺，稀缺的是人类的注意力。如果将传统媒介市场理论中的"经济成本"元素换做"注意力成本"元素，媒介市场理论在人类传播3.0时代仍然有效，只不过其作用方式发生了变化。在人类传播2.0时代，人们通过各种各样的媒介渠道接收信息，信息和媒体的数量相对是有限的，其成本是很高的，而人的注意力则相对比较充足，其成本相对是比较低的，信息传播是一种"粗放型"模式，人们花费大量的时间去查找大量的媒介，以寻找自己所需要的信息，结果往往并不能十分满意。在人类传播3.0时代，人们的注意力成本很高，相对而言，媒介和信息的成本很低，人们只通过有限的媒体了解信息，信息传播是一种"集约型"模式，人们只花费较少的时间，浏览有限的媒体，但是却能获得十分满意的效果。两种时代的根本差别，在于传播者和受传者是否实现融合，只有实现融合，才能真正实现全天候、多方位、多层次、立体化的互动模式，才能实现信息传播效果的最优化。

在人类传播3.0时代，上述进行聚众传播、起到"集约型"传播效果的"有限的"媒体就是社会成员的"首属媒介"群。"首属媒介"虽然不是严格意义上的单一媒介，但是作为一个"自媒介系统"，它隶属于一个特定的"媒介社区"，对于这一媒介社区的成员而言，该"自媒介系统"不仅是他或她了解外面世界的一个窗口，也是他或她与社会其他成员沟通的一个桥梁，从信息通道和互动界面的角度来看，媒介社区的"自媒介"系统整体上仍然是一个"媒介"，是"人体的延伸"。在大众传播、分众传播向聚众传播过渡的时期，"首属媒介"处在一个逐步形成和显现的时期。

早期的大众媒介，无论是报纸、还是广播电视，都致力于追求传播市场的最大化，其传播内容呈现综合化趋势，不能满足社会不同个体各自独特的信息需求，人们往往难以专注于某一种媒介。专业化媒介专注于某一类主题的报道，内容相对个性化，而且随着分众传播模式的发展，这种专业化媒介会更加专业，其受众范围会更加缩小，相应的，其信息传播的精准性就更高，但是专业化媒体往往只满足受众某一个方面的需求，人们需要浏览大量的专业化媒体，才能满足自身全方位的信息需求。在网络型信息时代，自媒体系统的大量涌现，人们根据自身的特点，会选择不同的媒介社区加入，从而成为该媒介社区中的一员，同时又成为该社区自媒体系统的传播主体，由于现阶段媒介社区发展还不完善，其功能还不全面，人们获取信息的渠道仍然是多方面的，传统大众媒体是一个方面，媒介社区中的自媒体系统是另一个方面，但是在关于信息的互动和情感的交流，人们显然更多地需要借助自媒体系统，而且从发展趋势来看，拥有媒介社区注册成员身份的人越来越多，人们对媒介社区的参与程度越来越高，最终某一媒介社区将成为社会成员的首属社区，该媒介社区的自媒介系统因此成为该成员的"首属媒介"。从以上媒介形态演变的大致进程，我们可以归结出从大众媒介到首属媒介的发展进路：大众媒体—分众媒体—自媒体系统—首属媒介。

"二级传播理论"认为，在现实信息的传播过程中，在大多数情况下，信息并不是经由媒介直接传播给受众，而是通过一些媒介精英的转述最终传达给受众，在整个信息扩散的过程中，媒介精英起关键的"二传手"作用。在聚众传播时代，随着自媒体系统的兴起和繁荣，社会精英逐步淡出二级传播的历史舞台，接替他们的则是"首属媒介"。任何其他媒介，如果需要将信息传递给媒介社区的成员，必须借助"首属媒介"的传播平台，接受特定文化认同的"信息再编码"过程。需要说明的是，首属媒介并不是一成不变的。一方面，随着社区成员的流动，其首属社会的性质和属性会发生变化，首属媒介就会随之发生变化；另一方面，任何媒介社区都有特定的形成媒介和沟通媒介，其中任何一类媒介的变化也会导致社会媒介系统的重组，从而使首属媒介发生变化。

二 社会结构的发展与变化：现实社会逐步融入媒介社区"星系"，国家最终消亡

在马克思理论体系中，国家是一个重要概念。在阶级社会里，国家是一个阶级压迫另一个阶级的工具。当人类实现共产主义的时候，阶级将不复存在，国家将最终消失。然而，在人类历史的绝大部分时间里，国家一直是人类社会的典型标志，如果国家消失，那么社会又将如何存在？

人具有社会性，许多动物也具有社会性。但是很显然，人的社会性与动物的社会性还是有着某种差别的。毕竟人是一种高智能的生物，其信息传播的速度、广度和深度绝非仅具有一定社会性的低级动物所能够比拟。或许正因为如此，导致了人的社会规模远远大于具有一定社会性的低级动物所形成的社会规模。在具有一定社会性的动物群体中，蜜蜂和蚂蚁是种群数量最大的。但是无论其数量达到数万或者数十万，仍然只是一个家族；而人类社会却从家族依次聚合成村落、集镇、城市、民族、国家一直到世界，在此过程中信息传播的作用不可低估。

信息传播的每一次飞跃，都带来人类社会的巨大发展，其社会结构也随之发生了巨大的变革。从"身体媒介"到"复制媒介"，传播模式从"人际传播"发展到"大众传播"，社会从"农业文明"发展到"工业文明"，社会的基本结构单元从"礼俗社会"的"村落"转变到"法理社会"的"城市社区"；从"复制媒介"到"自媒介"，传播模式从"大众传播"发展到"聚众传播"，社会从"工业文明"发展到"信息文明"，社会的基本结构单元从"法理社会"的"城市社区"转移到"重回礼俗社会"的"媒介社区"，媒介社区是网络信息社会的基本结构单位。

以媒介社区为基本结构单元，网络信息时代的社会有纵向和横向两种发展模式。纵向发展模式类似于人类的"家族延续"模式，以 BBS 为例，最初的 BBS 可能只是网站的一个论坛区，所有的帖子都在这个统一的论坛区里发表，随着人气的不断增加，这个论坛就可能设置分论坛，在分论坛下设置不同的频道，在频道下分不同的主题，在主题下再进一步细分，依次下去，形成了媒介社区的纵向发展模式。横向发展模

式类似于人类的"国家形成"模式，以"博客圈子"为例，最初的博客圈子只是现实生活中熟悉的几个人在各自的博客中彼此引用和链接形成的媒介社区，小的博客圈子的相互引用和链接形成较大的博客圈子，较大的博客圈子借由"RSS"的力量形成更大的博客圈子，依次下去，形成巨大的博客"星系"。在某种意义上说，纵向模式是传统分众传播模式在媒介社区中的一种再现，而横向发展则是聚众传播模式在媒介社区中的一种再现。实际上，这两种社会结构不是截然分开的，而是社会结构的两个不同面向，它们分别对应着人性的两个维度——个性与社会性。

媒介社区不是孤立的，而是与现实社区存在着非常紧密的联系。因为媒介社区是精神生活共同体，精神在某种意义上就是意识，意识是物质的产物，自然界、现实社会为人类的精神提供了来源。媒介社区不能单独存在于现实世界之外，而应该存在于现实世界之中，存在于和现实社区的良性互动之中。

这种互动首先体现为信息层面的互动。这种低层次的互动又可以进一步分为两种模式：第一，现实的人际传播与媒介社区的聚众传播之间的互动，在当今网络信息社会的发展现实中，已经有不少现实社区，依托因特网络建立了服务社区为主的媒介社区，这类媒介社区是现实社区为了克服信息沟通的障碍而建立的。这类网络媒介社区建立以后，通过网络社区的多层次互动，带动了网下的联系，使社区成员之间的关系更加紧密。比如，国内第一个建立社区网络的北辰社区；某居民小区开设的"鲍大妈聊天室"，不仅解决了小区居民的生活困惑和现实困难，而且架起了一条网络沟通的桥梁，编织了一条基于网络的社区情感纽带。① 第二，现实的大众传播与媒介社区的聚众传播的互动。浙江的《金华日报》就曾经辟出专版，专门报道本地的形形色色的 QQ 群，借此促进网络和谐新空间的建设。② 美国"第二人生"是一个具有世界影

---

① 灯芯巷社区：《"鲍大妈聊天室"三年挂果》，2008 年 12 月 11 日，生活品质网（ht-tp：//www.cityhz.com/a/2008/12/11/content_22382.html）。

② 吴海鸥、陈建飞：《整合网络群体　引领网络舆论——〈金华日报〉的创新和探索》，《中国记者》2008 年第 4 期。

响的大型 3D① "RGP" 游戏，由于其情节背景大都取材于现实生活，一些现实的场景和重要事件都会不时地在游戏场景和情节中再现，因此吸引着无数的参与者，甚至在现实层面已经成为美国时尚青年的"第二人生"，正是由于这款游戏的巨大影响，美国一些报纸经常派记者进入"第二人生"，进行体验采访，不时刊载出"第二人生"中发生的一些事件或记者的所见所闻以及体会和感想。

其次体现为生活层面的互动。在网络信息时代，从事信息工作是人类社会的最主要工种，信息生活本身就是现实生活的一部分，从这个意义上说，信息互动就已经是生活互动。本书这里的生活互动是指除基本信息互动之外的物质和情感互动。媒介社区除了满足人们进行基本的信息分享与交流之外，一个重要的功能就是情感功能。人们在现实社区遇到困难或者挫折，往往会在媒介社区中进行倾诉，这势必会引起该媒介社区其他成员的关注，通过互动使有困惑或处于困境的人获得精神上的缓解；更为重要的是，现实社区的经济现实往往使成员之间缺乏情感交流，而媒介社区由于大家志趣相投，很容易建立一种文化认同，在彼此深度互动之中，建立了友谊，分享了情感，获得了群体归属感。随着虚拟现实技术的发展，媒介社区与现实生活的互动将更加深入。目前，在美国、欧洲、日本，"第二人生"正成为越来越多人真实生活中的一部分。在"第二人生"中，社区成员不但能够花钱消费享受生活，也可以通过类似于现实的方式赚钱，"第二人生"的货币已经可以按照一定的兑换率同美元进行兑换。② 目前，美国"第二人生"的土地就是在现实生活中明码实价的，通过网络实现了线上和线下的双向交易，包括可口可乐、耐克、路透社、阿迪达斯、IBM、戴尔、百思买等几十家跨国商业机构都已经在"第二人生"斥巨资开设虚拟"据点"。除了"第二人生"之外，一些国内外的大型在线游戏中的物品和货币也可以以某种比例和现实社会的对应物品进行兑换，比如，联众游戏中的"金币"就可以与现实的货币进行兑换；传奇游戏中的装备和武器也可以与现实的金钱进行兑换；这样通过现实的货币就可建立网络世界与现实世界的

---

① 3D，是 Three dimensions 的缩写，意思是三维动画的意思，这种超仿真游戏往往使游戏者仿佛置身于现实生活之中。

② 谈佳隆：《"国内第一人文社区"的商业化设计——专访天涯社区总裁邢明》，《中国经济周刊》2007 年第 31 期。

广泛联系，如果这种兑换达到了一定的临界点，游戏成员就可以借此"完全"①生活在网络游戏当中。

最后体现为结构和体制的互动。现实社区情感的"荒漠化"导致了聚众传播的广泛发展，其结果是媒介社区的蓬勃兴起。媒介社区的相继建立和持续建构，在一定程度上进一步解构了现实社区，现实社区在客观上进一步削弱，社区成员彼此之间的联系日益表象化，成员之间本已非常微弱的联系进一步演化为物质联系和经济联系，情感、精神和文化日益让渡给媒介社区。当然，媒介社区与现实社区的信息联系和生活互动，也会在一定程度上影响现实社区的结构：媒介社区的开放性将促进现实社区的人员流动，媒介社区的平等治理结构也会促进现实社区公共管理的发展；反过来，现实社区会影响媒介社区成员的互动程度，地理的间隔会影响线上成员的线下互动，现实社区的规制会在对应的媒介社区中得到一定程度的体现。从宏观角度来说，现实社会的文化区域、语言界限将在媒介社区中成为一种自然分隔；反之，媒介社区的横向发展将在很大程度上改变现实社区单纯的地理和经济联系，而逐步融入文化和精神元素。媒介社区的信息流激发情感流和意见流，进而形成舆论和文化认同，这是媒介社区的制度来源，也是影响现实社会体制变更的一个重要因素，媒介体制、政治体制逐步公共化是聚众传播和媒介社区作用的必然。

在当下的网络信息社会中，媒介社区是社会的一种基本结构单位，但并不是唯一的基本结构单位，在可预见的将来，现实社区、城市、国家仍将是社会的主要结构方式，只是后一种结构方式将日益表象化，前一种结构方式将日益本质化。从现实层面来讲，媒介社区不是"空中楼阁"，也不是"虚拟现实"，它就是现实生活的一部分，或者我们可以进一步地说，现实生活就是媒介社区生活中的一部分。共产主义、公民社会、媒介社区星系在某种意义上是一个同等范畴的概念，这三者之中，无论是哪一者的实现，实际上也就意味着另外两者的相继实现，作为暴力工具的国家就将最终消亡。只不过这显然是一个非常漫长的过程，但并非仅仅只是幻想，聚众传播已经为这一终极目标的到来带来了

---

① 这里的"完全"生活是指游戏者能够把游戏当作"工作"，游戏者能够通过游戏活动本身来谋生。

曙光。

三 社会和国家的策略应对：积极建设"受控物理层"，全面参与"内容层"

媒介社区和聚众传播是人类发展到一定历史阶段的产物，聚众传播使得媒介社区得以形成和发展，聚众传播的主体和范围则是媒介社区成员及其活动的空间，媒介社区与聚众传播是社会新形态的两个面向。作为社会新形态的两个面向，媒介社区和聚众传播一方面有力地促进了个人社会性的发展，促进了人类社会的全球整合过程，使人类社会在政治、经济、文化和社会等诸方面的联系日益广泛和紧密；另一方面也给人类传播和社会结构带来了前所未有的冲击和消解，进而给人类现实社会带来了不可忽视的挑战和负面影响，由其引发的种种"媒介社区"问题促使人们想起尼葛洛庞帝这位持强烈乐观主义态度的先驱者所说的名言"任何一种技术或文明的馈赠，都有黑暗面"。[①]

当前最突出的虚拟社会问题，首当其冲的是虚拟社区成员"主我"的无限制发展，将在一定程度上导致网上和网下的道德沦丧、责任旁落，聚众传播将导致社区成员的"集聚效应"，网上群体效应和网下群体效应的"互激"将导致更大规模和更为频繁的群体事件，媒介社区对现实社区的解构，将导致传统的文化认同弱化，民族和国家的意识随之淡化，将给"邪教"和外来颠覆势力带来可乘之机，等等。为此，社会和国家与其等到火山爆发的那一天，不如未雨绸缪，提前做好理论和思想准备。

从人性的角度来讲，社会发展的终极目标是人的全面发展。聚众传播是在维护社会成员个性的基础上发展人的社会性，并最终实现人的全面发展。聚众传播和媒介社区的发展符合社会发展的方向。作为人类传播 3.0 重要特征的聚众传播，与以往人类传播 1.0 和 2.0 的最大区别和优势在于广泛参与和全方位互动。解铃还需系铃人，聚众传播带来的问题还需要根据其自身的特点来解决。

首先，提供媒介硬件和基础设施。在网络信息时代，任何媒介都会

---

① ［美］尼古拉·尼葛洛庞帝：《数字化生存》，胡泳、范海燕译，海南出版社 1997 年版，第 26 页。

数字化和网络化，网络虚拟社区将成为媒介社区的主体，基于网络传播的自媒体系统将成为聚众传播的重要渠道，因此网络平台及其信息媒介的重要性日益凸显。纽约大学法学教授本科勒认为，任何特定的通信系统均可拆分为三个不同的层，原理上每个层都是受控或是自由的，也就是说，每个层既可私人占有，也可置于公共领域之中，这三层共同实现通信过程。对于互联网而言，最底层是基本上受控的物理层，信息通过这一层来传递，包括计算机及接入因特网的其他硬件设备。中间层是自由的逻辑层或代码层，即让硬件运行的代码，可将因特网的基本协议及在此协议上运行的软件纳入代码层。最顶层则是内容层，即通过网线传输的真正有意义的东西，这一层的许多东西并非可以自由获取，因为它们受到了财产法正当、重点的保护。① 在媒介社区中，媒介所有者与媒介管理者具有相对较大的影响力，而这种相对较大的影响力正是来源于他们对于媒介最底层的所有权和控制权。为此，社会和国家要实现对媒介社区和聚众传播的战略控制，就必须为媒介社区和聚众传播提供必备的网络硬件和相应的基础设施，包括骨干通信网络、大型服务器以及足够的"赛博空间"。

其次，建立"网络化社区"和"虚拟政府"。所谓"网络化社区"，是利用因特网络系统将现实社区的所有居民联系起来，通过网络系统再造一个社区的"虚拟版"。社区成员以各种"化身"（网络 ID）出现在虚拟社区里，彼此建立多层的、全方位的互动，并在此基础上实现对现实社区的管理和维护，这种基于网上、网下互动所形成的混合社区模式才是未来社区的完善形式。在未来高度数字化和网络化的媒介社区星系中，每一种活动主体都将最后参与媒介社区的活动，国家和政府也不例外，"虚拟政府"是现实政府向虚拟社会延伸和发展控制权之后的必然结果。当前的电子政务是国家应对网络信息社会的一种举措，但还不是真正意义上的虚拟政府。美国学者简·芳汀认为："虚拟政府就是根据虚拟机构、跨机构及公共—私有网络三个方面组建的政府，该政府的组建方式和运作能力取决于因特网的发展。"② 其中的"虚拟机构"并非

---

① ［美］劳伦斯·莱斯格：《思想的未来》，李旭译，中信出版社 2004 年版，第 23—25 页。

② ［美］简·芳汀：《构建虚拟政府：信息技术与制度创新》，邵国松译，中国人民大学出版社 2004 年版，第 4 页。

仅指某个政府部门在网上行政时的存在形式，还包括多个政府部门就特定业务实现流程的无缝整合后在互联网的整体性存在；"跨机构"则指明了构建虚拟政府必然要对政府体系进行横向整合，涉及政府对多个政府机构之间的协调和统一指挥；"公共—私有网络"则指明了虚拟政府所存在的物理空间。

最后，参与媒介社区活动，建立内外沟通机制。媒介社区是现代社会的一个有机组成部分，实现对媒介社区的治理和服务是政府的职责与义务，因此就必须将媒介社区纳入政府的管理之下，只不过这种管理要有别于现实社会的行政管理，而主要是一种服务、一种道德宣化、一种文化引导。一向被誉为互联网自由精神的守护神——斯坦福大学教授劳伦斯·莱斯格（Lawrence Lessig）对互联网进行了深入的结构分析之后，提出了他的著名论断："因特网的特别之处在于自由与控制的混合方式。"[1] 这实际上是对互联网结构和精神的本质描述。实行网络实名制，将在很大程度上扼杀网络和媒介社区的自由，网络和媒介社区在当下社会承担的社会矛盾"安全阀"[2]、社会舆情"晴雨表"以及公共领域"培养皿"的功能将大为削弱。结合自由的控制就应该是一种软性的控制，是一种基于服务、道德和文化的控制，而这必须建立在互动参与的基础上。社会组织以及各级政府可以选派代表以普通媒介社区成员的身份参与聚众传播，倾听其他社区成员的心声，并将他所代表的组织或政府的意见和文化以个人的身份发布在社区里，通过这种社区内外的互动建立两者之间的沟通和交流，并成功施加影响和控制。当前，互动参与比较成功的是各种商务组织搭建的口碑网社区，这将为未来其他社会组织和各级政府参与媒介社区互动提供借鉴。

聚众传播兼具信息传递的精准性和社会群体所需的情感性，满足了人作为个体人和社会人的双重需要，是网络信息社会传播发展的内在需

---

① ［美］劳伦斯·莱斯格：《思想的未来》，李旭译，中信出版社2004年版，第25页。

② 网络社区的部分言论、意见集中反映了民众切身利益受损后的不满心理或对某一社会问题的意见，网络媒介社区为他们提供一个适当的释放空间，这有利于化解社会矛盾，从而实现疏导、安抚的减压作用。网络社区一定程度上弥补了人际沟通的日益减少，提供了一个言论的缓冲区域，使人们在人际沟通中寻求认同或者减少分歧，进行心理和行为调整，使行为逐步趋于规范化，最终促进社会规范化的实现，这类似于高压锅通过"安全阀"自动泄气达到减压保安全的道理。我们经常看到，在事态得到缓解，或情绪得到释放后，社区的议题常常就发生衰变乃至终止，这表明网络社区有类似社会"安全阀"的意义。

求。聚众传播将带来媒介社区的深入发展，从而影响当下的媒介生态和社会结构。媒介社区成为网络信息社会的一种基本结构单元，媒介社区的横向和纵向发展将形成一个巨大媒介社区"星系"，在这一过程中，现实社区和现实社会将不断地被吸纳或重组，其分化和重组的结果将成为媒介社区和巨大媒介社区"星系"的一部分。这正如曼纽尔·卡斯特所言："从最坏的到最好的，从最精英到最流行的事物，在这个将沟通心灵的过去、现在与未来展现全都链接在巨大的非历史性超文本的数码式宇宙里，所有的文化表现都汇集在一起。如此一来，它们便构造出一个新象征环境：让我们的现实成为虚拟。"①

---

① ［美］曼纽尔·卡斯特：《网络社会的崛起》，夏铸九、王志弘等译，社会科学文献出版社 2001 年版，第 461—462 页。

参考文献

一 中文著作

1. 鲍宗豪：《互联网与当代社会文化》，上海三联书店 2001 年版。

2. 陈力丹：《舆论学》，中国广播电视出版社 1999 年版。

3. 陈筠泉、殷登祥：《科技革命与当代社会》，人民出版社 2001 年版。

4. 陈卫星：《传播的观念》，人民出版社 2004 年版。

5. 陈文江、黄少华：《互联网与社会学》，兰州大学出版社 2001 年版。

6. 程予诚：《网络传播对网路、人、组织未来的影响》，五南图书出版公司 2003 年版。

7. 郭良：《网络创世纪——从阿帕网到互联网》，中国人民大学出版社 1998 年版。

8. 郭庆光：《传播学教程》，中国人民大学出版社 1999 年版。

9. 方汉奇：《中国近代报刊史》，山西教育出版社 1981 年版。

10. 方汉奇：《中国新闻事业史》，中国人民大学出版社 1995 年版。

11. 黄旦：《新闻传播学》，杭州大学出版社 1995 年版。

12. 李彬：《传播学引论》，新华出版社 2003 年版。

13. 李德昌：《信息人社会学——势科学与第六维生存》，科学出版社 2007 年版。

14. 李培林：《另一只看不见的手：社会结构转型》，社会科学文献出版社 2005 年版。

15. 刘爱清、王锋：《广播电视概论》，中国广播电视出版社 2001 年版。

16. 刘津：《博客传播》，清华大学出版社 2008 年版。

17. 刘千桂：《众传播理论：广告解放运动宣言》，中国传媒大学出版社 2008 年版。

18. 罗自文：《构建电视频道》，中国广播电视出版社 2007 年版。

19. 邱沛篁、吴信训、向纯武等：《新闻传播百科全书》，四川人民出版社 1998 年版。

20. 邵培仁：《传播学导论》，浙江大学出版社 1997 年版。

21. 孙卫华：《媒体市场化与电视分众》，新华出版社 2007 年版。

22. 童天湘：《高科技的社会意义》，社会科学文献出版社 1998 年版。

23. 童清艳：《超越传媒》，中国广播电视出版社 2002 年版。

24. 屠忠俊：《网络传播概论》，武汉大学出版社 2007 年版。

25. 汪晖、陈燕谷：《文化与公共性》，生活·读书·新知三联书店 2005 年版。

26. 吴伯凡：《孤独的狂欢——数字时代的交往》，人民出版社 1998 年版。

27. 吴文藻：《人类学社会学研究文献》，民族出版社 1990 年版。

28. 谢新洲：《网络传播理论与实践》，北京大学出版社 2003 年版。

29. 熊澄宇：《信息社会 4.0》，湖南人民出版社 2002 年版。

30. 徐琦、莱瑞·赖恩、邓福贞：《社区社会学》，中国社会出版社 2005 年版。

31. 徐震：《社区与社区发展》，正中出版社 1994 年版。

32. 杨效宏：《媒介话语：现代传播中的个体呈现》，四川大学出版社 2007 年版。

33. 杨雁斌、薛晓源：《冲突与解构——当代西方学术叙语》，社会科学文献出版社 2001 年版。

34. 叶琼丰：《时空隧道：网络时代话传播》，复旦大学出版社 2001 年版。

35. 殷晓蓉：《网络传播文化：历史与未来》，清华大学出版社 2005 年版。

36. 于显洋：《社区概论》，中国人民大学出版社 2006 年版。

37. 俞宣孟：《本体论研究》，上海人民出版社 2005 年版。

38. 余志鸿：《传播符号学》，上海交通大学出版社 2007 年版。

39. 赵凯：《解码新媒体》，文汇出版社 2007 年版。

40. 张国良：《传播学原理》，复旦大学出版社 1995 年版。

41. 张穗华：《媒介的变迁》，中国对外翻译出版公司 2002 年版。

42. 张隆栋：《大众传播总论》，中国人民大学出版社 1993 年版。

43. 张咏华：《媒介分析：传播技术神话的解读》，复旦大学出版社 2002 年版。

44. 张文显：《法哲学范畴研究》，中国政法大学出版社 2001 年版。

45. 郑杭生：《社会学概论新修》，中国人民大学出版社 1997 年版。

46. 中国应用电视学编辑委员会：《中国应用电视学》，北京师范大学出版社 1993 年版。

二　中文译著

47. ［美］阿尔文·托夫勒：《第三次浪潮》，黄明坚译，中信出版社 2006 年版。

48. ［美］阿尔文·托夫勒：《权利的转移》，吴迎春、傅凌译，中信出版社 2006 年版。

49. ［美］阿瑟·阿萨·伯格：《通俗文化、媒介和日常生活中的叙事》，姚媛译，南京大学出版社 2006 年版。

50. ［英］爱德华·泰勒：《原始文化》，连树声译，上海文艺出版社 1992 年版。

51. ［加］埃里克·麦克卢汉、弗兰克·秦格龙：《麦克卢汉精粹》，何道宽译，南京大学出版社 2000 年版。

52. ［美］埃里克·M. 艾森伯格、小 H. L. 古多尔：《组织传播——平衡创造性和约束》，白春生等译，北京广播学院出版社 2004 年版。

53. ［英］安东尼·吉登斯：《现代性与自我认同》，生活·读书·新知三联书店 1998 年版。

54. ［英］安东尼·吉登斯：《现代性的后果》，田禾译，译林出版社 2000 年版。

55. ［美］保罗·利文森：《软边缘：信息革命的历史与未来》，熊澄宇等译，清华大学出版社 2002 年版。

56. ［美］彼得斯：《交流的无奈：传播思想史》，何道宽译，华夏出版社 2003 年版。

57. ［美］大卫·阿什德：《传播生态学：控制的文化范式》，邵志择译，华夏出版社 2003 年版。

58. ［美］戴维·波普诺：《社会学》，李强等译，中国人民大学出版社 1999 年版。

59. ［英］戴维·莫利、凯文·罗宾斯：《认同的空间》，南京大学出版社 2001 年版。

60. ［美］杜威：《民主主义与教育》，王承绪译，人民教育出版社 1990 年版。

61. ［德］斐迪南·滕尼斯：《共同体与社会》，林荣远译，商务印书馆 1999 年版。

62. ［美］房龙：《人类的故事》，张稷译，河北教育出版社 2004 年版。

63. ［法］弗兰西斯·巴尔、杰拉尔·埃梅里：《新媒体》，张学信译，商务印书馆 2005 年版。

64. ［美］弗里德里克·杰弗逊：《后现代主义与文化理论》，北京大学出版社 1997 年版。

65. ［英］冈特利特：《网络研究：数字化时代媒介研究的重新定向》，彭兰等译，新华出版社 2004 年版。

66. ［加］哈罗德·英尼斯：《传播的偏向》，何道宽译，中国人民大学出版社 2003 年版。

67. ［美］罗杰·菲德勒：《媒介形态变化：认识新媒介》，明安香译，华夏出版社 2000 年版。

68. ［美］曼纽尔·卡斯特：《网络社会的崛起》，夏铸九等译，社会科学文献出版社 2001 年版。

69. ［美］哈德罗·拉斯韦尔：《社会传播的结构和功能》，商务印书馆 1948 年版。

70. ［德］哈贝马斯：《公共领域的结构转型》，曹卫东等译，学林出版社 2002 年版。

71. ［英］卡尔·波普尔：《客观知识—— 一个进化论的研究》，舒炜光译，上海译文出版社 2001 年版。

72. ［美］迈克尔·海姆：《从界面到网络空间》，金吾伦、刘钢译，上海科技教育出版社 2000 年版。

73. ［英］戴维·莫利：《认同的空间：全球媒介、电子世界景观与文化边界》，司艳译，南京大学出版社 2001 年版。

74. ［美］詹宁斯·布莱恩特、苏珊·汤普森：《传播效果概论》，陆剑南等译，中国传媒大学出版社 2006 年版。

75. ［美］克拉克·威斯勒：《人与文化》，钱岗南、傅志强译，商务印书馆 2004 年版。

76. ［美］克里斯·安德森：《长尾理论》，乔仁涛译，中信出版社 2005 年版。

77. ［英］尼克·史蒂文森：《媒介的转型：全球化、道德和伦理》，顾宜凡等译，北京大学出版社 2006 年版。

78. ［美］尼古拉·尼葛洛庞帝：《数字化生存》，胡泳、范海燕译，海南出版社 1997 年版。

79. ［英］尼古拉斯·阿伯克龙比：《电视与社会》，张永喜等译，南京大学出版社 2001 年版。

80. ［美］劳伦斯·莱斯格：《思想的未来》，李旭译，中信出版社 2004 年版。

81. ［美］诺伯特·维纳：《控制论》，郝李仁译，科学出版社 1962 年版。

82. ［美］梅尔文·德弗勒、桑德拉·鲍尔·洛基奇：《大众传播诸论》，杜力平译，新华出版社 1990 年版。

83. ［美］马克·波斯特：《信息方式：后结构主义与社会语境》，范静晔译，商务印书馆 2000 年版。

84. ［美］马克·波斯特：《第二媒介时代》，范静晔译，南京大学出版社 2005 年版。

85. ［英］马克斯·H. 布瓦索：《信息空间：认识组织、制度和文化的一种框架》，王寅通译，上海译文出版社 2000 年版。

86. ［加］马歇尔·麦克卢汉：《理解媒介——论人的延伸》，何道宽译，商务印书馆 2000 年版。

87. ［美］迈克尔·E. 罗洛夫：《人际传播社会交换论》，王江龙译，上海译文出版社 1997 年版。

88. ［美］曼纽尔·卡斯特：《千年终结》，夏铸九、黄慧琦等译，社会科学文献出版社 2006 年版。

89.〔美〕迈克·海姆：《从界面到网络空间——虚拟实在的形而上学》，金吾伦、刘钢译，上海科技教育出版社 2000 年版。

90.〔美〕帕特·华莱士：《互联网心理学》，谢影、苟建新译，中国轻工业出版社 2001 年版。

91.〔美〕托马斯·库恩：《科学革命的结构》，金吾伦、胡新和译，北京大学出版 2003 年版。

92.〔美〕托马斯·库恩：《必要的张力——科学的传统和变革论文选》，范岱年、纪树立等译，北京大学出版社 2004 年版。

93.〔美〕托马斯·鲍德温、史蒂文森·麦克沃依、查尔斯·斯坦菲尔德：《大汇流：整合媒介、信息与传播》，龙耘、官希明译，华夏出版社 2000 年版。

94.〔加〕唐·泰普斯特科：《数字化成长》，陈晓等译，东北财经大学出版社 1999 年版。

95.〔美〕威尔伯·施拉姆、威廉·波特：《传播学概论》，陈亮等译，新华出版社 1984 年版。

96.〔美〕西奥多·M. 米尔斯：《小群体社会学》，温凤龙译，云南人民出版社 1988 年版。

97.〔英〕伊姆雷·拉卡托斯、艾兰·马斯格雷夫：《批判与知识的增长》，周寄中译，华夏出版社 1987 年版。

98.〔美〕约瑟夫·塔洛：《分割美国：广告主与新媒介世界》，洪兵译，华夏出版社 2003 年版。

99.〔美〕约翰·奈斯比特：《大趋势：改变我们生活的十个新方向》，梅艳译，中国社会科学出版社 1984 年版。

100.〔日〕佐藤卓己：《现代传播史》，诸葛蔚东译，北京大学出版社 2004 年版。

三　中文论文

101. 阿米塔伊、奥伦·蒂：《关于面对面社区与电脑媒介社区的比较分析》，《国外社会科学》2000 年第 4 期。

102. 曹艳：《广播的网络化生存》，《中国电子与网络出版》2003 年第 12 期。

103. 成素梅、漆捷：《“虚拟实在”的哲学解读》，《科学技术与辩证法》2003 年第 5 期。

104. 崔嵬：《在虚拟与现实之间————塌糊涂 BBS 虚拟社区研究》，硕士学位论文，北京大学，2001 年。

105. 白淑英、何明升：《BBS 互动的结构与过程》，《社会学研究》2003 年第 5 期。

106. 邓新民：《自媒体：新媒体发展的最新阶段及其特点》，《探索》2006 年第 2 期。

107. 樊凡：《信息爆炸对大众传媒的影响》，《现代视听》2005 年第 10 期。

108. 郝雨、邢虹文：《互动：媒体如何让受众做主》，《今传媒》2005 年第 1 期。

109. 黄升民、杨雪睿：《碎片化：品牌传播与大众传媒新趋势》，《现代传播》2005 年第 6 期。

110. 黄帅：《网络电视与传统媒体整合势在必行》，《网络传播》2005 年第 7 期。

111. 刘畅：《“第二人生”与虚拟自我》，《甘肃社会科学》2008 年第 2 期。

112. 马红亮：《虚拟学习社区的社会学分析》，《中国远程教育》2006 年第 9 期。

113. 彭兰：《汇聚与分权——变革中的互联网》，《青年记者》2005 年第 3 期。

114. 彭兰：《RSS 挑战网络信息生产与消费》，《中国记者》2005 年第 12 期。

115. 齐香香、赵莎莎、张红艳：《虚拟学习社区中学习共同体的建构》，《中国现代教育装备》2007 年第 1 期。

116. 钱毅、何美：《2007 中国新媒体：浓墨重彩这一年》，《传媒》2008 年第 1 期。

117. 任桐：《知识经济社会——大众传播的发展趋势》，《新闻传播》1998 年第 6 期。

118. 邵培仁：《论人类传播史上的五次革命》，《中国广播电视学刊》1996 年第 7 期。

119. 王建冬、王继民、田飞佳：《博客圈的特征及其演化机制初探》，《现代图书情报技术》2008 年第 4 期。

120. 王卫：《网络时代青年社会化范式的转化》，《青年研究》1999 年第 12 期。

121. 吴冠军：《中国社会互联网虚拟社群的思考札记》，《二十一世纪》2001 年第 2 期。

122. 吴兴人：《新媒体不是纸媒体的"掘墓人"》，《新闻记者》2007 年第 2 期。

123. 张青兰、刘秦民：《虚拟现实：辩证唯物主义的新视野——关于信息网络技术的哲学思考》，《理论与改革》2002 年第 5 期。

124. 张咏华：《传播基础结构、社区归属感与和谐社会构建》，《新闻与传播研究》2005 年第 2 期。

125. 赵志荣：《网络信息控制——ICP 的根本任务》，《情报杂志》2001 年第 2 期。

四 英文著作

1. Andrew F. Wood, Matthew J. Smith, Oline Communication: linking technology, *identify & cultrue*, Laurence Erlbaum Associates, 2005.

2. Anna Everett, John T. *Galdwell*, *New Media*: *theories and practices of digitextuality*, London: Taylot & Fremcis Books, 2003.

3. Armstrong, A. G. & Hagel, J., *Net Gain*: *expanding markets through virtual communities*, Simon & Schuster Inc., 1997.

4. Dan Harries, *The New Media Book*, British Film Institute, 2002.

5. David Hakken, *Cyborgs @ cyberspace?*: *An ethnographer looks at the future*, London: Routledge, 1999.

6. David Thorburn, Henry Jenbus, *Rethinking Media Change*: *the aesthetics of transition*, MIT Press, 2003.

7. Erving Golfman, *Interaction Ritual*: *essays on face-to-face behavior*, Duke University Press, 1967.

8. Hugh Hewitt, *Blog*: *understanding the information reformation that's changing your world*, Nelson Books, 2004.

9. John V. Pavlik, Shawn Mcintosh, *Converging Media*: *an intruction to*

mass communication, Pearson Education, 2004.

10. Joseph Straubhaar, Robert Larose, *Media Now-Understanding media*, *culture*, *and technology*, Thomson Wadsworth, Fourth Editor.

11. Kevin Kawamoto, *Media and Society in the Digital Age*, Pearson Education, Inc. 2003.

12. Lawrence R. Frey, *Group Communication In Context*：*study of national groups*, Lawrence Erlbaum Associate Publishs, 1994.

13. Marshall McLuhan, *Culture is our Business*, McGraw-Hill, New York, 1970.

14. Michael Heim, *The Metaphysics of Virtual Reality*, NewYork：Oxford University Press, 1993.

15. Michael R. Real, *Super Media*, Sage Publication, 1989.

16. M. A. Hogg, *The Social Psychology of Group Cohesiveness*：*form attraction to social identity*, NY：NYU Press, 1992.

17. PreeceJ, *Online Communities*：*designing usability*, *supporting sociability*, Chichester：Wiley, 2000.

18. Rheingold H. , *Virtual Community*：*homesteading in the electronic frontier*. Addison-Wesley Inc. , 1993.

19. Robert I. Berkman, Christoper A. Shumway, *Digital Dilemmas*, Lowa State Press, 2003.

20. Sherry Turkle, *Life on the Screen Identity in the Age of the Internet*, New York：Simon&Schuster, 1995.

五　英文论文

21. Armstrong, A. and Hagel, J. III, "The Real Value of Online Communities", *Harvard Business Review*, 1996.

22. David Hakken, From Workplace To Workspace：advanced information technology and the future of work ethics, paper presented to the 14th International Congresses Anthropological and Ethnological Science, Williamsburg, VA, July, 1998.

23. Hollingshead, A. B. , Mc Grath, J. E. , & Connor, K. M. , Group task Performance and Communication Technology：a longitudinal study

of computer-mediated versus face-to-face work groups, *Small Group Research*, 1993.

24. Hummel Johannes, Ulrike Lechner, *Social Profiles of Virtual Communities*, Proceedings of the 35th Hawaii International Conference on System Sciences, 2002.

25. J. M. Kayani, Wotring, C. E. , &Forrest, E. J, Relational Control and Interactive Media Choice in Technology-Mediated Communication Situations, *Human Communication Research*, 1996, 22.

26. Lorin W Anderson, *International Encyclopedia of Teaching and teacher Education*. London: University of South Carolina. Columbia USA 1995.

27. M. L. Markus, "Toward a 'Critical Mass' Theory of Interactive Media: universal access, interdependence and diffusion", *Communication Research*, 1987.

28. M. E. McCombs, Shaw, D. L. , "The Agenda-Setting Function of Mass Media", *Public Opinion Quarterly*, 1972.

29. J. Oakes, Haslam, S. A. , Morrison, B. , & Grace, D. , "Becoming an In-group: reexamining the impact of familiarity on perceptions of group homogeneity". *Social Psychology Quarterly*, 1995.

30. M. R. Parks, Floyd, K. , "Making Friends in Cyberspace", *Journal of Communication*, 1996.

31. Preece, Jenny, Baltimore, "Sociability and usability in online communities: determining and measuring success", *Behavior and Information Technology Journal*, 2000.

32. Preece, Jenny, Hadia Abras, Maloney-Krichma, "Designing and Evaluating on Line Communities: research speaks to emerging practice", *Web Based Communities*, 2004.

33. R. E. Rice, "Media Appropriateness: using social presence theory to compare traditional and new organizational media", *Human Communication Research*, 1993.

34. C. Romm, Pliskin, N. and Clarke, R. , "Virtual communities and society: toward an integrative three phrase model", *International Journal of Information Management*, 1997, 17 (4) .

35. J. Siegel, Dubrovsky, V. , Kiesler, S. , & McGuire, T. W. , "Group Processes in Computer-mediated Communication", *Organizational Behavior and Human Decision Processes*, 1986.

后　记

　　有人说，传播的未来在网络，网络的未来在社区。社会的发展总是从科学技术的进步开始的，在当今信息社会，媒介技术进步不仅改变了人类传播的媒介特征，还改变了传播主体之间的社会关系，进而改变着社会结构和人类文明进步的节奏。从报纸、广播、电视到网络，从人际传播、大众传播、分众传播到聚众传播，从农业社会、工业社会到信息社会，每一条路径的发展演变无不呈现出一种阶段性特征，这种阶段性特征正是传播范式更替的标志。从传播学的角度来讲，传播范式是基于传播技术和社会文化双重影响的一种媒介传播形态。研究具有范式意义的媒介传播形态，因此成为解析传播和社会变革的一把钥匙。

　　1996 年秋，我进入中国人民大学师从盛希贵教授攻读传播学博士学位。在盛老师的指导下，我选择媒介社区为研究对象，着重研究媒介社区中的传播现象和传播特点。1999 年夏，我的博士学位论文《媒介社区中的聚众传播：一种传播形态的新范式》先后通过了匿名评审和论文答辩。2011 年秋，博士论文获得中国青年政治学院的出版资助。本来试图在博士论文的基础上，增加系统的实证调查数据，拓展社会学视角的理论深度，延伸聚众传播的研究维度。但是，一方面由于如此修改工程巨大，对于我却又琐事缠身难以抽出整块的时间；另一方面也想保留博士论文的青涩原貌，算是对我那一段苦读岁月的惦念。

　　本书是在同名博士论文的基础上，增加了一些案例和更新部分数据的基础上完成的。虽然竭尽体力与心智，但受本人能力、素养、知识结构以及写作时间的限制，书中对媒介社区和聚众传播的研究还有很多令人不满意的地方。在我看来，本书的最后一组休止符只是向更深层次进军的前奏，这个传播学和社会学综合领域的拓展研究，无论对于我本人还是对国内学者来说，都显得任重而道远。

这本书的出版，首先要感谢的是我的博士生导师盛希贵教授，是盛老师扶持我走进神圣的学术研究殿堂。感谢盛老师的宽广学术胸怀，尽管导师反复谦虚地跟我说，导师对于真正意义上的博士项目研究往往不能给予实质性的具体建议，但是在实际的论文写作过程中，盛老师总是试图给予我他力所能及的指导与帮助。

感谢中国人民大学倪宁教授、北京外国语大学展江教授、美国印第安纳大学（IUPUI）副教授黄少华博士，他们分别从篇章结构、理论工具、研究方法等方面对我博士论文的选题进行了细心周到的指点和评议，这些不仅为本书确定了学术范畴，还在具体研究方法和文字论述风格上加以引导，从而帮助我确立了研究方向。感谢我的硕士导师叶凤英教授，每当我写作出现困境时，每当我心力不支时，每当我萌生退意时，叶老师的热情鼓励和精到指点都令我释然、振奋，重新欣然致力于后续的研究与写作工作。感谢陈富清高级编辑，本书的学理逻辑甚至其中的每一页、每一个字、每一个标点都得到了大师兄的指点和修正。

感谢中国人民大学新闻学院2006级博士班的同学们，特别是王斌、王亦高、樊亚平、郭翠林等同学，正是这个充满温馨、充满关爱的"媒介社区"的协作互动、信息交流、情感分享，使我的博士论文能够在开题阶段集思广益，在写作阶段兼收并蓄，在评阅阶段勇往直前。

最后，在本书即将付梓的时候，我诚挚地感谢所有为本书提供支持和帮助的先行者，尽管我力所能及地在书中注明资料来源，但难免百密一疏、挂一漏万。感谢在我多年的学习、工作和生活中给予我支持、关怀和鼓励的人们！中国青年政治学院为本书出版提供了经费资助，在此一并表示感谢！

罗自文

2012年夏于国家图书馆